思い違いの法則

レイ・ハーバート
渡会圭子 訳

スージーに捧げる

On Second Thought

Outsmarting Your Mind's Hard-Wired Habits

by Wray Herbert

Japanese translation published by arrangement with
Wray Herbert c/o Gail Ross Literary Agency, LLC.
through The English Agency(Japan)Ltd.

目次

Part II 数字と思い違い

Part III 意味と思い違い

はじめに　**思い違いの罠にはまらないために**

一九九五年二月一二日、三人のベテランスキーヤーが日帰りスキーを楽しもうと、ユタ州ウォサッチ山脈の雪山へと向かった。スキー歴が一番長いのは三七歳のスティーヴ・カラザスだったが、ほかの二人も熟練した山岳《バックカントリー》スキーヤーであり、山にも慣れていた。カラザスはその山で何度も滑ったことがあり、地形もよく知っていた。その日はビッグ・コットンウッド・キャニオンから歩いて山を越え、北側にある次の渓谷ポーター・フォークへ行く計画だった。

二時間ほどして、彼らは別のパーティーに出会った。前々日の吹雪で新雪が六〇センチほど積もっている。そこで五分ほど言葉をかわして、山を越えるのにどのルートを行くのが一番いいかを話した。そのパーティーの中には、霧が出ているのを怖がっているメンバーも何人かいたが、斜面が緩やかな無理のないルートを通れば大丈夫だろうということになった。カラザスのパーティーが先に、木が少ないゴブラーズ・ノブの森を滑り降りた。

それから一時間後、カラザスは死んでいた。彼らが開けたところへ向かっている間に、雪崩が起こったのだ。何トンもの雪が轟音をあげながら時速八〇キロで山腹を落ちてきて斜面をおおい、カラザスは木に激突して止まっていた。もうひとつのパーティーが急いで助けにいったが、雪の中からカラザスを掘りだしたときには、彼の意識はもうなくなっていて、再び目を覚ますことはなかった。

カラザスのパーティーのほかの二人は生きて帰ったが、地元で厳しい批判にさらされた。いったい何を考えていたんだ？　あのルートは雪崩の名所としてよく知られていた。二月はとりわけ危険なシーズンだ。互いをよく知るスキーヤーの世界では、カラザスは経験豊富なスキーヤーだったにもかかわらず、自分の腕を過信して、明白な危険のサインを無視し、むこうみずな行動に走ったと噂された。

しかし友人のイアン・マキャモンには、そうは思えなかった。マキャモンはカラザスを何年も前から知っていて、相棒として山に登ったこともある。たしかに若いころのカラザスは危険を顧みないで行動することもあったが、もうすっかり大人になっていた。つい最近、地元のスキー場のリフトに一緒に乗ったとき、彼は美しい妻のナンシーと、四歳の娘ルシアについて、いとおしそうに語っていた。無茶をする時期は過去のものだ。もうすっかり落ち着いたよと、彼はマキャモンに言ったという。

それならあの日の午後、何が起こったのだろうか。何が経験豊かなスキーヤーである彼の判断を鈍らせ、彼自身とパーティーを危険に陥れたのか？　判断を誤らなければ、彼は死なずにすんだのだろうか？　友人の死を前にしたマキャモンは悲しむと同時に困惑した。そしていったい何が悪かったのか突き止めようと決意した。

マキャモン自身も経験豊かなスキーヤーで、野外生活インストラクターであると同時に科学者でもあった。機械工学の博士号を持ち、ユタ州立大学でロボット工学やＮＡＳＡと国防省の航空システムについて研究していたこともある。雪の科学的性質についてはよく知っていたので、リスクと意思決定に関わる本を読み始めた。そして彼は一九七二年から二〇〇三年に起こり、人命を奪った七〇〇件以上の雪崩について詳しく調べて、友人が命を落とした原因を説明できるような共通点がないか考えた。

彼はエンジニアらしく几帳面に、ベテランスキーヤーが危険とみなしているリスクごとに、すべての雪崩を分類した。そのリスクとは、雪や吹雪の直後、崖や溝のような地形、雪解けなどの不安定要素などだ。そこから彼は事故が起こる前にこれらの現象が起きていた〝発現率〟を計算した。

さらに彼は悲運に見舞われたスキーヤー一三五五人についての情報も集めた。パーティーの人員構成や力関係、リーダーをはじめメンバーの熟練度、そして事故前の数分から数時間について、わかっているあらゆることに関する情報だ。そしてそれらのデータをまとめて分析した。

彼が発表した結論は、たいへん興味深いものだった。事故には多くのパターンが見られたが、そのひとつはベテランのスキーヤーが、犯すはずのない判断ミスを重ねたというものだ。そうした軽率な意思決定は、六つの思考ミスで説明できるとして、『雪崩の事故に見られるヒューリスティックの罠』という論文にまとめた。その論文は雪山トレーニングの教科書となり、多くの人々の命を救っている。

ヒューリスティックとは、認知における経験則である。それは頭の中に思考の近道として組み込まれ、直感的ですばやい意思決定や判断をするときに用いられる。ヒューリスティックの研究は、現在、盛んに行なわれており、一年間に何百という学術論文が発表されている。しかし大学や研究所の外の世界では、その概念はあまり知られていない。本書はそのような状況を変えるためのひとつの試みである。

ヒューリスティックは、一般的にはとても役立つものだ。私たちは毎日、何百という意思決定を行なっているが、ひとつひとつを深く考えないですませられるのも、ヒューリスティックのおかげだ。けれどもそれも完璧ではなく、理屈に合わないことも多い。ヒューリスティックには落とし穴もある。カラザスもその穴にはまり、雪山で命を落としたのだ。頭の中ですばやく行なわれる、直感的な意思決定——ここ数年、そのすばらしさについて多くの研究がなされている。たしかに無意識の作用には、すばらしい面がある。しかし同時に危険でもある。毎日の生活をつつがなく送れるのも、思考の近道のおかげだが、そのせいで健康から家計、恋愛まで、ごくふつうの判断や選択を誤ることもある。

私たちのほとんどはカラザスのような山岳スキーヤーではない。カラザスと友人たちがゴブラーズ・ノブで直面したのと同じ選択を迫られることはないだろう。けれども命に関わらないからといって、人生を変えるほど重要な選択でないとも限らない。これからいくつか、山岳スキーヤーの判断ミスを誘ったヒューリスティックを検証していく。同じことが誰にも起こっているはずなのだが、たいていの人はそれに気づかない。

〝なじみヒューリスティック〟と呼ばれるものについて考えてみよう。これはマキャモンが調べた雪崩事故の多くで、原因として特定された、認知のショートカットである。また最もよく知られたヒューリスティックでもあり、認知科学研究の先駆者たちが、独自の定義、研究を行なった最初のヒューリスティックのひとつでもある。これは頭の強力な武器で、私たちはそれを使って、一日に何百もの決定を行なっている。基本的には「頭にぱっと浮かんだことを信用せよ」ということだ。記憶されているのには理由がある、だからそれに任せなさい。経験則の基本原則は「なじみがあるのはいいことであり、安全なことでもある」だ。

これはたとえば食品を買うときには便利なルールだ。近所のスーパーに行ったとき、私たちは何千もの選択肢の中から商品を選んでいる。しかし本当に、すべてのヨーグルトやパンのブランドを比較しなければならないとしたら、きっと選べなくなってしまうだろう。そこであなたはこれまで何度も買ったことのあるヨーグルトやパンを見つけ、それを手に取り、レジでお金を払ってスーパーを出る。棚にある商品をすべてじっくり見ることはない。またこれは救急救命医やパイロット、サッカー選手にとっても役立つ能力だ。彼らは迅速な判断を必要とし、一瞬のうちに見慣れたパターンを見つけて反応するよう訓練されている。

ヒューリスティックは貴重な時間を節約してくれる。それは私たちの忙しい生活には欠かせないものだ。なじみヒューリスティックをはじめ、多くは習慣と経験の積み重ねから生まれる。私たちはごく小さな決定まで、真剣に考えて行なっているわけではないし、その必要もない。けれどもじっくり考えないために生じるリスクは常にある。たとえばマキャモンが調べた雪崩の犠牲者のほとんどは、経験豊かな山岳スキーヤーで、ほぼ半数が雪崩のリスク判断について正式なトレーニングを受けていた。専門的な知識があるからといって、適切な判断をできるとは限らないのだ。むしろその専門知識が逆効果だったのかもしれない。彼らは地形をよく知っていたからこそ、安全だと判断した。なぜなら以前、無事だったからだ。知っているから怖くなかった。そこにいたスキーヤーたちが油断したのは、危険度が同じくらいに思える雪山で、無事に降りてきた記憶があるからだ。マキャモンの調査でも、新しい場所よりも、スキーヤーがよく知っている場所でのほうが、雪崩に巻き込まれるケースが有意に多かった。

現代の生活で雪崩を経験することはあまりないが、ふだんの生活の中でも同じようなことが起こっている。なじみヒューリスティック（法則4でとりあげる〝流暢さヒューリスティック〟も含め）は、特に商品選択や家計の分野で広く研究されている。それはどの食品を買うかということだけではない。プリンストン大学の心理学チームの研究によると、人は読みやすく言いやすい名前の会社の株を買う傾向があるという。それは短期的な株のパフォーマンスに影響する。ミシガン大学の心理学チームは、文字の書体（印刷物に使われている活字も含め）や言葉の発音によって、認識が変わることを示した。表現のスタイルによって、ジェットコースターが危険に見えたり、仕事がたいへんそうに思えたりする。あるものについて知っている度合いのわずかな違いが、大小問わず、毎日の意思決定や選択に影響を与えている。

そこでは知っていることと安心が、落とし穴になる。しかし実際のところ、カラザスの決定は、スキーにワックスをかけはじめたところから、間違いに向かっていたのだ。いや、リビングルームで仲間の誰かが「あしたゴブラーズ・ノブに行こう」と口に出したときからかもしれない。その時点で、彼らは〝既定値《デフォルト》ヒューリスティック〟、あるいは〝一貫性《コンシスタンシー》ヒューリスティック〟と呼ばれる強力な認知ツールを働かせていた。そのとき彼らの冒険はまだばくぜんとしたアイデアでしかなかった。当然、気象その他の条件を検討し、そこに行くリスクを慎重に評価する必要がある。しかし最初の決定を行なった時点で、冷静な計算はストップした。彼らはひとつの考えにとらわれ、その考えに支配された。

私たちはすでに存在するものにしがみつく傾向が強く、簡単に途中で方向を変えようとしない。特に強い理由がない限り、与えられたものや、すでに決定していることを前提に話を進めてしまうのだ。決めたことをやり続けるという衝動に従ってしまうわけだが、たいていはそれでうまくいく。金銭問題から恋愛の駆け引きまで、方向を変えることには危険がともなうため、私たちは決定をくつがえそうとしない。

けれども不変を好むあまり、間違った選択をしてしまうこともある。カラザスのパーティーが、別のパーティーと出会って話をしているところを想像してみよう。その時点でもまだ、引き返せたはずだ。積もった雪が今にも落ちそうに見えたり、峡谷のようすに不安を感じたりすることがあったのではないか。雪山スキーヤーたちは、あらゆる情報を集める。しかし頭をフルに働かせて、安全か危険かを検討することはない。すでに結論は出ているからだ。ヒューリスティックに支配された脳は、一度はずみがついた決定を修正するのを嫌がる。おまけにカラザスたちスキーヤーは、すでに二時間も歩いて、その計画を実行していた。よほどの強い意志がないと、引き返して家に帰ることを理論的に検討する気にはならない。

だから彼らはそうしなかった。もともとの計画を変えなかったのは、これまでの経験の積み重ねで、戻るより前へ進み続けるよう認知のバイアスがかかっていたからだ。彼らは頑固だったわけだが、それは一般的な意味とは違い、意地を張ってそのような行動をとったわけではない。私たちの脳は根本的に、ニューロンのレベルで頑固にできているということだ。私たちは日に何百回も、既定値にお任せして進み続ける。それは計画を変更するには、努力が必要とされるからだ。私たちが行きづまった関係を続けるのは、単に解消するより楽だからだ。私たちは父親が乗っていた車と同じメーカーの車を買い、株式のポートフォリオを変えるのをためらう。そして私たちは、ほかの人の決定に、無批判に従う。それはたとえばルールをつくる政治家や、私たちが疑問をもたず、前例に従って行動するという前提でつくられた法律だ。臓器移植を行なうなら、ニューヨーク市よりパリのほうが有利になるのも、理屈は同じだ。その理由については法則20で説明するが、簡単に言ってしまえば、そこに既定値ヒューリスティックが働いているからということになる。

悲運なスキーヤーたちの行動をあと押ししたヒューリスティックはほかにもある。おそらくマキャモンが〝受容ヒューリスティック〟と呼ぶ作用も働いていただろう。さらに〝ものまねヒューリスティック〟というのもある。これは他人から気づかれやすい選択をする、さらに重要なのは、他人から受け入れられやすい選択をする傾向のことである。そのような性質は人間の奥深くに埋め込まれている。大昔、安全を守るために集団に所属する必要があったことから、こうした性質が発達したのだろう。クラブや社会的儀式に参加することで満足を得るのも、その表れだ。例としては整然とした軍の行進や合唱などがあげられる。それは集団の結びつきには大切な要素だが、私たちは不適切な社会的状況、ときには有害な社会的状況に、それらを適用してしまうことがある。マキャモンが調べた事故の多くで、そうした事例が見られた。彼が細かく調べたところ、六人以上の集団、つまり満足させるべき〝参加者《オーディエンス》〟の数が多いときのほうが、危険な決定をする確率が高かった。

さらに雪そのものも、スキーヤーが無分別な行動をする原因になるときがある。スキーヤーなら誰でも〝パウダー・フィーバー〟という言葉を聞いたことがあるだろう。これは積もったばかりの雪に、最初にシュプールを描きたいという、理屈では説明できない衝動である。パウダー・フィーバーは待ちに待った大雪の、最初の結晶が落ちて来たときから始まり、スキーができる状況になったとき最高潮を迎える。一人も足を踏み入れていない状態は長く続かない。それは誰でも知っている。そのため、その状態を保つほんの数時間は黄金と同じだ。価値があるのは希少だからにほかならない。

心理学の世界で、この〝希少ヒューリスティック〟は、個人の自由を求める人間の根源的欲求から派生したと考えられている。私たちは個人の権利を制限するものに対して、本能的に反発する。それがよく現われているのは、数少ないものに価値を見出すという、偏った考え方だ。人間が金《ゴールド》に価値があると思うのは、あまり存在しないからで、特に役立つ金属だからではない。これは足跡のついていない新雪をはじめ、土地からフリータイムまで、希少なものすべてについて言える。私たちは希少なものを愛するあまり、よほど注意しないと、恋人や伴侶を選ぶ基準をゆがめてしまうこともある。

これまでにあげたのは、本書でとりあげるヒューリスティックのごく一部である。本書では、すべてのヒューリスティックを説明するわけではない。人間の頭の中では、何百というヒューリスティックが互いに連携したり、補強したり足を引っぱりあったりしながら働いているという心理学者もいる。本書を読み進めていくうちに明らかになるが、〝計算ヒューリスティック〟は〝将来ヒューリスティック〟と重なっているし、〝黴菌《クーティーズ》ヒューリスティック〟は〝生理的ヒューリスティック〟に似ているところがある。こうした強力な衝動が頭の中で絡み合っているため、現実はとてもごちゃごちゃしている。本書の細かな章立ては、その乱雑さをわかりやすくする道標のようなものだ。

ではこれらの強力なヒューリスティックは、どこから生じるのだろうか。そしてひどく面倒なものに思えるのに、世界共通で存在するらしいのはなぜだろうか。おそらくこうした認知の近道は、私たちの神経構造に埋め込まれているはずだが、脳のどの部位にあるのかはまだわからない。わかっているのは、何十万年も前、人間が東アフリカのサバンナで進化しているころ、変化する環境に種が適応できるよう、脳はあらゆる変化をくぐり抜けたということだ。世界には危険が満ちているため、原始的な脳はそれに対応できる能力を備えた。たとえばすばやく選択、判断を行なうといった能力だ。こうした進化の途中で備わった強力な性質の多くが、ヒューリスティックとして、現代人の頭の中に残っている。その力は以前と変わらないが、現代の生活様式には合わなくなってしまったものも多い。それが誤った考えにつながってしまう。

進化にルーツを持つ強力なヒューリスティックの例をひとつ見てみよう。私の若い友人の一人が、医大に入学希望を出した。彼はさまざまな理由から、シカゴのある大学にどうしても入学したいと思っていた。しかしそこは全国でもトップレベルの競争率の高い大学だったので、六つの大学に希望を出した。どこもすばらしい大学だが、第一希望ははっきりしていた。

彼は第一希望の大学に合格した。ところが驚いたことに、ほかの大学はすべて落ちてしまった。彼はどう感じただろうか。理屈で考えれば、大喜びしていいはずだ。全国でもトップクラスの医大に入学を許可されたのだ。何より重要なのは、そこは彼が一番行きたがっていた大学だということだ。それならほかの大学に落ちても、何の問題もない。けれども彼は素直に喜べなかった。それどころか落胆し、傷ついた。ほかの大学に落ちても影響はないのだから、うまくいったことだけを考え、お祝いすればいいと思っても、失望と憤りを払いのけることはできなかった。

心理学では、否定的なバイアスについてもよく話題になる。これもまた危険な形のヒューリスティック的思考である。何十万年もかけて進化を経る間に、種としての人間はものごとのマイナス面ばかりを見るようになった。そうしなければ死んでしまうからだ。世界にあふれる危険や脅威——捕食者、毒、部族間の争い——を常に警戒していなければならない。それは私たちの心の奥深くまでしみこみ、現在までそこにとどまっている。けれどもマイナス思考が現代の生活で、常に効果を発揮するとは限らない。少なくとも、かつてのように生きるか死ぬかという問題ではなくなっている。それどころか正反対の効果が出ることもある。私たちは特に意味もない、悪い出来事やささいなことを気にしすぎて、目の前のやるべきことが見えなくなり、楽しむことも忘れてしまう。

ヒューリスティックには、大昔の遺産であるものもあれば、文化的産物で世代から世代へと受け継がれていくものもある。幼少時代の経験——恐怖や幼少時代特有の要求——をルーツに、大人になったときの思考を形成するものもある。寒さという物理的な感覚を寂しさという感情と結びつける、生理的ヒューリスティックについて考えてみよう。子供は生まれながらにして、原始的な要求や欲求を持っている。おもに心地よさと安全への欲求だ。その要求が基本的な、内面の〝考え〟となる。それがヒューリスティックの土台となり、時間や経験とともにほかの要素がその上に積み上げられていく。

心理学ではこれを〝認知の足場構築〟と呼ぶ。私たちは生き残るためにすでに身に付けている原始的な身体構造の上に、より複雑な社会的行動を積み重ねていく。たとえば幼児が寒さを逃れるため、暖を求めて母親の体にしがみついていると、しだいに寒さを、まわりに人がおらず無防備で助けのない状態、つまり孤独に結びつけるようになる。やがて寒さと孤独という概念はかたく絡み合い、体も頭もこの二つの区別がつけられなくなる。

こうした生理的ヒューリスティックの足場構築については、法則1でとりあげる。体に関わるヒューリスティックの力は強く、文学的な比喩として現われ、格言、スローガン、寓話などで受け継がれていく。一貫性ヒューリスティックが、スキーヤーたちを危険に陥れたことを思い出してみよう。学術的な用語を使わずに言い換えれば、「川中で馬を乗り換えるな」ということだ。この強烈なバイアスが生まれたのは、おそらくいったん決めた道を変えずに、そのままずっと続けたほうが、簡単でリスクが少ないと思えたからだろう。しかし現在では、それが当たり前のこととして、私たちの生活の中に浸透している。

結局、ヒューリスティックはよいことなのだろうか、悪いことなのだろうか。この問題については、現在、学者たちの間で激しい議論が行なわれている。一方で、ヒューリスティックは私たちが認識を行なうための最高の道具という意見がある。すばやく効果的というのが、その理由だ。この見解を支持する人たちによれば、常にものごとのプラスとマイナスを並べ、損得勘定表をつくって論理的に計算するなどということは無理なのだ。逆の立場のグループは、ヒューリスティックは落とし穴になりやすく、偏っていて、時代遅れで融通のきかないルールであり、現代の世界では、誤った選択に結びつくことが多いと主張する。

本書の目的は、そうした論争にけりをつけることではない。むしろそれら二派の中間の立場、いわゆる〝生態的合理性《エコロジカル・レイショナリティ》〟を主張する。これは簡単に言うと、次のように翻訳できる。ヒューリスティックは常によいものでも悪いものでもない。よいか悪いかは、その場に合っているかどうかで変わる。生きていく上でヒューリスティックが必要なときもあるし、それが危険を招くこともある。この時代をうまく生き抜くコツは、目の前の問題を解くためにはどんな思考法が一番いいかを知ることだ。それはつまりバランスをうまくとるということになる。この本はそのバランスを実践するための指南書なのだ。

ヒューリスティックはここ数十年の間に、認知心理学の分野で生まれた大きな概念のひとつだ。そしてもうひとつの概念と並べて語られることが多い。それはデュアルプロセッサ・ブレインだ。これは高校で学んだ、右脳と左脳が別の仕事をするという分離脳の話ではない。デュアルプロセッサ・ブレインの仕組みについては、まだ研究中であり、あまりこの本では扱わない。ここで知っておくべきなのは、人間の頭には二つのまったく違ったオペレーティング・システムがあるということだ。ひとつはスピードが遅く、論理的、慎重、労力がかかる、そして用心深い。もうひとつはもっと古くからある原始的なもので、処理スピードは速く直感的、そして道理に合わないことも多い。それがヒューリスティックを生じさせる脳だ。

私たちは常に、合理的な思考とあわただしい判断の間を行き来している。思考をコントロールできないときもある。疲れているときや、精神的に弱っているとき、脳は自動的に労力節約モードに切り替わる。文字どおり、考えるための燃料が不足しているとき、多くの情報を分析して、きちんと整理するのは困難だ。またストレスがあったり、時間に追われていたり、一度に多くのことをやろうとしていたりするときも、ヒューリスティックな脳に屈してしまう。いくつもの仕事を同時にできることこそ、脳がそれら二つを行き来していることの証明であり、仕事を同時進行しているときミスが多くなるのは、その限界を示している。

ヒューリスティックの利点と欠点の両方をよくとらえた、こんなたとえ話がある。あなたは夏の休暇をビーチで過ごそうと、車のトランクに荷物を積み込んでいく。持っていくものはたくさんある。折りたたみのパイプ椅子、パラソル、ビーチボール、プラスチックのバケツ。形がどれも違うので、四角い箱に四角いもの、たとえば本を詰めるようにはいかない。ビーチで使うものの形がそれぞれ違っている上に、トランクもカーブがあったり、おかしな形になっていたりする。どのように詰めるのが一番いいのだろう？　このような場面で最良の方法は？　たいていの人はここでヒューリスティックにまかせるはずだ。

〝ヒューリスティック〟という言葉は、コンピュータ・サイエンスを経由して哲学の分野に入ってきた。もともとは〝見つける〟を意味するギリシャ語の動詞から来ている。コンピュータ・サイエンスには、複雑すぎて高性能コンピュータでも解けない問題がある。完璧な解決法があるかもしれないが、それを見つけるには、コンピュータが何週間、何か月、何年もかけてデータを処理しなくてはならないかもしれない。そのためコンピュータ・サイエンス研究家は、そこそこの時間で、ある程度の正確な解決ができる、近道的なアルゴリズムを使う。そうしたプログラムと同じように、私たちが自然に行なうヒューリスティックにも代償がある。仕事を終わらせるという実用のために、精度の低下を受け入れなければならないのだ。

車に荷物を詰める方法は数多くある。長い時間をかけて最適なやり方を見つけようとする人もいるだろう。すべての荷物を地面に広げ、大きな物を先に入れて、その隙間に小さな物を詰め込むというように、秩序立てて並べていく。しかし完璧ということはありえない。たいてい折りたたみ椅子が邪魔になる。

こうしたやり方をする人を、心理学の世界では〝最適志向者《オプティマイザー》〟と呼ぶ。人間はオプティマイザーと、それ以外の人とに分けられる。それ以外の人は〝満足者《サティスファイサー》〟と呼ばれる。〝サティスファイシング〟とは、〝サティスファイング（満足する）〟のスコットランド方言だが、〝まあまあのところで〟という意味が加わる。サティスファイサーは（私自身もこちらのタイプ）、最適な解決法にはこだわらない。それは困難で時間もかかる。何も考えずにどんどん放り込んでいくだけでは、すべて入れるのは無理だろう。しかしあまりぜいたくなことは言わない。いったんトランクを閉めて運転を始めれば、到着するまでトランクを見ることもないのだから。

最適な方法を考えることが、絶対に必要なときもある。超高層ビルを設計するときは、一本の鉄骨がどのくらいの重さを支えられるのか、正確に知っておかなければならない。だいたいのところで満足するわけにはいかない。けれどもふだんの生活の中で起こる問題については、だいたいのところで満足できればそれでいい。大切なのは、慎重さと論理的な計算が必要なときと、正確さよりスピードを重視するときを知っておくことだ。それはすべて、状況に合っているかどうかが問題なのだ。

車を運転するという、単純な行為を考えてみよう。私はある大きな都市に住んでいる。住み始めてからだいぶ長く住んでいるので、周囲の道はよく知っている。そのためよく行く場所までのルートを確認する必要もないし、地図も必要ない。エンジンをかけ、しばらくすれば目的地に着いている。その間に、どちらに行こうかじっくり考えた覚えもない。私は特に考えずに、ある場所で右に曲がり、トラフィックサークルを回り、ウィンカーを出し、ギアを変え、ブレーキを踏んでいる。それどころか運転しながらラジオの局を変えたり、同乗者と会話を続けたりする。それはすべて自然で無意識の行動だ。

これはよいことだ。よいどころか、どうしても必要なことだ。車を運転したり、スーパーで買い物をしたりするとき、あらゆる手順について考えなければならないとしたら、どれほど面倒なことになるだろう。しかしもし四歳の子供が通りに飛び出してきたら、何が起こるだろうか。運がよければ、すぐにモードが切り替わるはずだ。警戒態勢に入って意識を集中させる。すると用心深い脳が、いわばクルーズ・コントロール（訳注：アクセルを踏まなくても速度を保つ付加機能）とも言うべきヒューリスティックのプロセスをすべて押さえ込む。これは脳の切り替えだが、むしろ覚醒に近い。それは緊急の脳のモード転換だ。このような経験をした人は、まったく関係のない記憶がどっとよみがえったと報告している。無意識に運転しているとき、私たちは注意力ばかりではなく、記憶からも離れて、ただ走っているだけだ。突然、意識的なプロセスと再びつながると、脳に細かなことがあふれ出してくる。それは意識的に決定したものごとだ。

もうひとつ、今度はまったく違う認識で行なわれる経験——雪道での運転について考えてみよう。私は運転をペンシルベニア北部で習った。そこでは暗黙のうちに、デュアルプロセッサ・ブレインを前提にされていた。その土地では、車の運転の習得は、二つのステップを踏まなければならない大きな試練なのだ。春の終わりから夏にかけて、天気がいいときは、ハンドルを動かし、ブレーキを踏み、クラッチを踏みながらギアを変えるという、ごくふつうの運転を覚える。やがて冬が始まると、雪道運転を覚えなければならない。ふつうに運転できれば免許は取れるが、その地域では雪道でうまく運転できることのほうが、はるかに重視されている。荒れた天気のとき自分自身や車をうまくコントロールできない人は、道徳観念が欠如しているとみなされる。

私は雪道運転の基礎を、ある寒い日曜日にスーパーマーケットの駐車場で習った。雪が一〇センチ近く積もってスリップしやすい状態になったとき、父は私をそこに連れて行き、急アクセル、急ブレーキ、左右に急ハンドルで曲がってみろと言った。それはすべて雪道で車がどう動くかを体得するためだった。スリップして方向を直すと、またスリップする。「覚えなければならないのは、スリップしている方向にハンドルを切ることだ」と、父は言った。

私はそれを覚えたが、直感には反していた。後輪が流れて、たとえば右にスリップすると、たいていの人は反射的にハンドルを左に切って方向を立て直そうとする。それは神経レベルに刷り込まれた反応で、何も考えず無意識にやってしまう行動だ。しかしこれをやると事態は悪化する。私の父が言ったように、たとえ間違っているように感じても、ハンドルは滑る方向、つまり右に切る必要がある。

滑る方向にハンドルを切るには、ヒューリスティックに従いたいという衝動を抑えなければならない。雪道での対処のしかたを知らないと、自動車修理工場に駆け込むはめになる。それですめばまだいいほうだ。しかし私たちが毎日の生活の中で行なっている選択や判断は、根深くしかも長期にわたる影響力を持つ。この本は不適切なヒューリスティックに従う衝動を弱めるための本だ。その意味ではハウツー本と呼べる。間違った考え方を止める一番いい方法は、それを認識することだ。間違っていることを認識すれば、正しく考えるよう自分自身を説得できるからだ。より慎重な脳の部位を働かせるのには労力を必要とするが、私たちにはそれを活用する力がある。そしてそのプロセスは、ヒューリスティックな脳の働きを知ることから始まるのだ。

Part I

体の感覚と思い違い

法則1 生理的ヒューリスティック

心が冷えると、温かいものが欲しくなる

果物も異性も成熟したほうが好き

一時期、世間にはデイジー、アイリス、リリー、ローズといった名前の女性たちがあふれていた。娘に花の名前をつけるのは、女性の美と生命力を祝福する、最高の賛辞と考えられていたのだ。最近はあまり流行っていないようだが、花と女性を結びつける習慣は、昔から根強く残っている。シェークスピア、バーンズ、キーツなどの文学に表れるロマンチックな比喩表現を思い出してみればよい。

その伝統は、はるか以前、詩歌どころか言語が出現する前にまでさかのぼり、基本的な神経構造の一部になっていることがわかった。咲き誇る花と女性との結びつきには、人間の進化上のルーツがあり、ヒースやスミレの花を私たちが好むのは、よい生殖パートナーを見つけることが、強力な生き残りスキルであった時代の名残と主張する心理学者もいる。これは〝生理的ヒューリスティック〟と呼ばれるものの一部だが、こうした原始的な結びつきによって、男女を問わず現代人のセクシュアリティや結婚とはまったく関係のない、さまざまな好みまで説明できるという。

基本的な考え方はこうだ。大昔、私たち人間の祖先にとって、種の保存の鍵となったのは、うまく生殖できるかどうかだった。つまり原始的な人間は丈夫な子供を生む戦略を見つけようとし、その子供たちも同じことをして、それが何世代も続いた。その戦略のひとつが、配偶者候補すべての中から、最も健康で子供をつくれそうな相手を選び出す能力を高めることだった。言い方を換えると、初期の人類は、成熟していることを示すサインに、過剰なほど敏感になった。それが私たちの知覚や思考、感情に深く刻まれ、現在まで残っているのだ。

しかしこの原始的なスキルの問題は、細かい区別ができないということだ。そのため配偶者選択に使われる反射的な認識を、ほかの生物にまで（リンゴ、グレイハウンド、マリーゴールドなど）適用してしまう。現代の人間にも、生物の盛《さか》りを好み、未熟だったり盛りを過ぎたりしたものを嫌がるという強いバイアスが残っている。

これについてイェール大学の心理学者ジュリー・ファンとジョン・バーが、あらゆる方法で検証している。二人はさまざまな実験を考案し、配偶者を求める人間の根源的欲求を刺激することで、未成熟、成長期、旬、腐敗などを示すヒントに対して、敏感に反応するようになるかどうか、そこからあらゆる社会的な好みが形成されるのかどうかを検証した。

彼らの革新的な実験の例をあげてみよう。彼らはまず被験者として十代後半の男女を集め、メリッサ・セネットの『ジェーンのデート』という本から抜粋した文章を読んだ。この本は典型的な〝チッククリット（若い女性向けロマンス）〟で、年頃の独身女性の生活を丹念に描いたものだ。これを読ませたのは、恋人や結婚相手を求める本能を刺激するためである。もうひとつ対照群として集めた被験者グループには、建物のインテリアについて書かれた味気ない文章を読んでもらった。

その後、両方のグループにジェーン・ウィザース（訳注：一九二六年生まれのアメリカの映画女優）の写真を四枚見せた。それぞれの写真は撮った年代が違っている。一九六〇年代に、コメットというクレンザーのコマーシャルで、〝水道屋のジョゼフィーヌ〟に扮した姿を覚えている人もいるだろう。彼女は一九三〇年代から、愛らしい子役として演技を始め、やがてティーンの役を、そして主演女優へと成長した。被験者には、それぞれの年代の写真を見せた。

被験者にはその四枚の写真を、女優としての魅力という観点から評価してもらった。異性との出会いを頭に刷り込まれた被験者は、性的に十分成熟した時代の彼女を高く評価し、それより年齢が高くなったときや、子供時代の写真を低く評価するのではないかと考えたのだ。それは正しかった。性的なプライミング（訳注：先行する何らかの刺激が後続する刺激の受容に無意識の影響を与えること）を行なわなかった被験者、つまりインテリアについての文章を聞いた被験者は、性的に最も成熟した時期の写真を特に好むということはなかった。彼らにとっては、どれもジェーン・ウィザースであることには変わりなく、女優としてのステージがそれぞれ違っているだけだ。しかし性に関わることをプライミングされた被験者たちは、最も成熟した時期の彼女を好んだ。

これはつまり〝成熟したものを好むバイアス〟と、人間の美しさについての好みには、進化上の結びつきがあるという説を支持している。しかしそのバイアスは、人間の魅力以外にも適用されるのだろうか。ファンとバーは、適用されると考えた。そこで少し形を変えた実験を行なった。ここでも一部の被験者に『ジェーンのデート』からの一節を読んで聞かせ、そのあとでバナナの写真を見せた。

緑のバナナ、黄色くなりかかったバナナ、完全に黄色くなったバナナ、そして茶色の点が出てきたバナナ。そして、それぞれのバナナを評価してもらった。

きっとみなさんはこう思うだろう。たいていの人は緑や茶色のバナナより、黄色いバナナを好む。味も舌触りもそのほうがいいからだ。けれどもここで件の心理学者たちがたしかめようとしたのは、ジェーン・ウィザースの写真を使ったときと同じように、性的なプライミングをされたグループと、そうでないグループとの間の、評価の差である。するとたしかに、二つのグループの間で、熟す前やあとのバナナより完全に熟したバナナを好む傾向に、大きな差が見られた。つまり性的なことを刷り込まれた被験者のほうが、バナナの色を気にしたということだ。

これで人間には成熟したものを好む性質が組み込まれているというのは本当らしいと思える。しかしまだ信じられないという人のために、彼らは別のやり方でたしかめることにした。数十万年前、サバンナには車はもちろんのこと荷車さえなかった。もしこの理論が正しいなら、若すぎたり古すぎたりするものよりピーク時を好むという根源的な嗜好は、生きているものだけに当てはまり、物質には通用しないということになる。彼らはもう一度、実験を行なった。基本的には前の二つと同じだが、今度は花と車の写真を見せた。彼らは成熟を好む傾向は花には当てはまっても、車には当てはまらないと予想した。

この実験では車のピークを、組み立てラインから出てきたばかりの新品の状態と設定した。別の写真は組み立て中の車や、何年もたって錆つき始めた車が写っていた。花はつぼみ、満開、そして枯れかかった写真だ。結果は二人の予想どおりだった。性的なプライミングをされたグループでは、満開の花を好む傾向がはっきり出たが、どの段階の車を好むかに関しては、特に差異はなかった。年代物のムスタングが錆びていくのを見たくないという気持ちはあるかもしれないが、それは体の奥底、あるいは心の奥底からわきあがってくるような、本能的なものではないようなのだ。

この発見は、女性の名前に花のイメージを重ねたがる性癖にとどまるものではないかもしれないと、彼らは結論している。配偶者を性的な〝成熟度〟で選ぶというのは、大昔において種が存続するかどうか危うい状況には適していた。しかし現代社会ではベストの戦略と言えるだろうか？　デートの相手や配偶者を選ぶときに、意識の奥底に組み込まれているものではなく、ほかに考慮すべき性質があるのではないか。また、それとはまったく関わりのない領域、たとえば職場のことを考えてみよう。年齢についてのバイアスが人の意識の奥底に埋め込まれていて、すぐにスイッチが入るものなら、たとえば仕事の能力を判定するときも影響するのではないか。その意味で、年齢差別のルーツは思ったより深いところにあるのかもしれない。

孤独はなぜ寒いのか？

性的な成熟度についての研究は、生理的ヒューリスティックと、心理学用語で〝認知の足場構築〟と呼ばれるもののひとつの例である。自分自身の思考、感情、判断、目標などを、建設中の建物と考えてみよう。その建物は決して完成することはなく、生涯を通じて経験や理解を積み上げてどんどん高くなっていく。

一番下には土台があり、これは最も基本的な知覚・欲求として、ずっと変わらない。これを礎としてほかのすべてがその上につくられる。そうした基礎となる考えは生理的ヒューリスティックの表れであり、私たちの身体と外界との原始的な関わりから生じたものだ。その中には、他人の体との関わりも含まれる。性的に成熟した状態を好むなどの性質は、生き残りのメカニズムとして何万年もかけて進化した。また幼児期に、新しい脳が、世界と呼ばれるこの奇妙な場所について、集められる限りの情報を取り入れていくうちに生まれるものもある。出どころは何であれ、それらは私たちの抽象的な思考や行動の大半をつくる雛型となる。

わかりやすい認知の足場構築の例をあげてみよう。私たちは歩いたりジョギングしたりスキップしたりするとき、原則として前へ進む。うしろに進むことはめったにない。これは体に刷り込まれた本能的な行動だ。そのため何万年ものあいだに、〝前へ〟という概念は頭の中で〝進歩〟や〝発展〟という、心理学上の概念とかたく結びついた。現在、それはよいこととして、広く認識されている。私たちは進歩的な思考を賞賛する。〝うしろ向き〟の人々は、世間を知らない敗者である。同じように、私たちは下を向くより、上を向こうとする。それは地面にあるものより、上にあるもののほうが多いからだ。そのため〝上《アップ》〟（高い、上る、なども同様）から連想するものはたいていよいものだ。私たちは下ではなく、上を目指す。天国は上で、地獄は下だ。

別の生理的ヒューリスティックは、大昔から私たちが持っている身体的ニーズと欲求、安心と安全に関わっている。この私たちの内側にある基本的な概念は、比喩がなぜ力を持つのかを、明らかにしている。シルヴィア・プラスの『冬の光景　岩と』で使われている、陰鬱な比喩について考えてみよう。彼女がこれを書いたのは二四歳のときだ。

夏の間に生えていたアシは、すべて氷の中に閉ざされた
乾いた冷ややかさ、それは私の目に映るあなたのイメージ
私の心の窓をくもらせる。
心の荒れ野にふたたび緑を育てるような
どんな慰めを岩に求めようか。
誰がこんな荒涼とした場所に足を踏み入れるだろうか。

この詩を書いたときから七年後、この若い詩人はうつ病が高じて自殺する。しかし彼女の孤独の痛みは、寒々とした冬の景色の比喩の中に表れている。けれどもなぜ寒い冬景色なのだろう？　人生の寒々しさ、他人とのつながりのない絶望感を表現するのに、なぜ氷や寒さを思い浮かべたのだろうか。なぜ燃えるような熱さや、過酷な日差しではないのだろうか。孤独感と温度には何の関係があるのだろうか。

ばかばかしい疑問に思えるかもしれないが、そう思うのは、私たちが常にそれら二つを頭の中で結びつけているからだ。当たり前すぎて、理由を考えようともしない。このような言い回しがどのくらいあるか、考えてみよう。冷たい態度、冷淡な受付担当者、氷のような視線。孤独（社会からの疎外

や拒絶も含めて）は、私たちの頭の中で、温度計の氷点下の目盛りと分かちがたく結びついているようだ。

心理学者たちはこうした比喩に関心を持っている。比喩は文学における発明以上のものであり、古代から現代まで、私たちの感情の動きの複雑さを理解するのに使われる、経験の集大成とする研究者もいる。この見解によれば、世界中で共通の比喩があるのは、それが脳の組織に刻み込まれているからだということになる。

けれどもなぜそのようなことになったのだろうか。トロント大学の二人の心理学者が、この問題に体系的に取り組もうとした。チャン・ボー・チョンとジェフリー・レオナーデリは、私たちが考えるときや判断するときに使っている比喩は、基本的な世界の認識、つまり感覚器を通じて脳に入ってくる情報に影響されているのではないかと考え、それをたしかめようとした。おそらく人間の大昔の祖先は、サバイバルのツールとして、他人との一体感とぬくもりを結びつけたのだろう。今でも子供は同じことをする。体のぬくもりを感じると、安全だと思い安心するのだ。逆もまた真なりということだろうか。寒さと孤独は、同じように頭の中で結びついているのだろうか。

彼らは以下のような方法で、この問題を検証した。被験者を二つのグループに分け、片方には社会から排除された経験（たとえばクラブへの入会を拒否されたとか、バスケットボールの一軍のチームに入れてもらえなかったなど）を思い出してもらった。これは疎外感や孤独感など、無意識の感情をプライミングするためだ。もう一方のグループには、もっと楽しい経験、団体の中で一体感を味わった経験を思い出してもらった。すべての被験者が、できるだけはっきり、細かいところまで（ほかの人たちが立っていた場所や、その知らせを伝えてくれた相手など）思い出そうとする。このとき同時に、長く忘れていた感情や、腹の底で感じていたことまで思い出すことになる。実験者は彼らに、そのときの不快さや痛みを、もう一度経験させようとしたのだ。

この直後、建物のメンテナンス担当者からの依頼として、部屋の温度がどのくらいか予想をしてもらった。予測値は一二℃から、なんと四〇℃まで大きな差があった。それだけでも驚きだが、もっとおもしろいことが起こった。孤独や他人からの拒絶をプライミングされたグループのほうが、常に温度を低く予測したのだ。その差は三℃近かった。それはつまり、仲間はずれにされた胸の痛みを思い出すことで、本当に寒く感じたということだ。

三℃というのは誤差ですむ違いではない。服を一枚、増やす必要があるくらい大きな差だ。そうなるとこれが偶然ではないことを証明する必要がある。そこで彼らは被験者の記憶だけに頼るのではなく、実際に実験室で、仲間はずれにされる疎外感を味わってもらうことにした。被験者にボールをトスしあうコンピュータ・ゲームをプレイさせる。けれどもこのゲームには仕掛けがある。ある被験者にはふつうにボールを回すが、別の被験者にはボールを回さず仲間はずれにする。ちょうどいじめられっ子が、公園で仲間に入れてもらえず、ぽつんとしているような状況だ。

ゲームのあと、被験者に飲み物と食べ物のリストを見せて、どんなものを飲んだり食べたりしたいか、採点してもらう。そのリストにあるのは、ホットコーヒー、クラッカー、冷たいコーラ、りんご、熱いスープである。被験者にこの実験の目的は知らせない。彼らはただそのときほしいと思ったものを選ぶ。その結果は驚くべきものだった。バーチャルの公園で仲間はずれにされた〝いじめられっ子〟

役の被験者は、ほかの被験者より熱いスープかコーヒーを選ぶ率が高かったのだ。彼らが〝安心する食べ物〟として温かいものをほしがるのは、他人の冷淡な態度に接して、本当に寒さを感じたからだろう。

身体的な感覚と心理的な経験はかたく絡み合っているようだ。私たちの社会的な関係は、その二つの関わりから強く影響されていると考えられる。また気分によって周囲の世界の見え方が変わることについても、それで説明できるかもしれない。寒さを感じると、躁うつ病などの気分障害を悪化させる可能性があるという心理学者もいる。寒いと孤独や寂しさが募り、荒涼とした場所に取り残されたように思えてさらに寂しくなって、より寒さを感じるという悪循環におちいるのだ。ある人々にとって、この世界は本当に冷たい場所なのだ。シルヴィア・プラスの自殺も、そこに原因があるのではないかと思われる。彼女がロンドンで自殺したのは一九六三年二月。その年のイギリスは何百年もなかったほどの寒さに見舞われていた。そして彼女はオーブンに頭を突っ込んで死んだ。

清められた人は、嘘をつきやすい

ぬくもりは有史以前の時代から、人間にとってなくてはならないものだった。もうひとつ、清潔さもまた、人間には不可欠だ。大昔に生きていた人間の祖先は、かなり汚れていたと思うかもしれないが、実はその時代に生き残れるかどうかは、さまざまな汚れをどれくらい避けられるかにかかっていた。汚れは病気の原因となることも多かったので、昔の人間は大げさなほど用心する必要があった。清潔さは生き残りのためのツールだったが、時間を経て近代になると、それはよいものを表す比喩として使われるようになり、やがてほぼすべての宗教で、清潔さは理想とされた。処女マリアは穢れなき存在だ。清潔さは神性に近いのだ。多くの宗教で、信者は祈る前に身を清めることを求められる。〝純粋〟という概念は精神性であると同時に、身体的なものでもある。

心理学者たちは、この生理的ヒューリスティックの働きを実際に示した。毎日、体をきれいにして、精神の純粋さを守ろうとする気持ちが、宗教とは関わりないところで表れている事例を調べた研究が、『サイエンス』誌にいくつも掲載されている。たとえばある実験では、過去に自分が行なった倫理的な行動、あるいは倫理に反する行動を思い出させるというプライミングを行なった。その内容については、決して外にもらさないと約束し、できるだけ鮮明に、細かく思い出してもらった。

次に空白のマスを埋めて、単語を完成させる。たとえばW○○H、S○○P、SH○○ERなどだ。この問題は、あえていくつもの正解が存在するようにつくられている。たとえば順番に、WISH、SOUP、SHINER、あるいはWITH、SHIP、SHOWERなどが考えられる。WASH、SOAP、SHIVERでもいいだろう。これらの問題の答えが、統計的に見た、そのときのあなたの心境ということになる。そのデータを分析したところ、次のような結果が出た。よい行ないを思い出した人の答えはばらばらで、特に決まった思考パターンは見られなかった。けれども図書館の本を盗んだとか、友人に嘘をついたとか、浮気をしたとかいうことを思い出した人は、身を清めることに関わる単語を思いつく傾向があった。つまり倫理に反する行動を思い出すと、清めや清潔に関わることを思い出しやすくなるのだ。

この生理的ヒューリスティックは、黴菌ヒューリスティックと密接につながっている。黴菌ヒューリスティックについては、迷信と合わせて法則16で説明しよう。ここでは、倫理上の汚点、汚い行動と呼ばれる行動だけに注目したい。たとえば、被験者自身の過去の行動ではなく、見知らぬ他人の行動に注目させる。まず被験者全員に、有名な法律事務所に勤める弁護士についての文章を読んでもらう。その弁護士はある書類を見つける。それは同僚が重要な裁判で勝つためにどうしても必要としていたものだった。一方の被験者グループは、その弁護士が書類をすぐに持ち主である同僚に返し、裁判に勝つという話を読んだ。もうひとつのバージョンは、弁護士は見つけた書類のことを誰にも告げない。それどころか紙をシュレッダーにかけ、同僚の妨害をする。どちらかのバージョンを読んだあと、被験者は実験に参加した報酬として一見なんの関係もないものの中からひとつ、ほしいものをもらえる。景品はたとえばクラッカー、シャンプー、電池、石けんなどだった。結果は予想どおり、悪徳弁護士の話が頭に残っていた被験者は、衛生用品を選ぶ傾向があった。

これは考えてみると、驚くべきことだ。見ず知らずの人間の汚い行動が、傍観しているだけの自分に移り、汚れたように感じるというのだ。しかし、まったく違う話を使って同じ実験を行なったときも、この説を裏付ける結果となった。あるときは倫理にもとる行動について読んだ被験者の三分の二が、報酬として鉛筆ではなくウェットティッシュを選んだ。倫理にかなった行動について読んだ被験者でウェットティッシュを選んだのは三分の一だった。研究者の間で、これは〝マクベス効果〟と呼ばれている。シェークスピアが描くマクベス夫人は、殺人に手を貸したあと、必死で手を洗おうとする。文字どおり、自らの汚れを落とそうとする彼女の努力が、まったくの不合理とは言えないかもしれない。基本的なヒューリスティックのレベルでは清められた可能性がある。

それがうまくいきすぎたせいで、現代人の生活の中で反動が出ているのかもしれない。プリマス大学の心理学者シモーン・シュナルは、身を清めるという儀式的な行為が、倫理的な判断（自分ばかりでなく他人の行動についても）の厳格さに影響するかどうか調べた。彼女が行なった実験は、基本的には前述の実験をひっくり返したものだ。単語のゲームを使って、清潔さや身を清めることや完璧な秩序などを被験者にプライミングして、彼らの倫理観を検証した。

彼女は被験者を、清潔をプライミングしたグループとそうでないグループに分け、どちらにも倫理的なジレンマを含む問いかけをした。中には判断がとても難しいものもある。たとえば「財布を拾ったら、中にあったお金を取るか？」なら簡単だ。けれどもこれはどうだろうか。「これまで履歴書に事実でないことを書こうとしたことはあるか？」「人里離れた山で、乗っていた飛行機が墜落し、生存者の一人が今にも死にかかっている。その人の死を早めて、飢えを逃れるためにその肉を食べるか？」

どのような結果になったかといえば、事前に〝浄化〟された被験者は、汚れたままの被験者よりも、はるかに倫理的な基準が低かった。履歴書に多少の嘘を書いたり、誰かの金をちょっとくすねたりすることに寛大な傾向が見られたのだ。もちろんこれは倫理基準によって、違う解釈もできるだろう。とはいえ、頭が清浄な人は、盗みや嘘、そして殺人までも、許してしまいそうに思える。

シュナルはこの発見を、もっと具体的な形で再現した。実験自体は同じだが、始まる前、被験者に胸が悪くなるようなビデオを見せる。これは彼らの心を〝汚す〟ためだ。そして半数の被験者には、流しで手を洗わせてから、倫理的なジレンマについての問題に取り組ませる。実際に石けんと湯で、手のひらから手の甲まで洗った被験者は、手を洗わなかった被験者よりも、倫理にもとる行動を許容する傾向があった。ここでもマクベス夫人だ。

次に陪審員制裁判について考えてみよう。そのほうがマクベス夫人よりは、私たちの生活に関わりが深い。自分が陪審員になったと考え、他人が犯した罪について有罪にするかどうか判断する。私たちが直感的なヒューリスティックに支配されているということは、何を意味するだろうか。清潔や純粋への感じ方によって、罪や倫理に反する行為への判断が、厳しくなったり甘くなったりするのだろうか。胸が悪くなるような汚い犯罪に対して、より強く非難するのだろうか。被告が体を清潔にして、こざっぱりとした服を着ていたら、罪が軽くなるのだろうか。陪審員の選定や、被告の権利保護に、それがどのような意味を持つだろうか。

これらの問いに正解はない。こうした問いかけは科学の世界ではまだ新しいものだからだ。けれどもこれは、娘にバイオレットやヘザーなど、花の名前をつけるよりもはるかに大きな意味がある。生理的ヒューリスティックははるか以前から、ぬくもりや清潔さといった体に関わる基本的なニーズにとどまるものではなくなった。現在では人間の魅力や倫理的判断まで、あらゆるものに影響を与えているのだ。

恋愛の相手をさがすとき、女性は男性よりはるかに好みがうるさい。これはよく知られたことだが、その理由についてはよくわかっていない。このえり好み（あるいはえり好みしないこと）について、ノースウェスタン大学で行なわれた新しい研究によると、それは体の動かしかたから来ているのかもしれないという。彼らはお見合いパーティーで、ふだんと逆に、座っている男性のところに、女性が近づいていくという設定にした。そうすると女性はあまりえり好みをしなくなった。つまり男性のようにふるまったのだ。これは誰かに近づくという行為によって、デートの相手の候補がふだんよりも魅力的に見えるようになるからだと、研究者たちは考えている。こう考えてみよう。ひとつの単純な社会的習慣が、欲望を形づくる。体に関わるヒューリスティックは、頭の中で働いている根本的な認知バイアスのひとつだ。それらは込み入った世界との関わりから生じ、この章で扱ったすべてのヒューリスティックに共通している。次の法則である〝幻視ヒューリスティック〟は、私たちの目がものの大きさ、形、高さ、傾きなどの情報をどう取り込んでいるかに関わっている。けれども他のすべてのヒューリスティックと同じように、それは恐怖、信頼、自尊心といった、深い心理的な性質に、大きな影響を与えている。ニューヨーク・ヤンキースの偉大な強打者、ミッキー・マントルについて知るためのヒントまでも与えてくれるのだ。

法則2　幻視ヒューリスティック

不安は世界の見え方を変えてしまう

なぜ坂道が実際より急に見えるのか？

ナイアガラの滝を初めてヨーロッパに紹介したフランス人宣教師で冒険家のルイ・ヘネパンは、病的な高所恐怖症だった。彼のこの障害については、医学的な記録や彼自身が書き記したものがあるわけではない。なぜわかるのかといえば、やがて新婚旅行の名所となるこの滝の高さを大きく間違えて予測しているからだ。一六七七年に書かれた彼の日記には、一八〇メートルを越える〝桁違いの〟高さだと書かれている。しかし実のところ北米最大のこの滝の高さは五〇メートルにすぎない。

実際の高さとはかけ離れた数字だが、心理学者のジャニーン・ステファヌッチによれば、この間違いはヘネパンが高所恐怖症であったことを示す有力な材料だという。ステファヌッチはバージニア州のカレッジ・オブ・ウィリアム・アンド・メアリーの准教授で、高さ、勾配、大きさなど、物の見え方と恐怖心との複雑な関わりについて研究を行なっているグループの一員である。私たちは感情のレンズを通して世界を〝見ている〟。その見えているものが、恐怖や行動の動機や自尊心をつくりあげている。これを〝幻視《ビジョナリー》ヒューリスティック〟と呼ぼう。

ここで私自身が被験者になった興味深い実験について説明させてほしい。二〇〇八年、私はバージニア大学の心理学者デニス・プロフィットの実験室を訪ね、ある視覚実験に参加した。心理学研究室というのは、たいていつまらない。ブンセンバーナーもビーカーもなく、ただ机の上にコンピュータが並んでいるだけだ。しかしプロフィットの実験は実験室ではなく、なだらかな起伏のある大学キャンパスで行なわれる。彼の興味の対象は、人がふだんどのように進む道筋を決めているかということだからだ。彼は人がどうやってある場所から別の場所に移動するのか、それを妨げる心理的要因は何かを知ろうとしている。

私が参加した実験は、心理学研究室が入った建物の二階のベランダで行なわれた。芝の敷かれた地面まで八メートルほどの高さだったが、実験が終わるまで正確な数値は知らされなかった。その高さを推定することも実験の一部だからだ。ヘネパンと同じことを、規模を小さくして行なったというわけだ。私のほかにも被験者が何人かいた。私たちはベランダから地面に置かれた円盤を見る。基本的な知覚を測るコツのひとつは、物の見え方に影響を与えそうな、誰もが抱えている心理的負担を取りのぞくことだ。たとえばこのときは、高さを何フィート何インチと答えさせるのではなく、一種の人間メジャーを使った。私がベランダから地面を見る。すると横にいた実験者（大学院生）が、私から離れてベランダの端のほうへ歩いていく。地面までの距離と実験者までの距離を見比べて、その距離が同じになったと思ったところで「止まれ」と声をかけるよう指示された。

ささいなことと思われるかもしれないが、実はこれが大きな意味を持つ。このような方法で高さを測ることで、記憶や意識、意図的な計算など、邪魔になるものを（ある程度まで）取り除くことができるのだ。もしフィートやメートルで高さを当ててろといわれたら、自分の家の天井の高さや、自分自身の身長を思い浮かべてそれを基準にするだろう。高さを感覚で測るのではなく、〝分析〟しようとするのだ。このような方法をとったのは、脳のヒューリスティックと視覚の影響をできるだけニュートラルな状態にするためだ。さらに被験者は、地面に置かれた円盤の大きさを推定するよう指示される。これもまた、私がベランダの高さをどう感じているかを間接的に測るための方法だ。このときも、何インチかという聞き方はしない。実験者が巻尺を少しずつ伸ばしていくのを見ながら、円盤と同じ大きさになったと思ったとき「止まれ」と声をかける。

私が参加したのは、この高さ予測実験の略式のものだった。プロフィットと学生たちが体系的に研究を行なうときは（それまですでに何百回も行なってきた）、それぞれの被験者は最初から最後まで一人で実験を受け、その後、ほかの心理テストを受ける。そのテストには高所恐怖症にまつわるものも含まれている。私がこれまでどういう経験をしてきたか、どんなものに対して恐怖心を持っているのか、実験者は何も知らなかった。実を言えば、私は何年も前に、ベランダから落ちて大けがをしたことがある。骨が何本も折れ、長いリハビリ生活を送った。それ以来、私は自分で軽度の高所恐怖症と診断していた。特に高いベランダに恐怖を感じる。震えたり汗をかいたりするわけではないが、どんな高さであっても、手すりの上からのぞきこむようなことはしたくないし、できれば手すりから離れたい。よりかかるなどもってのほかだ。

だからこの略式の実験で、高さを実際より五〇〜六〇センチ高く見積もったのは驚くにはあたらなかった。実験者にストップをかけたときは、本当に同じ距離だと思っていたが、実際はかなり離れていた。深刻な高所恐怖症の人を対象にこの実験を行なったところ、ベランダが実際より一メートル五〇センチも〝高く見えている〟という結果が出た。すると私は正確な数値と、深刻な高所恐怖症の人たちによる推定値のちょうど真ん中で、軽度の高所恐怖症という判断は理にかなっている。

しかしおもしろいのはここからだ。この実験の参加者は、高所恐怖症でなくても、ほぼ全員が実際よりも高く高さを見積もった。つまり人間は根本的なところで落ちることを恐れているのだ。それはヒューリスティックに支配された基本メカニズムであり、何億年もの進化を経てしみついたものだ。安全を守り、自己を保存するための認知上の戦略なのである。私たちの祖先の時代、命を守ることは今と比べてずっと難しかったため、彼らは世界を、機会《チャンス》と代償《コスト》という面から見るようになった。高い崖に近づくのはひとつのチャンスかもしれない。誰も知らないブルーベリーの茂みがあるかもしれないからだ。しかし同時に、落ちてしまう危険もある。

その意味で、視覚の〝エラー〟には有益な面もあるとプロフィットは言う。それは危険な世界に向き合うための、脳の基本的メカニズムのひとつかもしれない。彼と仲間たちはこの考えを実証するために、さまざまな実験を行なった。そのほとんどはバージニア大学のシャーロッツヴィル・キャンパスを歩いていた学生を、被験者として集めたものだ。

プロフィットは坂道の傾斜についても、高さと同じような誤認が起こったと記録している。ある実験で、彼は被験者を三〇度に傾斜した坂の上に立たせた。これはとても急な勾配で、転ばずに下りるのはまず無理だ。急な坂の上に立っているとき、下に立っているときよりも、勾配が急に見えることを、プロフィットは発見した。これはなぜなのか。おそらく人間にしみついた落ちることへの恐怖心のためだと、彼は考えている。私がベランダの高さを、実際よりも高く推測したのと同じ恐怖メカニズムだ。三〇度の坂道の上は危険な場所だと、彼は言う。人が急な坂道を、実際よりもさらに急だと推測するのは、頭のどこかで頭蓋骨を骨折するようなけが、あるいは死を想像しているからだ。

視覚・恐怖・社会

この視覚と落下への恐怖の結びつきは、あくまで理論にすぎない。そこでステファヌッチは目に見える形で検証しようと、被験者の恐怖心をかきたてて、それが高さの推定に影響を与えるか調べた。たとえばある実験では、被験者グループのひとつ（高所恐怖症の人はいない）には、三〇枚の画像を見せた。どれも高さとは関係なく、強い恐怖心を呼び起こすものだ。他の被験者には、一般的な画像を三〇枚見せた。そしてすぐベランダに出てもらい、私が参加したのと同じ実験を行なった。

するとわざと恐怖心をあおられた人のほうが、そうでない人よりも、ベランダの高さをはるかに高く見積もった。次にもうひとつ、ベランダではなく廊下で実験を行ない、水平の距離を推測するときも、恐怖心が影響するか調べたところ、特に影響は見られなかった。恐怖で視覚がゆがむのは、高さに限られるのだ。ヘネパン神父はジェットコースターの最前列に乗り、手を離して急降下していた気分だったのかもしれない。彼の体にはナイアガラの滝の美しさが、そう〝見えていた〟のだ。

これは単なる比喩にとどまらないかもしれない。勢いよく突っ込む、あるいは飛び込む感覚、いわば動きの脳内シミュレーションは、すべての恐怖症に見られる認知スタイルと考えられている。心理学者はそのような恐怖を感じる思考に、すばらしく大げさな名前をつけている。〝世界が迫りくる不適応スタイル〟というのだ。これは基本的に、恐怖を感じると、周囲のありふれたものまでもが動いているように見えるということだ。しかも実際は違うのに、自分のほうへ想像を超えるスピードで向かってくるように見える。つまり何かの恐怖症を持っている人は、ほかの人とは違う世界を経験している。たくさんのものが自分に向かって迫ってくる世界だ。

おもしろいのは、私たちの誰もが、原始時代の遺物であるこうした不合理な思考をわずかながら持っていることだ。落ちることへの恐怖はそのひとつにすぎない。プロフィットは〝上ることへの恐怖〟も発見した。これは坂を下から見上げているときに起こる、視覚のゆがみである。ある実験で、彼は学生たちをさまざまな角度の坂の下に立たせ、その勾配の角度を推測させた。成績は悪かったが、上に立っているときほど悪くはなかった。たとえばバージニア州の州法では、道路の勾配が九度を超えてはいけないということになっている。しかし学生たちはどの道路でも、二五度以上と推定した。このときも高さの実験と同じ実験テクニックを使い、被験者が角度に関わる知識に頼るのではなく、純粋な視覚のみで判断できるようにした。実際の角度からはほど遠かったので、これもやはり普遍的なバイアスだとプロフィットは確信している。

落ちることへの恐怖は、とてもわかりやすい。けれども坂を見上げたときも恐怖を感じるのはなぜだろうか？　それについてはこう考えてみよう。大昔の人間の祖先はエネルギーを温存しなければならなかった。サバンナには危険が多く、生きるには厳しい環境だ。人間は最も基本的なレベルで、何よりも貴重な財産、精力の無駄遣いを避けるようになった。そのための手段のひとつは、どのくらい働くかを常に〝選ぶ〟ことだ。もちろん意識的な計算ではない。彼らは坂道の角度を推測して、そのとき残っているスタミナと比較検討するわけではない。そのような計算をするのは不可能だ。動くたびにじっくり考えなければいけないなら、私たちは何もできなくなってしまう。けれども彼らは来る日も来る日も、無意識のヒューリスティックのレベルでそれを行なっていたのだ。

プロフィットはこのヒューリスティックな思考法をいくつかの実験で実証した。被験者はたとえ体調もよく落ちついているときでも、常に、坂道の勾配（そして上ることを間接的に求められる作業）を過剰に予測した。けれどもさらにおもしろいことに、身体的あるいは心理的なプレッシャーがかかったときのほうが、現実と予測との差は大きかった。たとえばプロフィットは何人かの被験者にジョギングをさせて、くたくたになるほどではなくても、十分に疲れさせておいた。その後、坂道の角度を推測する実験を行なったところ、実際の数値との差異はありえないほど大きくなった。重いバックパックを背負わせたときも、同じ結果が出た。この実験で興味深いのは、被験者が実際の疲れではなく、疲れるだろうという予測にも影響されるということだ。彼は体調のよい学生とよくない学生の結果を比較した。すると体調のよくない学生には、その坂道の勾配が、上るのは絶対に無理だというくらい急に見えていることがわかった。また年配で体が弱くなっている人も同じだった。どの場合でも、被験者が疲れていると（実際の疲れであれ、疲れるという予測であれ）、目の前の坂の角度が急に見えたということだ。

これらの発見は、公衆衛生という面で重要な意味を持つかもしれない。運動のほとんどが、坂を上ることのさまざまなバリエーションだ。基礎の物理学では、仕事をそのように定義している。エネルギーを温存し、基本的な形の仕事以外は避けるようにつくられているのなら、動きを抑えようとする大きな心理的な作用があるはずだ。ましてやフィットネスマシンに乗って、三〇分もトレーニングするなどもってのほかだ。

こうした視覚の誤りは人の脳の深いところに原因があり、すべての恐怖の基本要素であると、プロフィットは信じている。心理学では恐怖反応には四つの基本部分があると説明されてきた。その四つとは、感情、生理的反応（発汗、緊張、心拍など）、危ないという思考、そして行動（よける、手すりをつかむなど）である。これらの実験結果から示唆されるのは、視覚の基本状態も恐怖の表現形であり、最も根底にある五番目の要素かもしれないということだ。

恐怖と視覚がそれほど密接に結びついているのなら、恐怖を鎮めれば見えるものも変わるのだろうか。それをたしかめようとした簡単な心理学実験がある。実験者は、坂道の勾配についての実験と同じように、たまたま大学のキャンパスを歩いていた学生を集めた。しかしこの実験では、一人で歩いていた学生と、友人と一緒に歩いていた学生を分けて集めた。その目的は社会的な支援や、仲間がいるという安心感が視覚に影響するか調べることだった。そして結果は、たしかに影響があると出た。友人と一緒にいた被験者は、一人で実験に参加した人より、坂の傾きを小さく見積もった。真剣にエクササイズに取り組もうとした人は、誰でもこんなアドバイスを聞いたことがあるだろう。トレーニングはパートナーと行なえ。これらの心理学上の発見は、世間の知恵に科学的根拠があることを示すものだ。ただ話し相手ができるというだけではない。一人ではなく誰かと一緒のときのほうが、実際に仕事ができそうに思えるのだ。

この問題をやや別の角度から見るため、異なるバージョンの実験も行なわれている。そこでは一人で歩いていた学生だけを集めるが、一部の被験者には、力になってくれそうな友人について考えるよう指示する。安全と支援という無意識の感情をプライミングしようとしたのだ。他の被験者には特別な感情を持たない人、たとえばどこかの店員、あるいは嫌いな人のことを考えるよう言った。するとやはり、親しい友人のことを考えて安心感を持った人の推測値のほうが、実際の坂の角度に近かった。つまり坂をそれほど怖いと思わなかったのだ。

これで恐怖と視覚の相互作用に、社会的な側面が加わった。そして現代社会で最もよく起こる恐怖は、身体的なけがや燃料不足ではなく、グループの地位、信頼、自尊心が傷つけられるなど、社会的に危害を加えられることだ。昔の恐怖といえば高いところからの落下やガソリンの不足だったが、それが今では、広く蔓延する漠然とした不安へと形を変えている。どういうことかというと、人は安全を求める根本的な衝動は抱き続けていて、それを感情の世界にも持ち込んでいるのだ。

名選手にボールが大きく見えるわけ

ヤンキースの強打者だった故ミッキー・マントルの、すばらしい言葉について考えてみよう。ホームランを打てる超人的な能力について尋ねられたとき、野球殿堂入りしたかの名選手はこう答えた。「本当に説明できない。ただボールがグレープフルーツくらい大きく見えるんだ」。ミッキー・マントルが、バッターボックスでの彼の経験を説明できないのは驚くことではない。彼が言っているのは、人間の視覚にまつわる大きな謎だ。彼のこの言葉はヒューリスティックな思考の核心を突いている。特に人間の頭が、自信や失敗への恐怖といった感情を、視覚に結びつけてしまう性質をよく言い表している。

プロフィットはミッキー・マントルの超人的な打撃力と、それについてのコメントに興味をそそられた。昔ながらの落下への恐怖と、わかりにくい現代の心理的な脅威の間につながりがあるかもしれないと考えたのだ。スーパースターと呼ばれる人たちは、人間の能力と性質を極端な形で表現している。科学者がそれを見て、ごくふつうの行動に関する大切な問題に気づくことがある。マントルはボールがグレープフルーツの大きさに見えるというが、彼ほど偉大でないアスリートたちも、同じような経験をしているのではないかと考えた。つまり能力によって、見え方が違うのではないかということだ。視覚のような、生まれながらに持っている性質に影響を与える心理的な圧力について調べたいと、プロフィットは思ったのだ。

そこで彼はバージニア州郊外で行なわれている、ソフトボールの試合を見にいった。メジャーリーガー志望者から万年補欠まで、さまざまなレベルの選手を見つけるには最高の場所だ。試合を見ながら、彼はすべての選手について、打撃のようすを細かく記録した。そして試合が終わるとフィールドへ下りていき、選手たちにちょっとした心理テストをしてもらえないか依頼した。多くの選手が参加してくれた。

それは単純な実験だった。被験者になってくれた選手たちに、ソフトボールの大きさを推測させたのだ。ただしこのときも何センチメートルかとは尋ねなかった。被験者が考えすぎてしまうのを避けたかったからだ。脳には実際それが〝どう見えているのか〟調べたい。そこで大きさの違ういくつかの円盤を見せて、規定の大きさのソフトボールと同じ大きさだと思うものを選んでもらう。そしてこの結果を、その選手のその夜の打率と比較した。すべてのデータをコンピュータで分析したところ、おもしろい結果が出た。ソフトボールが大きく見えた選手ほど打率がよかったのだ。ミッキー・マントルと同じように、シャーロッツヴィル随一の強打者（少なくともその夜によく打った打者）も、実際よりボールが大きく見えていた。

これは略式の研究にすぎない。けれどもプロフィットによれば、ここには重大な原則が示されているという。人間の認知機能は、単なる視覚よりもはるかに複雑ということだ。認知には網膜に記録される視覚も含まれるが、脳は精神的、感情的な重荷を、その映像に混入させる。打撃のうまくない選手には、ボールが小さく遠く、〝手の届かない〟ところにあるように見える。実際にも感情的にも自分の能力を超えている。打撃に自信がないので、ボールが小さく見えるのだ。

このソフトボールの実験ではわからないことが多く残っている。そこでプロフィットの同業者の一人、ジェシカ・ウィットはそれらに挑戦することにした。彼女はこの実験結果をもとに、今度はゴルファーの目を通してさらに別の方向に発展させた。たいていの人はソフトボールならそれなりにプレーすることができる。少なくとも一晩くらいはごまかしがきく。それに比べるとゴルフは信じられないほど難しいスポーツだ。体力と精神力の両方がいる。週末しかプレーしないゴルファー（私自身も含め）は、大枚をはたいて高価なクラブや道具を揃えながら、うまくならなくて落胆し、ゲームをやめてしまうことが多い。それほど難しいものなのだ。〝ショートゲーム〟は特に難しい。これはピンに向かってボールを打ってカップに入れるゲームだ。

ふつうのロングゲームでは、一打目からカップインを考えるわけではない。カップが遠すぎて視界に入らないので、考える必要がないのだ。ティーを前にしているときは、カップではなくフェアウェーを狙っている。しかしショートゲームだと、実際にカップが見えているので見方が変わる。そのためウィットはカップインを狙うショットに照準を定めた。ミッキー・マントルには野球のボールがグレープフルーツくらい大きく見えるのと同じように、プロゴルファーの多くが、調子のいいときと悪いときでカップの大きさが違って見えるとスポーツ紙で語っている。バケツやバスケットリングくらい大きく見えるときもあれば、コインやアスピリンの錠剤のように見えることもある。こうした見え方の違いをさぐるべく、ウィットはバージニア州リッチモンドのプロヴィデンス・ゴルフ・クラブへと向かった。

ウィットは一ラウンド終えたばかりのゴルファー四六人（ほぼ男性）に、直径の違う九つの円を見せて、実際のカップに近い大きさのものはどれか尋ねた。そして彼らのその日のスコアについての情報を集めた。第一八ホールではパットを何回打ったか。そして第一八ホールで合計何打たたいたか。

彼女はさらにもうひとつのデータを集めた。そのゴルファーのハンデである。ハンデは何ラウンドもの成績に基づく、ゴルフの腕前を示す指標である。ハンデは低いほうがよくて、高いとあまりうまくないということになる。ウィットがハンデを調べたのは、上手なゴルファーと、ただ余暇の楽しみのためにゴルフをしている人たちとの見え方の違いを比較するためだ。言い換えると、彼女は視覚のゆがみ（あるいは正確さ）はふだんの実力と関係しているのか、あるいは一時的な精神状態と関わっているのかを調べようとしたのだ。

この実験結果はプロフィットのソフトボールの実験結果を裏付けるものだった。その日よいスコアを出したゴルファーには、実際より、そしてスコアがよくなかったゴルファーより、カップが大きく見えていた。しかしハンデは見え方に関係していない。腕のいいゴルファーであれ、下手なゴルファーであれ、調子がいい日にはカップが大きく迫って見えるのだ。

しかもここで調子がいいというのは、パットがよく入るということだ。カップの見え方は、第一八ホールのグリーンでのパット数と関わっていて、そのホールで何打したか（ティーショットやフェアウェーでのショットを含む）とは関係なかった。カップを意識するのは、ボールがグリーンに乗ってパターを取り出したときからだ。ウィットは研究室で練習用のパターマットを使って実験を行ない、同様の結果を得た。

幸いこうした計算（危険度、仕事、成功の可能性）はすべて、意識の外で一瞬のうちに行なわれる。一歩踏み出すごとにリスクを考え、一緒にいる人たちの価値を計算しなければならない毎日を想像してみてほしい。そんなことは絶対に不可能だ。プロフィットは「知覚の重要な機能は、考えずにすむようにすることだ」と言っているが、まさにそのとおりである。またヤンキースの名選手だったヨギ・ベラの語録には、こんなものもある。「打つのと考えるのとを同時に行なうことはできない」

どんなボールでも、うまく打つのは難しい。幻視ヒューリスティックは人間の知覚が感情や自己概念と密接に結びついていることを示しているという点で、とても啓発的だ。しかし少し見方を変えると、そもそも私たちがボールを打てるということが驚きである。ミッキー・マントルは偉大な打者であったと同時に、センターとして守備でも才能を発揮した。つまり打者が打ったボールが外野へ飛んできたら、ボールの描く弧やボールのスピードだけでなく、自分の動く方向やスピードを判断するため、複雑きわまりない計算をして、確実にキャッチできる場所に移動しなければならない。彼はどうそれをやり遂げていたのだろうか？　もちろん彼はそのような計算をしっかりしていたわけではない。そんな計算をあっという間に、何度も何度もできる人間はいない。彼は〝運動・勢い《モメンタム》ヒューリスティック〟に頼っていたのだ。これは直感的物理学であり、次に紹介する法則でもある。大昔に身に付けたこのスキルはスポーツの域をはるかに超えて、私たちの行動や感情に不思議な形で影響を与えている。

法則3　運動・勢いヒューリスティック

重要なときほど、勢いに乗っていると感じる

直感的物理学

バッグス・バニーやロードランナーが活躍するアニメ『ルーニー・テューンズ』で、不運なワイリー・コヨーテはマンガならではの物理学の法則によって生き、ニュートンの法則を無視して、天敵を追いかけるためアメリカ南西部を飛び回っている。ある回では、ワイリーは走っているうち崖を飛び出し、そこでしばらく空中に浮いていた。下を見て間違いに気づいたとたん重力が働いて、砂漠へと落ちていった。

ワイリーの不運を見て、私たちはなぜ何度も笑えるのだろう？　一九五〇年代にロードランナーが『ルーニー・テューンズ』の中で一、二を争う人気者になった理由は、物理学的な間違いを、あえてたくさん使っているからだ。物理学とユーモアは相容れないように思えるが、実はニュートンの法則が無視されるのを見るのはおもしろい。なぜかといえば、私たちの誰もが、物理学的に可能なことと不可能なことを、ヒューリスティックでわかっているからだ。それを〝運動・勢い《モメンタム》ヒューリスティック〟

と呼ぶ。
私たちがなぜ物理学的な世界にらくらくと関われるのかは、運動・勢いヒューリスティックで説明できる。たとえば飛んできたボールをひょいとよけるとか、渋滞の中を運転するとかいうこともそうだ。私たちはその辺を歩き回ってもぶつかることはほとんどない。そして不思議なことに、そのような複雑な動きを何の計算もなくできてしまう。私たちはニューロンのレベルでそれを〝知っている〟。しかしすべてのヒューリスティックがそうであるように、運動・勢いヒューリスティックにも欠点はある。周囲に合わせてうまく進むための基本的な感覚を、大きな社会に持ち込んでもうまくいかないことがある。私たちの脳は、勢いや軌道といったアイデアを取り込み、それを物理的な動きとはまったく関係のない出来事や社会状況に適用しようとする。存在していないところに、物理的な力を〝見てしまう〟と、それが不正確な判断や選択につながる。

いくつか実験をあげてみよう。イリノイ大学の心理学者ニール・ルースは、動きについての知覚と、その社会的判断に与える影響を研究する心理学者グループの一人だ。たとえばある実験で、彼と仲間たちはハイウェーでの大きな衝突事故という、決して軽々しくはないテーマに取り組んだ。被験者に車の正面衝突のコンピュータ・シミュレーションを二つ見せる。どちらも実際の裁判のために用意されたものだ。片方は一台の車が二車線道路でトレーラートラックを追い越そうとして、別のトレーラートラックにぶつかったというケース。もうひとつは合流したばかりのスピードが出ていない車をよけようとしたトレーラートラックが、反対車線を走っていたバスに衝突したというケースだ。

実験の目的に合わせて、一部の被験者には実際の衝突するシーンが削られたビデオを見せた。この映像に加え、ルースは被験者たちに事故についての説明文を読ませ、図表を見せた。ちょうど弁護士が裁判所で証拠について説明するような具合だ。そして全員に、陪審員と同じように、事故の起こる可能性はどのくらいあるかを尋ねる。何より興味深かったのは、彼らが見たシミュレーションに衝突シーンはなかったにもかかわらず、衝突は避けられないと、被験者たちは〝知っていた〟ことだ。人が動的な現象（運動する、勢いよく飛び出す、投げた物が弧を描くなど）を見たとき、直感的な物理学思考のスイッチが入り、これまでの動きから次は当然こうなるだろうと予測し、その予測に何ら疑いを持たなくなるのだ。

ルースは新たに発見したこの心理現象を〝傾向効果〟と名づけたが、これは運動・勢いヒューリスティックのひとつにすぎない。この本能に近い感覚はスポーツファンの間ではおなじみだ。たとえば打ったボールが外野席へ飛んだとき、それがスタンドに入ると〝わかる〟。実際のホームランは、〝わかった〟瞬間の興奮に比べれば物足りないと野球ファンは言う。

これらの発見は、法に関わるところで重要な意味を持つ。法廷ではコンピュータ・シミュレーションが説得力のある証拠として、どんどん使われるようになっているからだ。しかし影響はもっと広範囲に及ぶ。動きのことになると、人の頭は策を弄して、何かがどこへ向かっているか、わかっているはずのことをゆがめてしまうらしい。物質だけではなく、人生の出来事についてもだ。物理的な世界――スピードや勢いといった非人格的な力――に対する私たちの内的な感覚が、心理的な世界への理解へと直接、持ち込まれているのかもしれない。

スポーツの世界を考えてみよう。ファンもプレーヤーも、スポーツの試合で（個人そしてチームの）勢いが、いかに重要かわかっていると言うだろう。なぜかはわからないが、選手たちが突如〝調子に乗る〟とか、〝いい手を連発する〟ということがある。逆にその選手たちが突然、勢いを失い、相手側のペースに持ち込まれることもある。

これは単なるこじつけなのだろうか。あるいは心理的な勢いがパフォーマンスに影響するという考えと何か関係があるのだろうか。心理学者たちは、〝直感的物理学〟と呼ばれる理論、傾向効果、そして一見何の関係もなさそうな心理傾向や信念の結びつきの研究を始め、いくつかおもしろい結果が出ている。一部では心理的な勢いの統合理論についての研究も進められているが、それはニュートンの古典物理学の法則に始まる。

ニュートン物理学では、運動量《モメンタム》は速さと質量をかけあわせたものとされている。単純な法則だが、それが人間のモチベーションやパフォーマンスの領域で、どのような意味を持つのだろうか。直感的物理学において、心理学的な速さは、大きな出来事から生まれるという。スポーツではたいてい、ゲームの流れを変える大きなプレーだ。たとえばフットボールなら重大な局面でのインターセプト、バスケットなら相手のボールを奪ってのダンクシュートなどだ。

この理論で質量にあたるのは、社会的なコンテキスト（文脈）から生じるものだ。その試合がどれくらい重要なのか、一方のチームがもう一方のチームよりも、この試合に思い入れがあるのか。私はワシントン・レッドスキンズの地元に住んでいるので、年間最大の試合といえば、ダラス・カウボーイ相手のホームゲームと決まっている。日曜だけでなく、試合前のいわば〝ダラス・ウィーク〟の間じゅう、試合が町の話題の中心となる。心理学者によれば、ふつう以上に話題が集まり注目されることが、質量の条件に合っているという。それが大きなプレーという〝速さ〟と組み合わされたとき、そこに心理的なモメンタムが生まれることがある。それは感情の領域に働いている目に見えない力のことだ。

私たちの期待、そして後悔さえも、運動・勢いヒューリスティックによってつくられることがある。オハイオ大学の心理学者、キース・マークマンとコーリー・グンサーが、熱心なバスケットボールファンを集め、実際にあったバスケットボールの試合の映像の一部を見せるという実験を行なった。見せたのは一九八八年のデューク大学とノースカロライナ大学との試合だ。レッドスキンズとダラス・カウボーイの対抗意識も、デューク大学ブルーデヴィルズとノースカロライナ大学ターヒールズの間の激しいライバル意識の前にはかすんでしまう。一九八八年にはデヴィルズがランキング全国一位で、ターヒールズが二位だった。

実験に使われた一〇分のフィルムには、ブルーデヴィルズが一五点勝ち越していたが、ターヒールズはずっとくらいつき、最後には九七対七三でターヒールズが勝利した。しかし被験者にはその結果を知らせなかった（また事前に、この試合をおぼえている人がいないことを確認した）。実験者は一分ごとにビデオを止めて「今、勢いに乗っているのはどちらのチームか」、そして「どちらのチームが勝つと思うか」という二つの質問をした。そしてビデオを見た後、試合の流れを変えるきっかけとなった、最も大きなプレーは何だったかと尋ねた。

そのデータを分析したところ、勢いについての彼らの考えを裏付けるものがいくつか見つかった。

被験者であるファンのほとんどが、試合中、デューク大学に勢いがあると答え、そのままデューク大が勝つだろうと予測した。デューク大学が勢いに乗ったターニングポイントとしては、ターヒールズの選手のテクニカルファウルと、デューク大の選手のリバウンド、そして三ポイントシュートがあがった。

マークマンとグンサーは、〝質量《マス》〟という考えを含め、物理学と心理学の類似について、さらに深く研究したいと思った。心理学的な意味での質量は、その出来事の重要性である。第二の実験で、彼らは被験者に、架空のバスケットボールの試合についての解説を読ませた。試合をするチームは、イーストミッドランドいう、とても強いチームだ。一部の被験者はイーストミッドランドと、同じ地区内のミラーズヴィルというチームの試合のシナリオを読む。別の被験者はイーストミッドランドとウェストミッドランドの試合についてのシナリオを読む。ウェストミッドランドは町の反対側にあり、イーストミッドランドにとっては九〇年来のライバルチームだ。どちらのシナリオでも、イーストミッドランドが接戦を制し、プレーオフでコナーというチームと戦うことになる。

どちらの場合のほうが、イーストミッドランド・チームに勢いがあるだろうか？　彼らが被験者にそう尋ねたところ、予想どおりの結果となった。バスケットボールファンたちは、長年のライバルチームとの試合のほうが、そうでないチームとの試合よりも、イーストミッドランドに勢いがあると考えたのだ。たとえどちらの試合も、勝ち進むという点から見れば同じように重要だったとしても。これは感情的な重要性としての〝質量〟が、心理的な〝勢い〟に影響するという仮説を支持している。

私は高校以降、真剣にスポーツをしていたわけでもないし、ゲームを見に行くことも以前よりは減った。けれども「調子に乗る」とか「いい手を連発する」とかいう言葉はよく使うし、たしかにそういう現象があると思っている。それはまるで物理的な力のように感じる。そしてそれはスポーツにとどまらない。株式市場や政治キャンペーン、ゲイの結婚のような社会的問題にも勢いはある。人間関係、学校、職業における個人的な成績にまで、関わっていると思われる。

ジェーンについて考えてみよう。ジェーンとは架空のキャラクターで、やらなければいけないことがたくさんある。このところ忙しくて、アパートの部屋はめちゃくちゃだ。日曜日、ようやく丸一日自由に使えるようになったので、はりきってその日の目標を決めた。アパートの部屋の掃除をして、エミリー・ディキンソンの詩について二〇ページのレポートを書く。ここで実験者はあるシナリオを被験者に読んでもらう。ジェーンは午後一時に掃除を始め、午後九時までに二つの仕事を終わらせるつもりでいる、というものだ。しかし一部の被験者向けには、ジェーンがこつこつと仕事を進めていくという内容、別の被験者向けには、ジェーンが掃除機をかけ、モップがけ、家具のほこり取りなど、何の苦労もなく次々と終わらせていくという内容になっていた。

これはある仕事をしているときの勢いの残りが、次のまったく違う仕事に持ち越されるか、調べることが目的だった。するとまさにそのとおりの結果となった。ジェーンが楽々と掃除をこなしているのを〝見ていた〟被験者は、ジェーンが論文を書き始めたときも〝追い風が吹いている〟ので、自分で決めた九時までにそれを仕上げる可能性が高いと考えた。

ただしジェーンの母親から電話があったら話は違ってくる。

実験者は状況を複雑にして、わざと勢いをくじくことができるかどうかたしかめてみることにした。いったん作業を中断させられた場合、勢いに乗っていた人のほうが、着実にこつこつと作業していた人より、元の状態に戻るのが難しくなるのだろうか。そこで最後の実験では、ジェーンがエミリー・ディキンソンの論文を書き始めたあとで、母から電話がかかってくるという状況を設定した。半分書き終わったところで、自分で決めた締め切りの九時まであと二時間しか残っていない。ここでもまた、一部の被験者には〝調子に乗って集中している〟ジェーン、残りの被験者には、〝ただ淡々と論文を書いている〟ジェーンのシナリオを読んでもらった。

母親から電話がかかってきたとき、ジェーンは面倒だと思った。母の話が手短にすんだためしはなく、四五分は電話に縛りつけられることになるだろう。しかし彼女はやさしいので、やはり受話器を取ってしまう。思わぬ形で仕事を中断されたあと、もとの調子に戻すのはどれほど難しいだろう。

結果は、〝勢いに乗った〟ジェーンのシナリオを読んだ被験者のほうが、彼女が元の勢いを取り戻すのは難しいと答えた。ハイウェーを疾走しているとき急ブレーキをかけざるをえなかった車と同じで、いったん勢いを失ったら、元のスピードにはなかなか戻れない。少なくとも多くの人がそう考えている。

ではここでジェーンが本当に、タイミングの悪い母親の電話でペースを乱されて勢いを失い、エミリー・ディキンソンの論文を書き上げるのをあきらめたと考えてみよう。いや、それよりもっと事態を悪くして、論文を書き上げることができず落第してしまった。そのとき彼女はどう自分を納得させるだろうか？　もし彼女が私たちの大半と同じだとすれば、彼女は自分の失敗を、避けられなかったと考えるだろう。そのメカニズムについて説明しよう。

「僕にはわかっていた」シンドローム

勢いや傾向は、どちらも将来のこと、自分（あるいは他人）がこれから向かうところだ。その逆はあと知恵ということになる。私たちは絶えず、すでに起きたことや行動を振り返っては、なぜそのようになったのか説明しようとする。しかし残念ながら、過去を振り返るとき、私たちはひどくゆがんだレンズを通して物事を見る。心理学ではこのレンズを〝あと知恵バイアス〟と呼んでいる。それは「僕にはわかっていた」シンドロームとして知られている。

あと知恵バイアスとは、いったん起こってしまったことについて、それは避けられなかったと考えようとする性向である。当たり前のように思えるかもしれないが、それはただ単に、実際の経験から学ぶということではない。私たちの過去の記憶は、起きたばかりの、より新しく強烈な記憶にかき消されてしまうらしく、そのため私たちは心理学的に、以前どう考えていたのか、自分に正直になることができない。

この認知バイアスは諸刃の剣である。これがあるおかげで、違う方法があったのではないかと、過ぎてしまったことで延々と悩まずに前を向いて歩き続けることができる。しかし悪い結果は避けられなかったと思い込むと、失敗から学ぶことが難しくなり、自分の行動について責任を持たなくなる可能性がある。

ではこのような、ごまかしの思考からどうすれば逃れられるだろうか。どうすれば自分の行動とその結果について、公平な目で見られるだろうか。それは実は、簡単なことではない。「僕にはわかっていた」という反応をなくすには、違う説明を考えればいいと思うだろう。もう一度ジェーンのことを考えてみよう。予定どおりにいかなかったのはしかたないと思うのではなく、「母の電話に出なければ、当然、論文を書き終えていたし、落第もしなかった」と考えることもできる。「あのときもし」と考えれば、失敗は避けられなかったという結論は減るはずだ。

しかしそうはいかないのだ。少なくとも自然にそうなることはない。それどころか、まったく逆の結末になりやすい。心理学ではこの説明を〝反事実的〟と呼ぶ。これは実際には起こらなかったが、起こってもおかしくなかった、起きるだろうと思われていた、あるいは起きる可能性があった出来事を、学術的に表現した言葉だ。車の衝突の実験を行なったニール・ルースも、あと知恵バイアスと反事実的思考の関係を解き明かすために、いくつか実験を行なった。

これから説明する実験の大半は、飛行機に乗り遅れたとか、試験で不合格になったとか、「もし～だったら」という仮定の話が使われた。どの実験でも被験者は、悪い出来事は最初から予想できたと結論している。つまりあと知恵バイアスが発揮されたのだ。そこでルースは、そのようなバイアスを打ち消すよう「もし～だったら」と考えるように言った。「もしもっと勉強していたら、試験に合格していただろう」「もしもっとてきぱき動いていたら、飛行機に間に合っただろう」というように。

この認知の矯正は失敗だった。実験の目的は偽った考えを打ち消すことだったが、ほとんどの場合、逆の結果になった。被験者たちは、悪い結果は避けられなかったという思いを強くしたのだ。

しかし架空のシナリオはフェアでない部分があり、ルースはこの考えを現実の世界で検証してみたいと思った。そこでサミープ・マニアーという学生と協力し、近くにあるノースウェスタン大学のフットボールファンたちの頭の中を調べることにした。大観衆を集めるスポーツは絶好の心理学実験場になりうる。試合に熱狂すると、少なくとも試合中の短い時間、感情も思考も激しく高ぶるからだ。ふだんならふつうの範囲に入る理論のゆがみが、そのような場では拡大される。

ルースとマニアーは一九九五年から一九九六年にかけてのシーズンの三試合を選んだ。ノースウェスタン大学はビッグテンと呼ばれる大学リーグに名を連ねていて、三試合はすべてそのリーグの試合だった。そして会場はノースウェスタン大のダイク・スタジアム。一〇月にはウィスコンシン大学、そして一一月にはペンシルベニア州立大学、そしてアイオワ大学との試合が行なわれた。

その年は思わぬハプニングがあって、実験が期待以上に興味深いものになった。ノースウェスタン大学はビッグテンという名門リーグに所属してはいるが、決してフットボール強豪校ではない。事実、他の大学に比べて成績はあまりふるわないのだ。しかし九五年から九六年にかけてのシーズンで、ノースウェスタンは快進撃を続けた。下馬評を裏切り、この三つのライバルチームすべてから勝ち星をあげて、九六年のローズボウルの切符を手にしたのだ。

つまりこのときは、あと知恵バイアスの実験を行なう唯一無二のチャンスだったのだ。彼らはそれぞれの試合の前に、ノースウェスタン大学のファンにノースウェスタンが勝つ可能性と得点差を予測してもらった。答えの選択肢は、ウィスコンシン大が、①一〇点差以上で負ける、②一〇点差未満で負ける、③一〇点差以上で勝つ、④一〇点差未満で勝つ。またどの試合でも三五〇ヤード、ボールをゲインする（試合の主導権を握っているひとつの指標になる）可能性についても尋ねた。

そして彼らは試合を見る。試合のあと、話を聞いたファンを集めて大学へと連れて行き、試合前に自分が、どのような試合になると予測したかを思い出してもらった。すると予想どおり、同大学のファンは自分たちの予想の正確さを過大評価した。彼らのごひいきのチームの力は未知数で、期待値は低かったにもかかわらず、ファンはそうは思っておらず、自分たちはこの大番狂わせが起きることを〝最初からずっと〟わかっていたと信じていた。

そこで実験者のルースたちは、この誤った考えを打ち消そうとした。試合の違う展開を想像してもらった。「キックオフのときのペナルティがなかったら負けていたかもしれない」「あそこで敵がファンブルしなかったら、主導権を握られていたかもしれない」など。違う結果（違う現実）を想像することで、ある結果は必然だったという考えを弱められるのではないかということだ。しかし飛行機に乗り遅れたり、試験に落ちたりする仮定を使った実験のときと同じく、違う経過を想像させてみても、被験者の〝僕にはわかっていた〟という思いを強めただけだった。彼らはこう考えたようだ。「違う展開もあったはずだ。しかしそうはならなかった。つまりこれは運命なんだ」

あと知恵と後悔はコインの裏表

それなら私たちはこの認知の特性をどう理解すればよいだろうか？　ここでノースウェスタン大学のスタジアムを出て、スポーツ全般から離れよう。人生において、ある結果は避けられないし、それは予測できると考えたくなるかもしれない。すべて思いどおりの結果が出るわけではないとわかれば安心できるし、ほかにやりようがあったのではないかとこだわり続けるのは不健康だ。こだわり続けていたら、何もできなくなってしまう。

しかし多少の後悔は悪いことではない。反事実的思考の大半は、避けられたかもしれない失敗を悔いて、どうすればもっとよい結果が出たか想像してみるということだ。「もし〜だったら」と、私たちはしょっちゅう考えている。そうなると、あと知恵と後悔は、同じ認知というコインの表と裏、頭の中のパートナーなのかもしれない。そして実は世界を理解するための、ヒューリスティックの力の相互作用とも考えられる。

ロバート・フロストが一九二〇年に書いた詩『人の行かぬ道』は、この心の動きをより叙情的にとらえている。この詩の旅人は森の中で二つに分かれた道の岐路に立ち、難しい選択を迫られている。それは人生の困難な選択で、心の中の葛藤を経て一方を選ぶ。最後の連には力強い勢いと、人生で避けられない運命への疑いとの絡み合いがよく表現されている。

私はため息とともにこれを語るだろう
これから遠い遠い未来に
森の中で二手に道が分かれていて
私は人のあまり行かない道を選んだ
そしてそこからすべてが変わったのだと

つまり私たちがワイリー・コヨーテを笑う理由と、人生の選択を後悔する理由は、深いところで同じなのだ。私たちの脳は物体が動き回っている危険な世界で進化し、その物理学的な教えを、現代では知覚に、そして複雑な社会生活に適用している。この世界をうまく生きるためには、落下物や衝突を避けるだけでは足りない。次の法則では〝流暢さ《フルーエンシー》ヒューリスティック〟と呼ばれるものについて説明するが、そこでは私たちの生きる社会が言葉によるヒントに満ち満ちていることを示す。それはコーンフレークの箱から株式市場、そして政治家の大げさな美辞麗句にまで及ぶ。おなじみのものもあれば、耳慣れないものもあるが、それにどう反応するかで、政治から、人生でどれだけのリスクを引き受けるかまで、あらゆることが決められるのかもしれない。

法則4 流暢さヒューリスティック

経済行動は〝流暢さ〟に影響される

モーセ・イリュージョン

人はすでに知っていることを好む。これは人間の根源的な性質だ。たとえば人の顔、会話、新聞の特集、株式の目論見書、スキー場のスロープなど、この世のあらゆることを理解し、対処するうえで、そのことを知っているか知らないかが影響する。

このバイアスがいかに心の深いところに組み込まれているかを理解するために、次の質問を考えてみよう。「モーセはそれぞれの種類の動物を何匹ずつ箱舟に乗せたか？」

これは引っかけ問題で、少し時間をかけて考えれば正解はわかるはずだ。しかしたいていの人は、あまり考えず、すぐ「二匹」と答える。そう答えた人は要するに質問を聞いていないのだが、その問いがなじみのあるものだったので自然にいつもどおり反応してしまったのだ。ほんの少し頭を働かせれば（本当にほんの少しでいい）、誰でも「モーセは箱舟に動物を乗せていない。乗せたのはノアだ」と答えられるはずだ。しかしこういった情報は聞き流してしまいやすく、本当に何が起こっているのか、ほんのわずかでも時間をかけて考えようとしないのだ。

認知心理学者はこのようなよくある間違いを〝モーセ・イルージョン〟と呼ぶ。私たちがどうやって、問題なく暮らしているのか理解することは重要だ。それは私たちが読むものや人が言うこと、発せられた言葉や書かれた文章を、文字どおりすべて、どう解釈し、理解しているかということだからだ。言語にはゆがみがたくさんあり、自分で気をつけなければ、あらゆる面で足元をすくわれてしまう。しかし気をつけることと、あまり気をつけないことは、どこに違いがあるのだろうか。

科学者は〝流暢さ《フルーエンシー》ヒューリスティック〟がどれほど力を持っているか検証するため、モーセ・イルージョンを使っている。流暢さヒューリスティックは人間の最も基礎的な認知戦略で、人間はこの世で出会うものすべてについて、近づきやすさと好ましさによって、それに対する姿勢が変わるということだ。人はある種の情報をよりすばやく容易に分析できるというだけでなく、わかりやすい情報を好み、信頼するのだ。

さきほどの引っかけ問題について、もう少し考えてみよう。たとえば「ビル・クリントンはそれぞれの種類の動物を何匹ずつ箱舟に乗せたか？」と聞かれれば、誰もだまされることはないだろう。脳がとっさに、ビル・クリントンではノアの代わりにならないと判断するからだ。その二つには認知上の共通点がない。しかしモーセとノアには共通点がある。どちらも聖書に出てくる人物で、ひげを生やしていて、水に関係する物語の登場人物だ。そのため違いを見つけるのに、少し余分な作業が必要なのだ。

言葉が頭に入ってきやすいこと、ここではそれを流暢さと呼ぶが、私たちがゆっくり時間をかけて、理屈に合わない思考を見つけだすかどうかは、流暢さによって決まると考える心理学者が増えている。ミシガン大学のヒュンジン・ソンとノーバート・シュワルツもそう考え、それを検証するためにいくつものおもしろい実験を行なっている。そのひとつは、被験者にモーセの引っかけ問題を出すというものだった。質問は紙に書き、一方は頭に入ってきやすい形に、もう一方は入ってきにくい形に、単純だが巧妙な仕掛けをした。ひとつのグループへの指示は、はっきりとして読みやすい黒い活字体で書かれている。ちょうどあなたが今読んでいる本のような感じだ。もうひとつのグループには、明るい灰色の筆記体フォントを使った。あまりなじみがなく、活字体よりはるかに読みにくい。

結果は単純だった。読みにくい活字で問題を読んだ被験者のほうが、モーセ・イルージョンに引っかかることが少なく、読みやすい活字で読んだ被験者は、すぐさま「二匹」と（間違って）答えた。最初は意外に感じるかもしれないが、心理学者はこのような結果を予想していた。見慣れない灰色の活字は頭に入ってきにくい、つまり流暢さに欠けているため、脳は作業のスピードを落とし、時間をかけてじっくり考えるモードに切り替わる。活字について時間をかけて吟味すると、理論の間違いやごまかしについても時間をかけて考えるようになる。デュアルプロセッサ・ブレイン理論の言葉を使えば、スピードが遅くて論理的な脳が、スピードが速くて直感的な脳に勝ち、より正しい判断ができたということだ。

しかし流暢さヒューリスティックが、常にいい結果に結びつくというわけではない。そしてここからまた話はおもしろくなる。ソンとシュワルツはもう一度、同じ実験をした。ただし問題を「鳩時計、チョコレート、銀行、ポケットナイフで有名な国はどこか」に変えたのだ。正しい（そして容易な）

答えはもちろん〝スイス〟である。はっきりした読みやすい字体で書かれた問題を読んだ被験者は、一〇人中九人が正解した。直感的な脳が働いた結果だ。しかし読みにくい灰色の字体で書かれた問題を読んだ被験者で、正解したのはたったの半分だった。これは大きな違いだし、これほどよく知られた国のステレオタイプを、それだけの数の人が間違えるのは注目にあたいする。しかし問題が読みにくかったために脳が作業スピードを落として、理論的な脳のスイッチが入ると、問題を考えすぎて実際よりも難しく感じてしまうのだ。

つまりこのスイスの問題は、直感的であまり考えない流暢さヒューリスティックが働いてうまくいった例だ。しかしこの強力なバイアスが、よくない選択につながることもあるので注意が必要だ。出費をはじめ、毎日の生活で行なっているお金に関する決定について考えてみよう。あのモカ・ラテに四ドル払う価値はあるのか？　自分が選んだ候補者に二〇〇ドルの小切手を送るべきか？　子供の大学教育に一〇万ドルかかることについては？　私たちは毎日「それはどのくらいの価値があるのか？」と考えている。

そのような問いには、普遍的で絶対に正しいという答えはもちろんない。だから決めるのがとても難しくなるのだ。値段や価値の判断は、何千とある日用品とお金に対するその人の姿勢と感情が、複雑に絡み合って行なわれるので、簡単に比較できない。配管工に仕事を頼むことが、ラジオやペットの猫を買うことより価値があると、誰が決められるだろう。そのどれにも、あなたの所持金より多くのお金を払う価値はあるのだろうか？　それでも私たちは毎日、市場で選択を行ない、自信を持ってあるものと別のものを交換している。

文字が読みやすくなるだけで、やる気が上がる

心理学者の中でも、特に行動経済学者と呼ばれる研究者は、人が物の価値をどう判断するかに関心を持っている。もしそれが理論で決定されたものでないなら、いったい何で決められるのだろう？　脳はどのようにして、ありえないほど混乱した市場の中で、決定に至るのだろうか？　この問題については、二人の科学者の研究が抜きん出ている。彼らはこうした日常的な決定の性質を理解するうえで、目には見えにくいが驚くべきヒントをつかんでいるのかもしれない。

プリンストン大学の心理学者ダニエル・オッペンハイマーと、ニューヨーク大学のアダム・アルターは、私たちは客観的な価値とは無縁に経済的な決定を行なっていると主張する。市場に関わる決定は、脳の奥深い部分での世界の見方に関わっていて、その見方が安心や安全といった感覚をつくりあげる。この見解によると、貨幣でさえも、国家経済の中で明快で絶対的な価値ではない。多くの紙幣や硬貨とは別に、金の本当の価値（少なくその一部）は個人の頭の中から生じている。彼らは一連の実験で、心理的な安心感や不安を起こす市場の要素を研究している。それは私たちを、経済的な存在たらしめるものでもある。私たちの経済行動は、モーセ・イルージョンと同じように、流暢さヒューリスティックによって起こることを、彼らは突き止めた。

基本的な考えは、人間は生来、なじみのないものやわかりにくいものに、不安を感じ心配するということだ。よく知っていてわかりやすいものには安心を感じる。本書の「はじめに」でとりあげた雪崩の事故のことを思い出してみよう。事故の大半は、犠牲者がよく知っている場所で起こっている。

これも流暢さバイアスの一形態で、世界がもっと脅威に満ちていた時代から脳の深いところに組み込まれていたのだろう。しかし現代の社会において、気をつけろという警報は、あからさまなものとはかぎらない。ほとんど気づかないこともある。とても区別のつきにくいものなので、心理学者たちは実験室で研究を行なっている。

そのような実験の例をひとつあげてみよう。オッペンハイマーとアルターは被験者グループに、一ドルでさまざまな日用品がどのくらい買えるか推測させた。品物はごく日常的な、クリップ、チューインガム、紙ナプキンなどだった。被験者の一部にはジョージ・ワシントン像がついたふつうの一ドル札、残りの被験者には価値は同じだがあまり知られていない通貨、たとえばスーザン・B・アンソニーの肖像が描かれた一ドル硬貨を渡した。被験者は判で押したように、なじみのある一ドル札のほうが、珍しい硬貨よりも価値があると感じたのだ。

それはもちろん理論的な判断ではない。しかしたまたまそうなったわけでもない。あまり流通していない二ドル札と、一ドル札二枚の場合でも同じ結果となった。二ドル札を見たことがないという人はいないと思うが、念のために書いておくと、トマス・ジェファーソンが描かれている。しかしあまり見ないというだけで、人々はその価値を低く見積もった。それはなぜなのか。オッペンハイマーとアルターは、不合理な行動が私たちの最も奥深くにある心理作用に根ざしていると主張する。世界にはあらゆる種類の刺激があふれ、その中には特によく知られたものもある。そして脳はよく知っているものを、すばやく楽に反射的に処理するようできている。難しい、あるいはよく知らないことをするには労力、心理的な作業、熟慮などが必要だ。脳はより慎重で計算高いモードにスイッチして安全を図る。私たちはよく知っている一ドル札には価値があることを知っているが、一ドル硬貨は未知の品物だ。その違いを見ると〝一ドルの価値〟を知ることがどれほど難しいかがわかる。

　これはあまり自慢できる話ではない。しかし話はそこで終わらない。この二人の心理学者はこれと同じ認知のゆがみが、品物そのものに対する見方や態度に影響するかを調べたいと考えた。そして前出の、字体を変える実験でたしかめることにした。今回の実験では被験者すべてに同じ通貨、見慣れた一ドル札を渡す。しかし日用品の入手しやすさを変える。〝消費者〟の一部はガムやクリップを、黒の活字体で書かれた申込書のリストから、他は読みにくい灰色の活字で書かれた申込書から購入する。基本的には前の実験と同じだ。ここでは知っているかどうかで出る差を最小限に抑え、純粋な視覚だけで判断できるようにしたわけだが、それでもその違いが判断に影響した。被験者はまったく同じ商品でも、なじみがなく読みづらい字体で書かれた申込書を使ったときのほうが、価値を低く見積もった。最近では多くのレストランが、メニューをシンプルで読みやすいものに変えている。飾りのない字体、価格も従来の何ドル何セントという形ではなく、一〇ドル、一〇・五ドルなどとすっきり記載する。レストランは顧客がわかりやすさを好むという現象に、前向きに対応していることがうかがえる。

　以前行なわれた株式市場での刺激的な研究でも、これらと同様の結果が出ている。オッペンハイマーとアルターが新規上場企業の株価について調べたところ、簡単に読める名前の企業のほうが、少なくとも短期的には投資家から高く評価されることがわかった。つまりバーニングズという企業は、イーギアデュックスという会社よりもずっと株価が高かった。それは単に名前がわかりやすいという理由からだ。

思考と行動を混同する危うさ

こうした現象に、いったいどんな意味があるのだろうか。流暢さバイアスは少し奇妙に見えるかもしれないが、決して悪いことではない。事実、そのようなヒューリスティックは毎日の意思決定にどうしても必要だ。買い物に関わるすべての決定を理論的に行なっていたら、私たちは動けなくなってしまうだろうし、経済活動全体が停滞してしまう。毎日、ショッピングモールに行くときにも、注意していなければならない。

それはショッピングモールのことだけではない。職場やジムなど、他のモチベーションを高めなければならない場所ではどうだろうか。世界の複雑さを前にして、私たちはやる気をかき立てられるだろうか。あるいはやる気を失ってしまうのだろうか。こう考えてみよう。古いルーブ・ゴールドバーグの漫画を覚えているだろうか？　たくさんの発明品のそれぞれに、完成させるための長く複雑な〝使用説明書〟がついているが、それは実は日常的に行なわれているごく簡単な作業である。たとえば自動ナプキンは、オウム、煙草用ライター、ロケット、鎌、そしてもちろん数多くの紐やばね、振り子などを操りながら、何十という手順を踏んで使わなければならない（訳注：ふつうにやれば単純なことを、わざわざからくりなどを使って複雑に行なう仕掛け。日本のテレビ番組『ピタゴラスイッチ』のピタゴラ装置のように）。

この漫画がこっけいなのは、人間心理の根本的な事実を突いているからだ。人間は困難な仕事を避けるためなら労を惜しまない。それが人間の性質だ。新しいトレーニングを続けたり、統計学の授業を取ったりすることを考えてみればいい。しかしその作業を大げさに、必要以上に込み入ったものとして説明しても役には立たない。それどころか、逆のほうが正しいのかもしれない。私たちはループ・ゴールドバーグの複雑極まりない使用説明書を見て笑うが、同時に疲労も感じるだろう。ナプキンを使うのにそれほど手間がかかるなら、使わなくてもいいではないか？

ある作業をするためのモチベーションと、その作業の難易度の認知（どのくらい簡単に思えるか）との、複雑な相互作用についての研究がある。ある作業についての説明や処理が簡潔か複雑か（容易に、あるいは難しく〝感じる〟）が、私たちのその作業に対する姿勢に、ひいては仕事に熱心に取り組むための、やる気に影響するのではないだろうか。

これは、はじめは突飛な考え方に思えるかもしれない。しかしモーセ・イルージョンの実験をしたソンとシュワルツが、興味深い発見をしている。彼らは二〇歳の大学生グループに、毎日運動を続けさせることができるかどうか調べようとした。それは楽なことではない。そのためまず学生たちに、毎日行なう運動の内容を、紙に書いて渡した。そこで読みやすい字体と読みにくい字体の仕掛けを使う。ひとつのグループの学生にははっきりとした読みやすい字体、もうひとつのグループには日本の筆で書いたような筆記体を使う。

すべての学生が指示を読み終わったあとで、実験者が運動の内容についていくつか質問をする。それだけの運動をこなすのに何分くらいかかると思うか。あっというまに終わるか、延々と続くか。おもしろそうか、退屈そうか。さらにその運動を毎日続けられそうかも尋ねた。

結果は明快だった。シンプルで読みやすい字体で書かれた説明を読んだ学生は、運動することを前向きにとらえていた。それほど時間もかからず、それほどがんばらず楽にできると感じたのだ。何より重要なのは、それを毎日続けられると感じていたことだ。この学生たちの脳は、運動についてただ読むことと、実際に腹筋やベンチプレスを行なうことの容易さを取り違えたと考えられる。その誤解によって、かなり大きな生活の変化を受け入れる気になったのだ。一方、筆記体で書かれた指示を苦労して読んだ学生たちには、ジムへ行こうという意思がまったく見られなかった。読むだけで疲れてしまったのである。

こうした発見はただ一回の実験結果だけでは認められないものだ。ソンとシュワルツはこの問題をいくつか別の角度から検討した。ひとつは、これまでとはまったく違う領域の行為、料理だった。スクランブルエッグのような初歩的なものではなく新しい料理、日本料理を習う実験を行なった。ここでも読みやすい字体と読みにくい字体で、海苔巻きのつくり方を書いた紙を被験者に渡す。被験者はそのレシピを読み、海苔巻きをつくるのにどのくらい時間がかかりそうかを予測し、つくってみる気になったか尋ねた。そしてもうひとつ、プロの料理人が海苔巻きをつくるのにどのくらいの腕が必要だと思うか尋ねた。

料理は運動とはまったく違う領域の行動だが、基本的に同じ結果が出た。頭を疲れさせる字体で書かれたレシピを読んだ被験者は、日本料理をつくるには時間がかかり、かなりな腕が必要だと考え、自分でつくってみようという気持ちにはならなかった。読みづらい字体を実際の作業の代替ととらえたため、自分でやろうとはしなかった。わかりやすいレシピを読んだ人は、もっと意欲的に包丁を研いでキッチンへ向かった。

私たちの脳はあらゆる技や短縮経路《ショートカット》を使い、日常を行きぬく手助けをしてくれる。しかしそのような反射的な判断には気をつけたほうがいい。チェックを怠れば、私たちは思考と行動を混同してしまい、あやしげな選択肢のほうが楽で望ましいと判断してしまう可能性がある。あるいは健康的な習慣や、創造的な研究への意欲が減ってしまうかもしれない。結局のところ、〝自動〟ナプキンの使い方は、見た目どおりかなり複雑なはずだ。見慣れない字体を使うのは、流暢さヒューリスティックを研究室でシミュレートするのにとても便利な方法だが、現実の世界でもこのようなことはよくある。毎日さまざまな情報が、ありとあらゆる形で私たちに提示されているが、その中にはわかりやすいものもあればわかりにくいものもある。韻文、イラスト、古臭い言葉。大げさで回りくどい表現もあり、それらはたいてい、何とかして人に何かをさせようとするメッセージだ。

あるいは逆で、何かするのを阻止しようとしているのかもしれない。ソンとシュワルツはもうひとつ、同じような実験を行なった。ただし今度はリスク認知に関わる実験だ。そして字体ではなく、発音の違いで反応がどう変わるかを調べた。口に出すのが難しいか簡単かで、私たちの態度や意向が変わるかということだ。

彼らは被験者グループを遊園地に連れて行った。実際に足を運んだわけではなく、実験室のシミュレーションでジェットコースターを想像させ、それがどのくらい危険か推測してもらう。そのジェットコースターの名前は、一部の被験者にはチャンタのような簡単な名前、別の被験者にはヴァイヴァエートイシのように、ほとんど発音できない名前で伝える。ここではどきどきするような刺激と冒険的という意味での〝よいリスク〟とともに、〝悪いリスク〟についても推測してもらった。悪いリスクとは、吐いてしまうかもしれないリスクとした。

ここでも表現で結果が変わった。ヴァイヴァエートイシと名前を伝えられた被験者のほうが、そのジェットコースターはスリルがあり、同時に怖いとも感じていた。気分が悪くなるかもしれないと答える人も多かった。つまりなじみのない名前がついているだけで、危険に思えてくるということだ。

私たちは毎日リスクの判断を行なっている。そして悪いリスクのほうは、ジェットコースターで吐いてしまう危険より、はるかに恐ろしい。二〇〇八年の大統領選挙を思い出してみてほしい。共和党の候補だったジョン・マケインは、たどたどしくぎこちない演説を何度かしている。彼自身、英語を話すことに関しては、ライバルに大きく水をあけられていることを知っていた。そのためバラク・オバマの流麗なスピーチを、うまいが〝空虚〟だと何度も批判した。

しかしこれまでの実験で示されたように、うまい演説は〝空虚〟ではありえない。支離滅裂な演説にも、同じことが言える。ジェットコースターの名前のように、ごく表面的なことでも、人々を怖がらせることがあるのだ。わけのわからない言葉を使えば、その思想はあやしいと有権者に思われてもおかしくはないだろう。逆にオバマのわかりやすい演説を聞いた有権者は、彼の政策に不安を感じることなく、きっと成し遂げてくれると思ったのではないだろうか。マケインは本能的に、政敵の格調高い演説には恐るべきものがあると知っていたのだ。

ゴブラーズ・ノブで遭難した山岳スキーヤーのことを思い出してみよう。雪山を〝雄弁な〟とか〝流れるような〟とか表現するのは、違和感があるかもしれないが、ヒューリスティックから考えると、それこそがベテランスキーヤーたちの判断を誤らせた原因なのだ。彼らはそのユタ州の山には何度も来ていて、地形をよく知っていたためスピードを落としてじっくり読もうとはしなかった。そしてヒューリスティック的に、ほかのスキーヤーたちとつながってもいた。ただし彼ら自身はそれを知らなかった。流暢さヒューリスティックは、それぞれの人が世界を解釈する仕方をかたちづくるが、人間同士の関わりが深いこの社会では、完全に独立した存在になることはできない。社会の情報の多くは、新聞や銀行の取引明細書ではなく、自分と同じ人間である他人から得る。私たちは他人からの合図を認知し、それに対してとても原始的なレベルで反応する。私たちは自分で思っているよりも他人の頭の中とかたくつながっていて、私たちの行動や態度はその相互作用でつくられていく。この根源的な神経の結びつきは、〝ものまねヒューリスティック〟と呼ばれている。この認知力のおかげで、私たちは社会的な存在になれる――ただし完璧な意思決定者ではない。

法則5 ものまねヒューリスティック

ひとは無意識に同調しあっている

共通コード仮説

ソファを建物の三階まで運ぶのは日常の中の奇跡ともいえる作業であり、もっと称賛されてしかるべき仕事である。ソファは重いし変な形をしている。階段は急で、途中で曲がっていて、おまけに手すりが必ず引っかかる。一人では決してできない作業なのだが、手伝ってくれる従兄弟は、役に立つ以上に邪魔者になることが多い。けれどもあなたはどうにかしてやってのける。ぶすっとして口もきかず、目を合わせることさえなく、あなたと従兄弟はソファを持ち上げ、揺らし、入り口がびっくりするほど狭いと気づいて、もうだめだと思っても、いつのまにか入ってしまう。

なぜこうなるのだろうか。おそらく男たちとその親戚は、こうした協力作業を何万年も前からやっていたのだろう。ただ運ぶのはソファではなく、倒れた木やマンモスの脚などだ。これは人間の基本的な性質であり、特に話をしなくても息を合わせて動くことができる。むしろ言葉が邪魔になることもある。けれどもなぜそのようなことができるのだろうか？　それぞれ別個に動く二つの入り組んだ神経システムを協調させて、なぜあんなに複雑な作業ができるのだろう？　その答えは、〝ものまねヒューリスティック〟にある。これはたいてい目に見えないところで働いている。

ノースウェスタン大学のカイル・リードは心理学者とエンジニアを集めて、この現象を実験室で検証し、視覚と接触がどのように組み合わさって、日常的な協力作業ができるようになるのか調べた。彼はエンジニアたちに頼んで、二人で協力してソファを運ぶ作業をシミュレートできる、複雑な装置をつくってもらった。実験は二人組で、それぞれが操作を行うハンドルの端と端を持つ。二人の間はスクリーンで隔てられ、お互いの顔を見ることも話すこともできないが、一緒にハンドルを操作して簡単なテレビゲームを行なう。あとで同じゲームを一人でも行なう。

何百回もの実験結果から、思いもよらぬことが明らかになった。被験者たちは一人のときより、誰かと組んだときのほうが一生懸命で、ハンドルを握る力も強かった。しかし意外なのはここからだ。被験者たちは、一人のときより苦労したのはパートナーがいたからだと感じていた。つまり相棒はまったく役に立たなかったと思い込んでいたようなのだ。実験が終わってから、パートナーは助けになったどころかむしろ邪魔だったと、不満を口にする被験者もいた。しかしその感覚は間違っている。実際に時間を記録したところ、どの被験者も一人より二人で作業したときのほうが成績はよかった。もう一人の力が加わるため、物理的な抵抗を感じるのは事実だが、それでも互いの役に立って、結果的によい成績をおさめているのだ。被験者同士が、たとえ機械的な装置を介してであっても、接触したことが効果的なコミュニケーション手段になったのだと思われる。押したり引いたりしながら、自分たちでも気づかないうちに、協力体制を生み出していたのだ。

この何の変哲もないような作業に、重要なポイントが示されている。ものまねヒューリスティックは私たちの気づかないところで、絶えず働いているということだ。このような例はいくらでも思いつく。軍隊、フレッド・アステアとジンジャー・ロジャース、手をつないで人通りの多い歩道を歩いているカップル。しかしものまねヒューリスティックは、体が接触する動きに限られているわけではない。たぶんもともとは体の接触から生まれたのだろうが、現在ではよきにつけ悪しきにつけ、あらゆる社会的相互作用に影響を与えている。

TVのコメディドラマ『となりのサインフェルド』のこんなエピソードを考えてみよう。この番組のファンならば、不運なジョージがエレインの新しいボーイフレンド、トニーにすっかりほれこんでしまうエピソードを覚えているだろう。それは性的なものではなく、男が男にほれるといった類のものだ。ジョージは自信に満ちて大胆なトニーに憧れ、彼のようになりたいと強く思う。あるときジョージとトニーが食堂の向かい合わせの席で食事をした。トニーは野球帽をうしろ向きにかぶっている。ジョージも野球帽をふつうにかぶっていたが、トニーと話しながら、少しずつそれをうしろに回していく。そのシーンの最後では、ジョージは完全に自らのヒーローのまねをしていた。

このユーモラスなシーンは、ものまねヒューリスティックをうまく表している。ほとんど意識されない人まねだが、こうした行動は人間関係で重要な位置を占めている。ジョージのようにすぐ気づくものではなくても、体のどこかを動かしてまねるケースが多い。以前、私が話しかけるたびに、私の言ったことを、ほんのわずか遅れて、口だけ動かして繰り返す同僚がいた。私の言ったことをきちんと理解していたので、話を聞いていたのは間違いない。しかし聞いているのとほぼ同時に唇が動いているのだ。彼はそのことに気づいていなかったと信じていたし、そのほうがいいと思った。そうでなければ、彼が私をからかっていると思っただろう。

実を言えば、彼は本当に私をからかっていたのだと、あとになってわかった。ただし悪意はなく、ただものまねをしていただけだ。この同僚の場合は例外だが、私たちはみんな、世界を理解する助けとして体の動きを利用しているのだ（たいていは気づかれないが）。実際、視覚は動きをコントロールする脳細胞とかたく結びついていることが明らかになった。彼は私を理解するために、私の行動を〝試して〟みたのだ。〝再現した〟と言ってもいいかもしれない。私たちはみんなこうした認知作業を行なっているのだが、それらはほとんど内部で処理されるので、気が散ったり邪魔になったりすることはない。新しい研究では、私たちの脳には人まねをする機能が組み込まれていることが実証されている。他人をまねることは、社会的存在としての人間に不可欠な性質なのだ。

しかしここで補足説明をさせてほしい。心理学では視覚と動きは二つのまったく違うプロセスであり、脳の違う領域が扱っていると考えられていた。目や耳で知覚された情報が脳に送られ、そこでデータが処理されると、今度は脳から手足や口にどのように動けばいいか指示が送られるというのが、一般的な考えだった。しかしどうやら、それほどきちんとしたものではないらしい。ラトガー大学のギュンター・クノブリックとナタリー・セバンズによれば、動いているか見ているかは問題ではないことが、最新の研究で示されている。どちらの行動でも、それを起こそうとする脳の働きによって、ものまねヒューリスティックも作動するという。

行儀の悪いサッカーファンが、ひいきの選手が敵をフェイントで出し抜いたとき、座席で体をよじったりひねったりするのもそれが理由だ。プロのゴルファーでも、パットがカップに入るよう、腰をその方向に動かすのも同じだ。動物を使った研究で、このヒューリスティックが証明された。サルが物をつかむときと、他者がそれをつかむのを見ているときでは、脳内の同じ神経細胞（訳注：ミラーニューロンと呼ばれる）が活動していたのだ。行動は観察の反映であり、逆もまた真なりなのである。

つまり脳は自分と他者をつなぐのを助ける（強制する）が、同時にニューロンの働きによって、私たちは個別の存在として機能するようにもできている。クノブリックとセバンズによれば、私たちは頭の中に、ダンスやテレビゲームをするなど、特定の動きをするための〝共通コード〟、言ってみれば台本を持っているという。それはちょうどコンピュータ・コーディングのようなもので、とても正確なのかもしれない。たとえば高度に訓練されたダンサーは、得意なダンス（たとえばバレエやフラメンコ）を見ているときは、あまりなじみのないものを見ているときより、すばやくかつ激しく反応する。またダンサーは自分が踊っているビデオを見ているときには、他人が踊っているのを見ているときより、脳の活動が活発になる。クノブリックとセバンズは、見るものによって脳の活性化のレベルが変わるために、自分の行動と他人の行動の区別がつくのではないかと考えている。自分が動いている姿を見ると、ニューロンの共鳴が大きくなるが、自分自身を見る機会というのはそれほど多くない。聴くことについても共通コードがある。私たちの脳は自分が手を叩く音やピアノを弾いた音に、他人が出した音よりも反応する。これは特定の拍手やピアノを弾く〝スタイル〟が頭の中にコード化されているからだ。

クノブリックとセバンズはこの共通コード仮説で、なぜ私たちは、デュエットしたりカヌーを漕いだりソファを動かしたりといった、人間を社会的動物たらしめる行動ができるのかを、説明できると考えた。そこで彼らはこの力学を科学的にシミュレートしようとした。具体的には、被験者が協力して、赤と緑のライトに反応して決まったボタンを押すという実験を考案した。そのとき片方の被験者に別の刺激を与えて混乱させる。すると両方の被験者がともに動揺して、その結果、反応が遅れた。人はたとえ自分の成績が悪くなったとしても、他人のしていることをまねずにはいられないらしい。

私自身、ジムでエアロバイクのクラスに参加したとき、そのことに気づいた。このようにグループでエクササイズを行なうときは、インストラクターをまねるのが常識であり、私も最高の効果を得られるよう、できるだけインストラクターのペースに合わせるよう努力した。しかし同じグループに、極端に遅く、あるいは速くペダルをこぐ人がいると、インストラクターと調子を合わせるのがとても難しくなる。実際、私はその人を見ないようにしていた。

したがって脳の中では、他者とつながろうとする働きと、個別化しようとする働きが常に拮抗しているのだ。それは脳波の研究でも確認されている。被験者が順番を待っている間、他人を見ていなければならないときは、一人で待っているときよりも、体を動かさないでいるのに意志の力が必要になる。心理学者はこれらの結果から、ものまねヒューリスティックは社会の理解と社会的相互作用の重要な要素だとしている。遠い昔から、社会の中で生きる必要性によって、人間の基本的な心理プロセスがつくられたのだ。そこには視覚、行動、認知などが含まれる。

ヒューリスティックの多くはまず体で覚えたことだが、現在では広範囲な社会活動にあてはまる。法則1で、こうした生理的ヒューリスティックをいくつかとりあげた。それらの原始的な性質と同じように、ものまねヒューリスティックは社会の潤滑油であり、またときには落とし穴にもなりうる。ひとつ例をあげてみよう。私が通っていた大学には男子しかおらず、寮も社交生活も、ギリシャ式のシステムで支配されていた。毎年、冬になると、ほとんどの新入生が特定のフラタニティ（男子学生のクラブ、社交団体）の寮に殺到する。そのさまは「どうか僕を入れてください！　僕はあなたたちと似ています」と宣言する儀式のようだった。受け入れられた学生は、寮に忠誠を誓う。しかし志願者の多くは受け入れられず、彼らはたいてい深く傷ついた。

あのギリシャ式システムは、ほめられたものではない人間の悲しい性質を浮きぼりにしていた。特に他者を排除する冷酷さと、どこかに所属したいというくるおしいまでの欲求。心理学者がこうした人間関係の力学に興味を持つのは、それがフラタニティ以外でもあてはまるからだ。集団やクラブの一員になることが、私たちにとってなぜそれほど重要なのだろうか。そして拒絶されないよう、認知面や感情面でどのような力を使うのだろうか。さらに重要なのは、避けられない拒絶に対処する方法である。

他者に受け入れられないと、その人をまねるようになる

ドルー大学の心理学者ジェシカ・レイキンは、人間として生きるためには他者とつながることが不可欠で、集団やクラブへの参加資格を得るための戦略が、私たちの根深いところに組み込まれている

のではないかと考えた。しかしその戦略とはどのようなものだろう？　ひとつ考えられるのは、社会的な孤立を恐れる人々は、自然にあるグループのまねをするという手段を用いるということだ。それは原始的で、言語を使わない形の懇願であり、あるグループに「私は本当にあなたがたと同類なんです」と必死で訴えているのだ。野球帽のかぶりかたをまねる『となりのサインフェルド』のジョージを思い出してみよう。レイキンと何人かの研究者は、体の動きをまねる行為と、集団に所属したいという欲求の関係を証明しようとした。

彼女たちは学生の被験者に、サイバーボールをやらせた。これはゲームセンターなどに置いてある、アメリカンフットボールを模したテレビゲームだ。被験者は他の人と仲間として、あるいは敵として戦っていると思っているが、実はゲームのほとんどはコンピュータが制御している。そのプログラムによって、〝仲間入り（他のプレーヤーと同じくらいの頻度でボールが回ってくる）〟できる被験者と、〝仲間はずれ〟になる被験者が出るようになっている。ゲームが終わったとき、他の学生に受け入れられたと感じる被験者と、拒絶されたと感じる被験者がいるわけだ。

サイバーボールのゲームが終わったあと、実験者はもうひとつ別の操作を行ない、それをビデオに録画した。学生をしばらくの間、一人で部屋に座らせておき、どのような動きをするか記録する。どのくらい体を動かすかは人によって違う。その自然な動きを基準にして次の実験を行なった。しばらく録画したあとで、若い女性が部屋に入ってきて、一緒に行なう作業に参加するふりをする。しかしこの作業は仕組まれたもので、女性は実験者の一人だった。彼女はそこで、足を前やうしろ、上や下にわざと動かすよう、実験者から依頼されていた。雇われたさくらである。

この目的は、女性が部屋に入ってきて足を動かしはじめたら、被験者も前より足を動かすようになるか見ることだった。レイキンらは、ゲームでほかの人たちから拒絶されたと感じた人のほうが、受け入れられたと感じている人より、無意識に他人をまねるようになるという仮説を立てていた。するとまさにそのとおりの結果になった。人は無意識に体の動きをまねて、新たに加わった人と仲間になろうとすることで、拒絶されたことから〝立ち直ろう〟とするらしい。「僕は彼らの同類ではなかったかもしれないけど、きみとは同類なんだ」と。

けれどもこの実験において〝新たに加わった人〟とは、基本的に初めて会う人だ。彼女は実際に被験者を拒絶したわけではない。レイキンらはこの無意識のまねが本当に無作為なものなのか、もし拒絶された相手がわかっていれば（現実の世界でのように）、仲間に入れてもらうためのこのような初歩的な策を、もっと戦略的に利用するのかを調べようとした。そこで第二の実験では、女性の被験者だけにサイバーボールのゲームをやってもらった。敵は男性の場合もあるし、女性の場合もある。このときもまた、仲間入りできた被験者と、できなかった被験者に分かれた。その後、前の実験と同じように、部屋に入ってきた人につられて足を動かすかどうかを観察する。

彼らの予想としては、ほかの女性（つまり〝自分と同類〟のグループ）から仲間はずれにされたときのほうが、女性被験者は強い疎外感を持ち、そのあとの実験では、男性ではなく、女性を味方につけるために多大な努力をすると思われた。ここでもそのとおりの結果となった。本人は、まねをすることで仲間に入れてほしいと懇願しているとはまったく意識していないが、彼女たちは戦略的に自分と同類の人たちに目を向けていた。はっきり言えば、他人から拒絶された人は、気持ちが傷つけられたからといって、誰に対してもこびた態度をとるわけではない。そこにははっきりとした目的がある。それは自分を欲しがらなかった集団の一員となることだ。

所属への欲求が人間の性質の根本にあるというのは、驚くべきことではない。大昔の私たちの祖先の〝クラブ〟といえば、基本的にはどんな状況でも生き残ることを目指す〝サバイバリスト〟のグループだ。不合格者がサバンナで生きながらえることはなかった。しかし現代社会では、クラブに入れないからといって、命を脅かされることは少ない。どうしてもクラブの一員になりたいと必死になる姿は、適応するための行動ではなく、みっともないふるまいに見える。

私が学生だったころのフラタニティには、〝ポスト・ラッシュ（第二次会員募集）〟と呼ばれる、意地悪な儀式があった。思っていたほど誓約会員が集まらなかった会は、二週間後くらいにビール・パーティーなどを開いて、前回不合格になった学生にもう一度チャンスを与える。ここでは本当にこっけいな光景が繰り広げられる。すでに一回クラブから排除された不合格者たちは、それが間違いであり、自分には入会の資格があることを証明するために、どんなことでもするだろう。不自然に笑い、むやみに酒を飲み、本当のフラタニティ会員がどうふるまうべきかヒントを見つけるために、部屋の中をじろじろ見る。今にも「僕はなんでもするよ！　僕はきみらと同類なんだ！」と叫び出してもおかしくはない。彼らは自分を一度締め出したグループに受け入れてもらおうと必死になる。そんな光景を見ていると、稀代のコメディアンであるグルーチョ・マルクスの「私は私を会員として迎えるようなクラブに入るのはごめんだ」という皮肉なユーモアを思い出す。

他人をまねるという行為がすべて、これほど悲壮なわけではない。実のところ、人間のこの基本的な欲求が、集団や社会の結束に重要な役割を果たしているかもしれないのだ。次のようなことを考えてみてほしい。兵士たちが戦いに行くとき、行進していた時代がある。彼らは列に並び、整然と隊形を組んで敵に向かっていった。手には槍や剣など接近戦のための武器を持っていた。敵も同じことをする。そしてどちらかの隊がより多くの敵を殺し、戦闘に勝利する。

小型銃器の進歩により、隊列を組んで行進することは時代遅れになってしまった。マシンガンや簡易爆発物による戦闘には不向きである。それでもいまだ世界中の軍隊では、古い戦闘のための訓練が行なわれ、正確で同調的な動きを兵士にたたきこむが、それらが実際の戦闘で使われることはないだろう。

ではなぜそのような訓練を行なうのだろうか？　ついでに言えば、なぜ高校にはマーチングバンドがあるのだろうか？　何より不思議なのは、なぜシンクロナイズド・スイミングなどというものが存在するのか。いっせいに動いたり歌ったりする行為が、世界中で人気があるのはどういうことなのだろう？

人類学者や文化史研究者は何年も前から、同調行動についてさまざまな理論を提示しているが、そのほとんどは集団の結束力とからめたものだ。たとえばある理論は、あらゆるコミュニティが同調した体の動き、あるいは〝筋肉による結びつき〟による恩恵を受けていると主張する。また同調的な行動は〝集団の活気〟を高め、自分と集団との間の壁を壊す働きがあるとも主張されている。

しかしどちらの理論も証明はされていないし、穴もある。筋肉による結びつき理論で、米陸軍第一四歩兵連隊の結束を説明できるかもしれないが、彼らが特に活気があるというわけではない。少なくとも祭で飲んでどんちゃん騒ぎをするような種類の活気はない。また部屋の中にずらりと並んだチベットの僧侶たちが、ほとんど動かずにお経を唱えるのを見れば、同調して動くことの利点はそれほど大きくないのではないかとも思える。心理学者たちは、同調行動の利点について統合的な理論をさがしている。

ひとつの考えとして、スタンフォード大学のスコット・ウィルターマスとチップ・ヒースが提唱している理論をあげてみよう。それは動きや音の同調性とは、集団の経済的利益から進化した古代の儀式であるという主張だ。リズミカルな踊り、行進、詠唱の主たる目的は、フリーローダー（無料《ただ》乗りをする者）の問題を解決することだ。フリーローダーとは、自ら貢献することなく、集団に寄生して利益を損なう存在である。彼らはこの考えを、いくつかの実験によって示した。

シンプルなバージョンでは、スタンフォード大学の学生に、キャンパスの中を歩いてもらった。ただし一部の学生は歩調を合わせて歩き（基本的には行進）、他の被験者にはふだんと同じように歩いてもらった。その後、学生たちが実験は終わったと思っているところで、〝弱いつながりのテスト〟と呼ばれるテストを受けさせた。そのテストで学生たちは、ほかの人たちの行動を予想することによって、自分本位に行動するか、協力的に（他者に与えたり、自分の力を抑えたりすることで）行動するかを決める。ここで測定されるのは、他人がどの程度、自己よりも集団のほうを重視するかという期待値だ。

ただ歩いていた学生たちよりも、行進した学生たちのほうが協力的に行動した。彼らは漫然と歩いていた学生たちよりも、〝つながっている〟と感じていた。特筆すべきは、彼らは楽しいと感じたとは言っていないことだ。つまりポジティブな感情がなくても、集団の結束力を高めることは可能なのである。

さらに心理学者たちは、もっときめ細かく自分たちの考えを検証したいと思った。共通のアイデンティティを持ち、運命をともにしていることが、集団の結束力を高めることはよく知られているが、同調性はそれ以上に結束力を高める効果があるかどうか調べようとした。彼らはそれを明らかにするために、手の込んだテストを行なった。まず学生たちに、他人とさまざまなレベルで協力しなければならない作業を行なわせる（ここではプラスチックのカップを動かす）。その作業をしているあいだ、ヘッドフォンを通してカナダ国家を聴かせる。すると一緒に口ずさむ学生もいれば、歌わない学生もいる。テストを受けたのはスタンフォード大学の学生なので、カナダ国家を聴いても、感情的に共鳴しているわけではないはずだ。一緒に歌うのは単なる同調行動である。

そして歌ってリズムをとりながらカップを動かす学生もいれば、聞こえてくる歌にあわせて歌っているだけの学生、また無言で歌詞を読んでいる学生もいる。さらに歌いながら、違うテンポでカップを動かしている学生もいた。下手なダンサーが音楽と合わない動きをしているような感じだ。そして全員に前述の〝弱いつながりのテスト〟を受けてもらう。これも前と同じく、同調行動を経験した被験者のほうが他者と協力的で、自分より集団のことを考えていた。下手なダンサーのようであっても、体の動きによる違いはなかった。合唱団員は体を揺らしていようといまいと、自分より他者を優先する。つまり体の動きによる結びつきは、（喜ばしくはあっても）集団にとって望ましい結束力をはぐくむのに不可欠ではないことが示唆されている。体を揺らして歌うのは楽しいが、集団で歌うだけで十分なのだ。

ウィルターマスとヒースはこのカナダ国歌の実験をもう一度行なった。ただし今度は、弱いつながりテストとして〝パブリック・グッズ・ゲーム〟というゲームを用いた。これはコインを使ったゲームで、参加者はそれを公共の利益のために募金するか、個人の銀行口座に入れるか選ぶ。個人の口座に入れたほうが利益は大きいのだが、もし全員が募金をした場合、その集団の利益が個人口座の利益を上回る。自分と公共の間に利害の対立が生じるのだ。ここでも前の実験と同じ結果が出たが、おもしろい発見があった。このゲームは何度か行なわれ、回数を重ねるごとに、合唱をした人たちの募金額が増え、自分の口座に入れる金額が減った。最後の回には、最初の回よりもはるかに多い額を募金した。どうやら同調行動の効果は持続し、さらに増強されていくらしい。

合唱をした人たちは、チームの一員であることを強く感じていた。ほかの人たちと共通するものがたくさんあると感じ、他者への信頼もやや高かった。おもしろいことに、最後には集団の恩恵を受けて、より多くの額を得た。

やはり儀式的な同調行動には力があるのだ。そのため、はるか昔からその力を利用して競争を有利に運んできた集団もある。またある文化が栄える一方、別の文化は滅びる要因になったかもしれない。それほどの力を持つ行動が、現在の教会や軍隊に定着して残っているのも不思議ではない。儀式をさらに形式化した、シンクロナイズド・スイミングのようなものでも。

協調的すぎるのも、逆効果！

同調行動には大きな利益があることはわかったが、逆に不利益な点はないのだろうか。人間の複雑な神経システムによって起こされる同調行動は社会に恩恵をもたらすかもしれないが、個人にはどうだろう？　現在、一部の心理学者が、結束するために何かを代償にしている可能性について調査を行なっている。たとえば次のようなことを考えてみよう。私は以前、少しジョギングをやっていたことがあるが、パートナーと一緒に走るのが好きだった。これは私に自制心が欠けているからではなく、友人がいることで、一人で走るときより少し遠くまで、あるいはふだんより速く走れるからだ。そしてそのうちに相手が同じように励まされるようになる。お互いの存在が走るためのモチベーションとスタミナを引き出しているように感じる。

友人と一緒にダイエットをしたり、禁酒や禁煙のグループに入ったりしたことがある人なら、その感覚にはおぼえがあるだろう。けれども他人が努力することで、体力的にも精神的にも消耗してしまう可能性はないのだろうか？　言い方を換えれば、他人の自己修練で、あなたが疲れてしまうことはないのだろうか？

心理学者は他人の思考や感情の代理体験に大きな関心を寄せている。それは健康キャンペーンから人事管理まで、あらゆることに関わっているのが明らかだからだ。もし結束力や仲間意識が目に見えないところで、労働者やダイエット実践者や、依存症から立ち直ろうとしている人々に害を与えているとしたら？

イェール大学の心理学者ジョシュア・アッカーマンと同僚の研究者たちは、人は自然に、無意識のうちに周囲の人々の行動をまねているのか、そしてその模倣行為が、精神的な消耗や自制心の破綻につながることがあるのか考えた。そこでそのような代理的な消耗理論を検証するため、二つの巧妙な実験を考案した。

そのひとつでは、被験者におしゃれなレストランのウェイターの話を読ませる。ウェイターは空腹のまま職場に出るが、レストランにある食べ物を食べるのは禁止されている。物語ではウェイターが運ぶ食事がいかにおいしそうか、細かく描写される。サーモンの冷製、ローストチキンに新鮮なアスパラガス、チョコレートムースケーキ。一部の被験者はただその話を読むだけ、別の被験者はそのウェイターの気持ちになり、彼の思考や感情を想像して読むよう指示される。

その後、すべての被験者が『ザ・プライス・イズ・ライト（お値段ぴったり）』（訳注：アメリカで放送されているクイズ番組）のようなゲームをする。時計や車、大きな装置などの価格を推定し、それに入札する。この実験の目的は、空腹をがまんするウェイターの自制心を経験することで、被験者自身の自制心がすり減るかどうか、そしてそれがその人のまったく別の種類の行動、たとえば買い物に影響するかを調べることだった。おいしそうな食事に手を出すのをがまんするという苦しみを味わった被験者は、浪費しやすくなるのだろうか。

結論は、たしかにそうなった。物語のウェイターと一緒に苦しみを味わった人は、そうでない人より、架空ショッピングで六〇〇〇ドルも多く使ったのだ。被験者が不機嫌を晴らすために浪費した可能性を排除するため、これとは別に気分を測定するテストも行なわれたが、問題はなかった。どうやら被験者はレストランで自制心を使い果たし、その疲れが持ち越されていたようだ。

アッカーマンらはこの発見を、もっと現実的で複雑なシナリオを用いて再確認しようとした。空腹なボーイの話を、ただ漫然と読む被験者と、その気持ちになって読む被験者がいるのは同じだが、さらに別の被験者には、ふつうのファストフード店で働いている、おなかがいっぱいのウェイターの話を読ませる。その後、集中力、やる気、情報処理能力といったスキルを必要とする、難しい単語の問題を急いで解いてもらう。

結果はとても興味深いものだったが、予想とはやや違っていた。空腹なウェイターの気持ちになろうとしていた被験者は、認知能力が枯渇してその後のテストの成績はほかの人に比べてよくなかった。しかしウェイターの自制心を見ていただけの被験者のほうが、満腹なウェイターを見ていた被験者よりも成績がよかった。つまり他人が何かをがまんして自制心を発揮しているのを、ただ見ているだけなら自分の側の自制心も引き出されて、目的意識が強化されるが、実際に自制を経験すると、たとえ自分のことでなくても消耗してしまう。

そうなると興味深い仮説が生まれる。内部がうまく機能していない集団は、成績もよくないことが知られているが、協調的すぎるのも逆効果になるということだ。職場、エクササイズ仲間、依存症の会といった集団の会員同士が互いに合わせすぎると、一人のメンバーの疲れが集団全体に広がってしまう可能性がある。自制は自分だけのことではなく、社会的な現象でもあるのだ。それはつまり自分自身の成功や失敗には、自分が思っているよりも他人の力が影響しているかもしれないということだ。

レミングは群れの一匹が崖から海に飛び込むと、他のレミングも次々と飛び込んで集団自殺をするというのは都市伝説である。しかし人間はそれと同じような、危険なことをする。私たちは誰もがそれを目にしている。車の多い交差点で、おおぜいの人々が青信号になるのを待っているとき、一人が信号無視して歩き出す。すると他の人たちも、何も考えずにものまねヒューリスティックに身をゆだね、信号が変わっていないのに、その人について歩き出す。他人に近づきすぎる、あるいは結びつきが強くなりすぎるときもある。群れるという言葉にマイナスイメージがあるのもそのためだ。私たちは人とつながりたいという欲求を持つ一方で、空間と距離も心の底から必要としている。次の〝マップメーカー・ヒューリスティック〟では、その空間と距離への人間の欲求を明らかにする。

法則6 マップメーカー・ヒューリスティック

先のことを考えただけで、体の忍耐力が高まる

心理的な距離、現実の距離

私の父は地図のセールスマンだった。子供のころ、父は毎朝、車のトランクに地図や地図帳、地球儀を積んで家を出た。そしてペンシルベニア東部を回って、地理の先生や司書に販売するのだ。私は父のこの仕事が大好きだった。家の中にはいつも地図があふれ、私は何時間も地図帳をめくったり地球儀を回したり、自分の寝室の壁に貼ったさまざまな種類の地図を見たりして過ごした。

私は今でも、時間があるときはあのころと同じことをしている。そしてまわりの人に聞いてみると、地図にひきつけられるのは私だけではないらしい。地図を見る楽しみは、たとえばモザンビークやアイスランドやバリがどんなところか想像することばかりではない。地図そのものが楽しいのだ。私は世界地図ばかりではなく、狭い地域の地図も好きだし、今では世界中の町の通りまで見られるグーグルマップも好きだ。

地図はなぜ、私たちの奥深くの琴線を震わせるのだろうか。私たちのニューロンには、探検家と地

図製作者が住み着いているのかもしれない。けれどもそれはなぜだろう？　心理学の世界では、物理的な空間・距離と人間の思考・感情の間にある根深い結びつきについて、いくつかの説がある。それは〝パーソナルな地理〟と呼ばれる。私たちはみんな、ある立場に〝近づきすぎた〟、しばらく〝離れる〟必要がある、自分と他人との間に〝距離を置かなくてはならない〟などという感覚を持っている。感情面での結びつき（あるいはその欠損）は、地理や空間の形を認知する方法とかたく結びついているのだ。

地理《ジオグラフィー》というと、遠く離れた外国の土地を想像するかもしれないが、〝パーソナルな地理〟は自分の家から始まる。家やアパートの間取りから始まるのだ。その最高の例が中国の風水である。私は一九八〇年代に流行したニューエイジ思想には懐疑の目を向けていたが、風水だけは直感的にひきつけられた。風水は基本的には物を配置する技術であり、物の並べ方が私たちの感情や健康に影響を与えるという信念に基づくものだ。私はこれを本能のレベルで理解した。ある場所では別の場所より、精神的に落ち着けると感じる。けれどもそれがなぜかはわからない。

科学者たちはそのような知覚のパワーについて、広々として整った空間と、狭く雑然とした空間では、人の心に違う影響を与えるのか研究を行なっている。つまり広い空間や混雑した空間にいるとき、特定の感情がいつのまにか引き出されるのか、ということだ。

イェール大学の心理学者ローレンス・ウィリアムズとジョン・バーは、こうした〝マップメーカー・ヒューリスティック〟とでもいうべき現象を明らかにするための研究プロジェクトを進めている。彼らの実験はすべて、〝プライミング〟と呼ばれるテクニックから始まる。プライミングとは、事前の何かのきっかけが影響をおよぼし、被験者に無意識の行動や感じ方を引き起こさせるものだ。たとえばある実験で、彼らはとても単純だが、よく検証されたテクニックを用いた。まず被験者に二つの点を見せる。ごくふつうのグラフ用紙に描かれたものだが、点の位置が違い、ある被験者にはくっついた二つの点（たとえば座標［2、4］と［マイナス3、マイナス1］）を、別の被験者には、離れたところにある二つの点（座標［12、10］と［マイナス8、マイナス10］など）を見せる。これは初歩的なマップメーキングであり、狭苦しい、あるいは広々としているという無意識の感覚を高めることが知られている。

被験者の内なるマップメーキング感覚を刺激したあと、さまざまなテストを行なった。そのひとつとして、読むのが恥ずかしい文章を本から抜粋して被験者に読ませ、その文章がおもしろかったか、もっと同じものを読みたいか、などと質問した。心理的な距離感や縛るもののない自由さが、感情的な気まずさを弱めるかどうか調べるのが目的だった。結果は、たしかにそのとおりになった。離れた点を見てゆったりした空間をプライミングされた被験者のほうが、近い点によって狭い空間をプライミングされた被験者より、恥ずかしさを感じにくかった。

これは感情の世界をおおっている、生まれつき組み込まれたヒューリスティックの一例である。脳は生来的に求めるもの（この実験の場合、空間と自由）を受け入れ、それをまったく無関係なものにまで——ここでは恥ずかしさ——一般化するのだ。この実験には別のバージョンもある。被験者に読んでもらう文章を、恥ずかしいものではなく、極端に暴力的なものに変える。その場合でも結果は基本的に同じだった。近接した点でプライミングされた被験者のほうが、暴力に対して強い嫌悪感を示した。それは何千マイルも離れた場所で飛行機の墜落事故が起こったときより、自分の家の近くでそのような事故があった場合のほうが、はるかに動揺するのと同じだ。これは生来的に脳に組み込まれた距離と安全の関わりにあると、ウィリアムズとバーは考えている。それはおそらく人の祖先にとって生き残ることが、今よりはるかに難しい時代に進化した脳の癖だと思われる。

彼らはそのような心理的な距離と安全・危険の関係について、もっと直接的に調べたいと思い、ふつうはあまり用いない方法で実験を行なった。まずは被験者に同じプライミングを行ない、ヘルシーな食品とジャンクフードにどのくらいのカロリーがあるか予測させる。フライドポテトやチョコレートは健康の敵、つまり感情的に危険を感じさせる一方、玄米やヨーグルトは健康的と思われている。したがって〝近さ〟をプライミングされた被験者のほうが、脅威に対して敏感に反応すると考えた。そして事実、そうなった。ジャンクフードのカロリーについて、頭の中で狭苦しさを感じた被験者のほうが、広さや自由を感じた被験者よりも、高い数値を予測した。

これは距離と人の感情との間に原始的な結びつきがあることの証拠としては、かなり説得力がある。しかしウィリアムズとバーはさらに同じ実験を行ない、個人の安心感について正面から取り組むことにした。彼らはすべての被験者に、両親、兄弟、生まれ育った町との感情的な結びつきがどのくらい強いか尋ねた。すると心理的な隔たりをプライミングされた被験者は、感情的に重要なよりどころである家族や故郷に対して、あまり執着を示さなかった。別の言い方をすれば、感情的に世界から切り離されていたのだ。隔絶と孤立は自由の裏返しなのだ。

特筆すべきは、これらがすべて無意識のうちに起きて、本人は気づかないということだ。任意の二つの物体（この実験ではグラフ用紙に描かれた二つの点）の空間的距離には、距離感と感情的な隔りという、ばくぜんとした感覚を刺激し、私たちの外界の反応まで変えてしまうだけのパワーがあるらしい。

この感情が切り離されるという現象で、風水の効果もうまく説明できる。しかしここはもっと大きく考え、自分の家やアパートではなく長い距離について考えてみよう。たとえ目に見えていても、遠く離れたところにあるものについては、細かい部分まで具体的にはわからない。輪郭でだいたいのところがわかるくらいで、ばくぜんとしている。離れたところから見れば、家は単なる形になってしまうのと同じように、問題や課題や議論も、離れたところから考えると、抽象的で高尚になっていく。感情的な距離は実際の距離に影響を及ぼすと同時に、影響を受けていると、心理学者たちは考えている。離れたところにあるものについては、それぞれの特性を具体的に見るのではなく、あまり多くの可能性を考えず型にはまった見方をすることが多い。おそらく、より観念的になるのだろう。これを心理学者は〝高次思考〟と呼ぶ。

けれどもなぜ私たちの脳は感情的な要求を、インチやヤード、あるいはマイルで〝見る〟のだろうか。物の見え方（目を通して知覚するもの）は、人間世界の見方とどう関係しているのだろうか。ニューヨーク大学の心理学者ケンタロウ・フジタとマーロン・ヘンダーソンは、このような心理的結びつきについての実験を行なっている。彼らは被験者に、さまざまな日常的な出来事を想像させるという実験を行なった。たとえばある実験では、新しいアパートに引っ越す友人を手伝っているところを想像させた。しかしある被験者には、そのアパートがごく近くである（ニューヨーク郊外）であると告げ、別の被験者には遠い場所（三〇〇〇マイル離れたロサンゼルス郊外）にあると告げた。

そして引越しに関わる行動をするところを想像してもらった。たとえばドアに鍵をかける、家賃を払うなどだ。するとおもしろいことが起こった。近所への引越しを考えた被験者には、具体的かつ機械的に考える傾向が見られた。つまりドアに鍵をかけることは「鍵を鍵穴に差し込む」、そして家賃を払うことは「小切手を切る」などと表現する。

かたや遠くのアパートを想像した被験者は、その行動の意味について高次な説明をする。ドアに鍵をかけるなら「家の安全を守る」、家賃を払うなら「住む場所を確保する」といった具合だ。引越しや住むところには何の関係もない行動についても、やはり大きな違いが出た。たとえば近くを想像した人は、木登りを「木の枝をつかんでいる」と説明し、遠くを想像した人は「眺めのいい場所に行く」と説明する。同じように旅するという言葉は、ある人にとってはチケットを買って飛行機に乗り込むことだが、別の人にとってはもっと大きな、〝すべてから逃げる〟ことかもしれない。

このように人は距離に意味を見出す。言い方を換えれば、地図上の数字と心理的な距離は、同じヒューリスティックな衝動の違う面である。脳は自らが知覚した世界に合わせて判断を行い、その方向性が思考や問題解決策などを変えているようだ。もうひとつニューヨーク大学でのおもしろい実験がある。被験者の一部には、自分たちがマンハッタンにある同大学のキャンパスにいるつもりになってもらう。そしてもうひとつのグループにはイタリアのフィレンツェにいるつもりになってもらう。そしていくつかの問いに答えてもらった。たとえばマンハッタン（あるいはフィレンツェ）にいるニューヨーク大学の学生の睡眠時間は六・三時間から七・一時間で、平均すると六・七時間である。ある学生が六・二時間以上寝る可能性はどのくらいだろうか。

これは考えればすぐにわかる。一〇〇パーセントだ。そう問題に書いてある。実際、自分がイタリアにいると想像していた学生は「当たり前だろう？」と答えている。しかしここにおもしろい発見があった。地元のマンハッタンにいると想像していた学生たちは、ある学生が六・二時間以上寝る可能性は、そこまで高くないと答える傾向があったのだ。つまり彼らは、その学生たちは例外で、ふつうの範囲から逸脱すると考えていたのだ。彼らは違う題材を使って（雨の日の回数、コピー回数、健康クリニックへの通院など）、同じ実験を行なったが、結果はほぼ同じだった。遠くの場所をプライミングされた被験者は、予測された反応と典型的な行動を考える。近くをプライミングされた被験者のように、逸脱は考えない。

時間的な遠さ・近さが、説得力に影響する

さてここでもうひとつこの発見の別の面を考えてみよう。地理的な距離と空間が思考や発想にそれほど強い影響を与えるのなら、第四の次元と呼ばれる〝時間〟も、私たちの思考や感情に影響を与えるはずではないか。そして時間もまた、問題の見方に影響を与えるのではないだろうか。言い換えれば、メッセージや議論が発せられた時間的な遠さ・近さによって、説得力に違いが出るということは

考えられるだろうか。

これを証明しようとした、すばらしい実験がある。イスラエルで行われたある実験では、学生の被験者にDVDプレーヤーのセールがあることをインターネットで知ったと考えてもらう。そして一部の被験者には、セールはすでに始まっていると伝え、他のグループには三か月後に行われると告げる。そしてセールの売り文句を読んでもらう。二年保証、学生割引、高性能デジタルサウンドなど。それらの特徴のほかに、あるグループの説明にはそのDVDプレーヤーが環境に優しい材質でつくられていること、そしてもうひとつのグループには、ユーザーが使いやすいマニュアルがついていることを書き加えてあった。

環境に優しい材質というのはよいことには違いないが、どちらかといえば抽象的かつ観念的だ。一方ユーザーが使いやすいマニュアルは実用的でわかりやすく、とても具体的だ。時間的な違いによって、これらの特徴への見方が変わるというのが、実験者の考えだった。セールが三か月先と思っている被験者は、観念的な特徴に注目し、すでにセールが始まっていると伝えられた被験者は、家に持ち帰ってできるだけ早く使えるよう、実用的な面に注目すると予想したのだ。

そして実験結果はまさにそのとおりだった。脳はいつのまにか時間的な距離を心理的な距離へ、そして観念的かつ抽象的な思考へと変換したと考えられる。二〇〇八年の大統領選挙キャンペーンを考えてみよう。キャンペーンはほぼ二年かけて行なわれる。主要な候補者は自分の政策を実現するために、現実的な厳しい問題――たとえば国会での議事進行妨害、ロビイストからの圧力、避けられない取引――に対する取り組みについて、スピーチで取り上げることはない。彼らのスピーチはすべて理想論、価値観、変化、信念ばかりだ。なぜかといえば、それこそが有権者にアピールするテーマだからだ。有権者は大統領就任式の先の、遠い将来に目を向けている。実際の政策は大きな流れの中に飲み込まれてしまう。国民は国の将来について抽象的な理想論を好む。細かな問題や困難について聞きたいとは思っていないのだ。昔ながらの言い習わしに「選挙戦では詩を語り、政治は散文で行なう」というのがある。オバマ大統領が実際に変化を起こすための具体的な政策を口にせざるをえなくなったのは、就任式後のことだ(時間と思考については、やや違う視点から法則12の〝将来ヒューリスティック〟で再び取り上げる)。

時間と距離によって説得力のある議論の形が変わることはわかった。しかしそれは自分自身についてもあてはまるのだろうか。正しいことをするために、もっとよい自分であるように説得するという、日常的な作業についてはどうだろうか。実は心理的な距離が自制心に影響する可能性については、現在、証明されつつある。この新たな研究の一例をあげておこう。

理論的にはある状況からの距離が遠くなるほど、高次元で観念的な思考へと傾くようになるので、自制心も大きくなると考えられる。自制するには大局的に物事を考える、ことわざを借りれば、木ではなく森を見なければならないのだ。労力に対する見返りを細かく計算することにとらわれてはいけない。さて実験では、健康と健康を保つための行動に注目した。しかし被験者によって、二つの違う形で行なわれた。一方の被験者グループには、四つの四角が矢印で下から上へとつながったフローチャートを見せる。一番下の四角には「体の健康を維持する」と書かれていて、そこから上の四角には「なぜ」と理由を問う質問が書かれている。「なぜ私は健康を保とうとしているのか」。それに対する答えが「学校でよい成績を取るため」ならば、次の質問は「なぜ学校でよい成績を取りたいのか」というように。もう一方のグループもすることは基本的には同じだが、「どうやって」を問う質問に答える。「あなたはどうやって健康を保っているか」「運動をしている」「どのような運動をしているか」という具合だ。

この目的は、被験者に抽象的かつ理論的な思考（「なぜ」）か、非常に実践的な思考（「どうやって」）をさせることだった。そのあとで自らの欲求を満たす行為をどのくらい遅らせることができるか、さまざまなテストを行なった。これは自制心の基本的な要素だ。ＤＶＤプレーヤーを今すぐに買うか、あとで買うか。あるいはレストランですぐに食事をするか。すると、なぜ健康でいたいのかをプライミングされた被験者は、自分の望むことを先延ばしする傾向がある、つまり自制心が強いことがわかった。

さらにもっと直接的な形で自制心を測定する。同じように被験者を高次な思考と低次な思考にプライミングしたあと、被験者に（腕を鍛えるために使われる）ハンドグリップを渡し、できるだけ長くトレーニングを続けてもらう。個人の力の差は調整して、結果を分析すると、抽象的な思考をした被験者のほうがトレーニングを長く続け、苦痛に対して大きな忍耐力を示した。つまり自制心が強いということだ。

これらはまとめて考えると、たいへんなことだ。遠い将来のことを考えただけで、脳は抽象的な思考を生み、その抽象的な思考が体の忍耐力を実際に高めたのだ。

先延ばしをふせぐ方法

しかし心理的距離感と抽象的・観念的な思考に、悪いことはないのだろうか。近くで現実的に考えるのが一番いいという時機もあるのではないか。それはたしかにそうだ。観念的な思考をしていると、理想を追いがちになって現実的な考えができなくなる。一七世紀に故国イギリスを捨ててバージニア州とマサチューセッツ州に移り住んだ移民のことを考えてみよう。あの勇敢な開拓者たちは、イギリスでの迫害と悲惨な経済状況から遠く離れた土地で、理想的な社会を建設することを思い描いていたのだ。

しかし理想郷を夢想していた彼らは、小さなことにまで思い及ばなかった。たとえば蚊、飲料用の水、好戦的な原住民、厳しい冬。事実、移民の多くは生き残ることができなかった。彼らは実現の可能性はあまり考えず、高次な思考によって動かされ導かれていた。五〇〇〇マイルも離れた場所で将来の展望を思い描いていたのも驚くにはあたらない。

次にある程度までほぼ誰もが身におぼえのある例をあげてみよう。それは先延ばしという性質だ。誰でもしなければならない仕事がいくつかあるはずだ。履歴書の内容を更新する。屋根裏部屋を掃除する。やると決めたエクササイズを始める。しかし悲しいことに、たいていの人は計画どおりには行動できない。それはふまじめだからではない。私たちは初日を迎えることができない。計画を始めるには、いつも明日のほうがいい日なのだ。

翌日もまた明日、さらにまた明日……と続く。先延ばしは災いの元であり、代償も大きい。ものごとを延期すると生産性が落ちるだけでなく、罪悪感や後悔にさいなまれ、自尊心をおおいに傷つける。

やろうと思ったことを実行するのが難しいのは、頭の中のどんな働きによるのか、心理学者はそのメカニズムを解き明かしたいと思うだろう。私たちの計画と労力と仕事についての考え方は、そもそも間違った方向に進んでいるのだろうか。脳にはいつのまにか危機感覚を低下させる癖があるのだろうか。人は先延ばしや遅刻をするようプログラムされているのだろうか。

心理学者の国際的なチームの研究で、このことについて考えてみよう。ドイツのコンスタンツ大学のショーン・マクリーが率いるチームは、ある作業に対する考え方と、先送りする傾向に関係があるかどうか調べようとした。別の言い方をすれば、人はある作業を心理的に〝遠く〟感じ、そのためすぐに取り組まずに、いつかわからない将来に持ち越してしまうのではないかということだ。つまり、あいまいでばくぜんとした作業は、具体的な作業に比べて先送りしやすいのではないか、と考えたのだ。

彼らが行なったのは、次のような実験だ。まず被験者グループに質問票を渡し、三週間以内にeメールで回答を返送するよう依頼する。質問はすべて、銀行口座を開くとか、日記をつけるとかいった、日常的な作業についてのことだったが、グループによって質問の内容を変えていた。一方のグループには、その行動とその人の性格がどう関わっているか、その意味を考えて答えるような内容だ。たとえば、どのようなタイプの人が銀行口座を持つか、など。別のグループには、具体的な行動について尋ねる。銀行員に話しかける、用紙に必要事項を書き込む、最初の入金をする、など。この目的も、抽象的に考える被験者と具体的に考える被験者を分けるためだ。

そして回答が返ってくるのを待つ。場合によってはかなり長い時間待つ。返却までの時間をすべて記録し、二つのグループの間に違いがあるかどうか調べた。きちんと返送してくれた被験者すべてに報酬を払うことになっていたが、行動の意味について考えさせられた被験者のほうが返送するまでの時間が長い傾向が見られた。中には最後まで返送しない被験者もいた。逆にいつ、どこで、といった具体的なことを考えた被験者は、返送までの時間がずっと短かった。あとでやるのではなく、すぐに取り組んだようすがうかがえた。

これは理屈には合っているが、考えてみれば不思議な話だ。何か新しいことをしようとするとき、まずはその理由を考えるはずだ——何のために行なうのか？　それは自分にとって意味があることなのか？　その行動はまだ将来の可能性であり、この時点では理由や目的を考えることが重要事項である。もっと細かく、具体的に何をどうするか考え始めるのは、その作業に着手する直前になってからだ。逆に言えば、具体的な手順を考え始めると、緊急性が高まってすぐに着手しようという気になる。

そうは考えられても、この研究を行なった科学者たちは、最初の発見を別のテクニックを使って再確認することにした。次の実験は、未完成の文に単語を補って完成させることだった。そのとき抽象的な思考を促すものと、具体的な思考を促すものに分ける。たとえば一方のグループには「鳥類の例としてあげられるのは、たとえば○○がある」、もう一方のグループには「鳥は○○のひとつである」という問題を出す。前者に求められているのは具体的な鳥の名前だ（たとえばルリノジコやアカフウキンチョウなど）。後者はもっと大きなカテゴリーを答えなければならない（温血の脊椎動物など）。この実験でも、どちらかの認知スタイルをプライミングされる。そしてeメールで回答を送ってもらう。

予想どおり、具体的な思考をプライミングされた被験者には、抽象的な思考をプライミングされた被験者ほど、遅れたり先送りしたりする傾向は見られなかった。彼らはその作業がすぐ近くにあると感じ、急いで取り組んだのだ。あまり具体的でない答えを求められた被験者は、回答が遅れやすかった。

心理学の実験には、あまり日常生活に役立つメッセージはないのだが、この実験にはメッセージがある。年の初め、あなたは運動を始めようと思っていた。それなら運動は有益で健康にいいということや、運動によって自信が高まるといったことを考えるのはやめる。そうではなく今日の午後、家に帰ったらスニーカーを片方ずつはいて、玄関から出てジムに向かい、最初に目に入ったランニングマシーンに乗り、足を動かし始めることだ。右足から先に。

私がこの本を書いている今、世間では風邪のシーズンが始まっている。今年は季節性のものだけではなく、恐ろしいH1N1豚インフルエンザもはやりそうだ。新しい研究によると、人の集まるところで誰かがくしゃみをするのを見ただけで、深刻な健康問題に対する恐怖が引き出されるという。風邪のような病気だけでなく、心臓発作や事故によるけがなども含まれる。一回のくしゃみで医療保障改革への支持が高まるかもしれない。もちろんそれは関係ない話かもしれない。しかし私たちの体のヒューリスティックが、私たちの生活にどのくらい影響力を持ちうるかをよく示している。これまでの六つの法則では、広い世界における体に関わるヒューリスティックをとりあげてきた。人の体は震えたり、坂道を上ったり、移動と距離について考えたりする。世界はときに広く、ときに動き、リスクや困難、そして約束に満ちていることもある。重要なのは、昔の人間はごく原始的な方法で世界を動き回ることをおぼえ、近くと方向を見定めるその基本スキルが、私たちのニューロンに組み込まれたということだ。現在、それは驚くべき方法で私たちの感情や行動を形成しているが、常によい結果に結びつくとは限らない。脳はまた危険や困難の度合いを判断し、世界を数量的に把握するため、基本的な計算ができるよう進化した。その過程で、私たちは数を〝感じる〟ようになった。こんにち、こうした数量的ヒューリスティックは体に関わるヒューリスティックと、少なくとも同じくらいの力を持っている。まず最も基本的な、計算ヒューリスティックから始めよう。

Part II

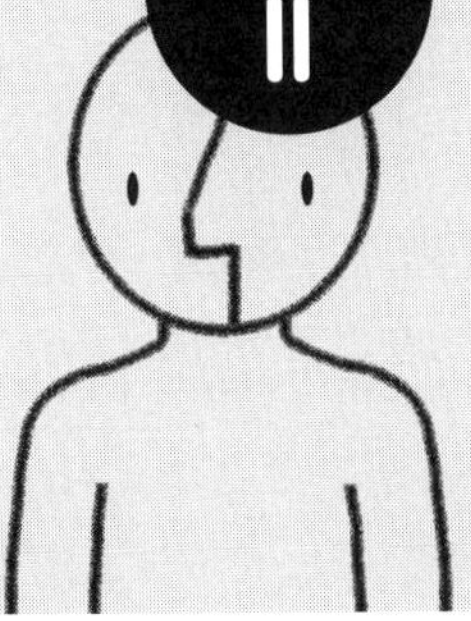

数字と思い違い

法則7 計算ヒューリスティック

週九本と年間四六八本、同じなのにウケが違う

当たりが低い方をつい選んでしまうわけ

映画『ペギー・スーの結婚』を一九八六年に見たときからずっと、忘れられない笑えるシーンがある。中年女性のペギー・スーは、破綻しかかった結婚生活に悩んでいたが、ある日、信じられないことに、自分のハイスクール時代にタイムスリップしてしまった。彼女自身には将来の生活の記憶がすべて残っている。それで代数のクラスにいることがわかっても、成績を気にしているふりさえしなかった。試験をすっぽかして、その理由を言うよう教師に命令されると、彼女は投げやりな調子でこう返す。「将来、代数なんてぜんぜん使わないことがわかっちゃったんです」

多くの人がペギー・スーのこの言葉に喝采をおくるだろう。実際、二〇年前の映画館ではかなりの人から拍手があがった。世間には、基本的な計算は別として、将来、数学が役に立つのは数学の教師を目指すときくらいで、他の高校生にとっては苦痛でしかないというムードがある。不幸なことに、そうした数を毛嫌いする風潮のために、多くのアメリカ人が数学的文盲というか、〝数学音痴〟とで

もいうべき状態におちいっている。しかし最近の研究によれば、日常的な数学ができない人は、健康対策から不動産売買まで、あらゆる面で下手な判断や、後悔しそうな決定をしがちである。それだけでなく、数字に弱い人は、むき出しの感情に支配されて判断を誤ることが多いようだ。

　オレゴン州ユージンにある非営利企業、意思決定研究所《ディシジョン・リサーチ》のエレン・ピーターズという心理学者は、人間の判断と選択について研究を行っている。彼女が特に興味を持っているのが〝フレーミング〟と呼ばれる現象だ。これは情報の提示のしかたや、質問のしかたに関わるものだ。たとえば人は、肉の赤身が七五パーセントと表示されたときのほうが、脂身二五パーセントと表示されたときより、ハンバーガーをおいしく、脂っぽさが少ないと感じる。これは本当だ。実験室で証明されているので、日常の数学音痴を示す好例と言える。また〝計算ヒューリスティック〟が働いているのを示す好例でもある。これは人間の最もパワフルな認知ツールであると同時に、最も危険なツールでもある。計算ヒューリスティックは主に数字の感情面でのとらえかたに関わる〝感情ヒューリスティック〟でも知られているが、この作用で人は数字、割合、統計といった客観的な情報に、感情的な意味を当てはめてしまう。私たちの多くにとって、数はあまりに難しくて完全に理解できないため、感情的なバイアスの影響を受けやすいのだ。

　ピーターズと同僚たちは数学音痴とフレーミング、そして感情の関係を体系的に検証することにした。感情を加えたのは、二五パーセント脂肪より七五パーセント赤身を選ぶという行為が、純粋に論理的な選択ではないからだ。彼女らは数学のセンスがある人と、数字に弱い人を比較する実験をいくつか行なった。

ある実験で、ピーターズは被験者に、病院を退院した精神病の患者が、この先、他者に危害を加えるかどうかを判断させた。一部の被験者には、〝このジョーンズ氏のような〟患者の一〇〇人に一〇人が暴力行為に及ぶ可能性があると伝え、もう一方のグループには一〇パーセントの患者がそうなる可能性があると伝える。これは精神病の患者をおとしめようとしたものではないし、数字自体も正確なわけではない。ただ判断するときに不安を感じさせるために、あえてそのような状況設定にしたのだ。はたしてその結果は？　数字に弱い人は、パーセンテージよりも具体的な数（一〇〇人に一〇人）を示されたときのほうが、はるかに大きな不安を感じた。

どうやらあるデータをパーセンテージで表現するだけで、不安が減ってしまうらしい――少なくとも数字にあまり強くない人たちにとっては。事実、抽象的なパーセンテージは害が少ないイメージを呼び起こす一方、具体的な数字は恐ろしいイメージを喚起することが、多くの研究で実証されている。「一〇人、数えてみろよ」「一〇人の元精神病患者が町を歩き回っているんだぞ」……。一方、数字のセンスがある人は、割合やパーセンテージに変換することに不自由を感じないので、そのような引っかけには惑わされなかった。

ピーターズはこの現象をもっと詳しく検証するため、さらにいくつかの実験を行なった。その中のひとつに〝ジェリービーンズ研究〟と呼ばれるものがある。大きなボウルには一〇〇個のジェリービーンズが入っていて、そのうち九個が赤で残りは白だ。そして小さなボウルには一〇個のジェリービーンズが入っていて、一個が赤で残りが白。たとえ数字に強くなくても、小さなボウルのほうが赤のジェリービーンズを取る確率が高いのはすぐにわかる。一〇個のうちの一個だ。さらにそれぞれのボウルには、数字に弱い人でも賢明な選択ができるよう、赤九パーセントあるいは赤一〇パーセントとはっきり書いてある。それでも実際に実験を行なってみると、数字に弱い人は賢明な選択ができなかった。目をつぶって赤いジェリービーンズを取れたらお金がもらえると伝えてあったのに、確率の低い大きなボウルからジェリービーンズを取ろうとしたのだ。

心理学ではこうしたパーセンテージや割合に対して論理的に考えられない現象に、さまざまな名前がつけられている。ピーターズと同僚のポール・スロヴィックは、これを〝やさしいパーセンテージ〟と呼んでいる。なぜか理由はわからないが、パーセンテージは数字そのものほど怖くないからだ。コーネル大学の心理学者ヴァレリー・レイナとチャールズ・ブライナードは〝分母無視〟という言葉を使い、ジェリービーンズの実験で起こった現象を説明している。私たちの多くは理屈に合わないのに、一〇分の一より一〇〇分の九を好む。それは分子ばかりに気をとられ、何より重要な分母は見ていないということだ。しかしそこに危険がある。

実験のときの気持ちを聞いてみると、色つきのジェリービーンズを取る確率が低いほうのボウルを選んだ人たちは、そちらを選んだ理由を明確にわかっていなかった。九個が当たりという感情的な〝大当たり〟には抗いがたい魅力があり、見逃せないということだろう。大きなボウルに入っているたくさんの白いジェリービーンズを無視するのは、感情に訴えるパワーがないからだ。被験者は色鮮やかなジェリービーンズだけに注目する。単純に、より多くの色つきジェリービーンズが入っているボウルに手を伸ばすのが〝正しい〟と感じるのだ。数字に強い人は数字に集中しているので、関係ない感情的イメージにつられることはない。あるいは（数字に弱い人にはわかりにくいが）数字をあやつることに、感情的な興奮を得ているのかもしれない。

計算ヒューリスティックにおいて〝感情〟が何を意味するか、はっきりさせておくことは重要だろう。ここでは人間の感情全般（嫉妬、プライド、怒りなど）を指すわけではない。もっと根本的な感情、つまり善悪とか合っているか合っていないか。つまり、ある状況がニューロンにしっくり来るのか来ないのかということだ。この点を明らかにするための実験をもうひとつあげてみよう。ピーターズは二つの（架空の）賭けを設定し、どちらのほうが分がよいと思うか、被験者に尋ねた。以下の数字はわざとらしく感じるかもしれないが、それは事実わざとらしくしてあるからだ。一方の賭けでは三六分の七の確率で九ドルが当たり、三六分の二九の確率ではずれ、報酬なしだ。もう一方の賭けでは、三六分の七で九ドルが当たるが、三六分の二九の確率ではずれたら五セントを失う。この目的は確率をわかりにくくして、数字に強い人でもすぐに計算できないようにすることだ。当たる確率は同じでも、はずれたら五セント失う設定を加えると、九ドルの報酬や三六分の七という確率のとらえかたが変わるのだろうか？　おもしろいことに、このようなあいまいな状況では、数字に強い人のほうが判断を誤った。彼らは損するリスクのない賭けよりも、五セント失う可能性のある賭けを選んだのだ。おそらく五セントというわずかな額でも、失う可能性があるという事実によって、九ドル当てるという望みを刺激されたのだろう。どのような心理的、感情的な力学が働いているのかはともかく、この実験の教訓は、私たち数字に弱い人間は以前から知っていたことだ。数字に強い人はときとして頭がよすぎて自分の利益を見失う。

尺度を変えると消費者へのインパクトも変わる

これらの発見はすべて、計算ヒューリスティックの作用を映し出している。そして物議をかもしがちな実験という状況を超えて、実生活に深い影響を与えている。なぜなら私たちは誰でも毎日、数字や計算に関わっているからだ。しかもたいていは、それに気づいてさえいない。さまざまな選択やチャンスをどう〝感じる〟かが、どのような影響を与えるかを示す例をあげてみよう。

私は毎朝ジムでエクササイズをしているが、いつも喜々として運動を始めるわけではない。私は根がなまけものだし、エクササイズはきつい。できれば二杯目のコーヒーをゆっくりと飲み、新聞を読んでいたい。けれどもそうしないのは、自分と取引をしているからだ。

その取引は単純だ。あとで大きな報酬、つまり健康と幸福を得るために、小さな代償を払っているのだ。望みどおりにならなくても返金保証があるわけではないが、私は自らすすんでこの賭けに参加している。人は常にこのような賭けを行なっている。あとでよいことがあるのを期待して、何年も一生懸命勉強し、お金をかけて大学や大学院に行く。退職後の生活のために、今年の冬、南国にバカンスに行くことをあきらめる。

そうしない人もいる。そのような取引を得と思わず、お金をすぐに引き出してどこかへ行ってしまう人、今を生きるという人もいる。ある取引を得だと思う人がいる一方で、まったく同じ取引に魅力を感じない人もいるのはなぜだろう？　これらの取引はすべて、広い意味で数字であり――価値観、投資、リスク、報酬――感情と絡み合っている。この問いに関心を持っているのは心理学者ばかりではない。政策立案者も、感情に流されて行なう意思決定には、ばくだいな社会的コストがかかる可能性があるとして、それを減らす方法を見つけようとしている。

ひとつの理屈は、単に将来を見ようとしない人がいるということだ。法則6で見たように、距離や時間が離れていると、具体的で実際的なことを頭の中で考えるのはとても難しい。そのため私たちは文字どおり、割り引いて考える。しかしこうした取引を違う方向に考えることはできないだろうか？目の前の得を取らずにいれば、あとでもっといい取引ができるかもしれない。

このようなときに計算ヒューリスティックが働く。スタンフォード大学の心理学者エラン・マジェン、キャロル・ドウェック、ジェームズ・グロスは、自制心の問題を、前と同じフレーミングを使って検証しようとしている。特に彼らは、頭の中で取引をどうとらえるかで、目の前の得を取るか、あとで大きな得を取るかの選択が、変わるかどうか調べようとした。たとえば次のような二つの選択肢がある。今すぐに五ドル受け取る。あるいは一か月後に六ドル二〇セント受け取る。このような提示のしかたをすると、たいていの人は五ドルと六ドル二〇セントの差、つまり一ドル二〇セントに注目する。これだけしか違わないのならば、目の前の五ドルのほうが感情的な引力が大きい。そのため多くの人が、手中の一羽の鳥を取るのは理解できる。

しかし違う形でこの取引を考えて、時間の経過に注目してみたらどうだろうか？　あなたは歩く歩道に乗っているかのように、とどまることなく毎日の生活を送っている。ときどき報酬が現金で入った封筒を渡される。そこで五ドル取ることもできるが、話はそこで終わりではない。時間はそのまま過ぎていき、一か月後にまた封筒を渡される。開いてみると、そこには何も入っていない。ゼロだ。そのときあなたは、ひどくがっかりするだろう。ゼロが感情に訴えるパワーこそ、計算ヒューリスティックの作用なのだ。

私たちはこの選択を実生活で行なっている。空の封筒が入ることで事態はまったく変わる。取引の内容そのものは変わっていない。空の封筒はずっとそこにあったが、隠されていた。五ドルと六ドル二〇セントのどちらを選ぶかという選択では、時間は止まっていた。しかし人の生活は連続していて、実生活で考えると、支払い日が二回あり、そのうちの一回は支払いがゼロということになる。近い将来、大きな失望を感じるのがわかっていれば、今すぐ小さな失望を感じるほうを選ぶだろう。

少なくとも理論的にはそう考えられる。三人の心理学者はインターネットを使ってそれを検証しようとした。さまざまなシナリオを用意して、被験者にすぐに報酬をもらうか、あとでもらうか選択させたのだ。ある被験者には「今すぐに五ドル受け取るか、あとで六ドル二〇セント受け取るか」と提示し、また別の被験者には「今すぐ五ドル、そしてあとで〇ドル受け取るか、今は〇ドル、そしてあとで六ドル二〇セント受け取るか」と提示する。一回の支払いが〇ドルと示すと、被験者は衝動的な選択をすることが減る。つまり彼らはたとえ先のことであっても、空の封筒を開けるとき失望を感じたくないのだ。それで選択肢をより合理的に比較しようとする。

それがエクササイズや健康とどう関わってくるのだろうか。ジムに行くのをやめてコーヒーをゆっくり飲んだり、二度寝をしたりすることは、今の五ドルを取るということだ。しかし歩道はまだ動き続け、この先どこかで空の封筒を受け取るとわかっていると、あまり楽しめない。ではこの空の封筒を日々の消費や健康に当てはめると、どういうことになるだろうか？

マーケティング専門家はたとえ計算ヒューリスティックについて知らなくても、数字が感情に与える力についてはずっと以前から知っていた。マーケティングの世界で昔からよく言われる「一日ほんの数ペニー」という言葉を考えてみよう。一日にほんの数ペニーで買えるものやできることはたくさんある。興味深い雑誌の購読ができる。健康診断なしの生命保険もかけられる。アフリカの貧しい子供を〝養子にする〟ことができる。私は最近「一日たった数ペニーで」温暖化から地球を救うことができるという記事を読んだ。

このスローガンを聞いた人はみんな、目からうろこが落ちたような顔をする。今になってようやく、マーケティング専門家がずっと感じていたことが、科学的に実証されるようになった。つまり人は頭で数字を処理するとき、完全に合理的にはなりきれない。さらに規模や割合や比率に対する考え方ひとつで、私たちは慎重な消費者にもなれば無計画な消費者にもなってしまうのだ。

ある意味でこれは当たり前のことだ。「一日ほんの数ペニー」は意味のない数字にすぎない。私たちは毎日、ポケットからその銅色の硬貨を取り出すわけではない。マーケティング専門家はそういう図を思い描いてほしいと思っているだろうが、私たちはそんな策略には引っかからない。私たちは自然に（計算することなく）一か月に何ドルも、そして一年には何百ドルも使うことを知っている。それはお金を使うことが有意義なのかどうかを測る尺度の問題だ。

しかしもっと複雑な操作が、目に見えない形で行なわれていたらどうなるだろうか。完璧とはいえない私たちの頭を惑わせるマーケティング的なフレーズはあるだろうか？　ミシガン大学の心理学者キャサリン・バーソンらはあると確信し、私たちが日常生活で経験しそうなことをなぞったおもしろい実験をいくつか行なっている。ひとつ例をあげてみよう。

あなたは携帯電話の課金プランを検討している。いくつもの店を回って二つの選択肢にまで絞り込んだ。プランAは一か月三二ドル、通話の途切れは一〇〇〇回で四二回未満を保証する。プランBは一か月たった二七ドルだが、通話の途切れは六五回。つまり安いのには理由があるというわけで、消費者は自分にとって重要なものがあるほうを選ぶ。金額かサービスか。

しかしこれら二つのサービスを次のように表現したらどうだろうか。プランAは年間の料金が三八四ドルで、通話が途切れる確率は一〇〇回のうち四・二回。プランBは年間料金が三二四ドルで、一〇〇回の通話で六・五回途切れる。計算してみれば、どちらのプランも何も変わっていないのがわかる。プランの内容は前とまったく同じだ。ただスケール（尺度）が変わっただけだ。しかしここでは二つの尺度が、違う方向に変わっているので「一日数ペニー」ほど簡単ではない。

それなら消費者はこれら二つのサービスをどう計算するのだろうか。バーソンらはおおぜいの被験者に、この実験を行なったが、結果は微妙だった。消費者は、年間料金が安いと説明されたときはプランBを、通話千回あたりの途切れる回数が少ないと説明されるとプランAを好んだ。このとき重視されているのは〝年間〟と〝千回あたり〟である。尺度が大きくなると違いも大きくなるように思えるため、消費者は感情で反応してよりよいサービス、あるいはより大きな節約ができると感じたのだ。スケールが大きくなると、消費者は実際に選択を変えた。内容は変わっていないのに、より細かく違いを検討するようになったのだ。

これは注目すべきことだ。そして不安を感じさせることでもある。しかし話はこれだけではない。第二の実験では、少し違う二つの映画DVDレンタルプランを提示した。プランAは月額一〇ドルで週に七本借りられる。プランBは月額一二ドルで九本借りられる。前の実験と同じように、どちらのプランも妥当な値段で、消費者は懐具合と映画を見る頻度を考え合わせて選ぶことができる。

ここでまた提示のしかたを変えて、値段は同じだが、一週間に借りられる数ではなく、一年間に借りられる数を提示した。つまり月額一〇ドルなら一年間で三六四本、月額一二ドルで年間四六八本の映画DVDが借りられる。映画ファンはこの数字をどう処理しただろうか。一年間で借りられる数を示すと、プランBを選ぶ被験者が一気に増えた。これは四六八という数字が感情に訴えるインパクトのせいだ。ヒッチコックやウディ・アレンの映画をすべて見ても、まだまだ余裕はある。それが月にたった一二ドルしかかからない。これこそ本当に、一日たったの数ペニーだ。

政策への適用

この実験からわかるのは、私たちはいつも気持ちと数字を混同していて、一番〝よく見える〟、一番いいと〝感じる〟ものを選ぶということだ。けれども数字があまり大きくなると、感情的な理解を超えてしまうことがある。アメリカ人作家で回顧録も書くアニー・ディラードは、一九九九年刊の中国の人々についての著作『フォー・ザ・タイム・ビーング』で、それをわかりやすい形で示している。「中国には一一億九八五〇万人の人が現存している。それがどういう感じか知りたいなら、ただあなた自身（その独自性、重要性、複雑さ、愛情まで）を例にとり、それを一一億九八五〇万倍すればいい」

これはディラード一流の皮肉だ。〝ただ〟そんな計算をして、何かを感じるなどできるわけはない。数字が大きすぎるからだ。私たちの脳は中国の人口を感情で感じ取れるような計算はできない。

スロヴィックという心理学者（〝やさしいパーセンテージ〟の提唱者の一人）はこの例を使って、私たちの認知機能が制限されていること（特に計算ヒューリスティックへの肩代わり）で起こる〝精神的無感覚〟として知られる現象を証明した。第二次世界大戦後、ホロコーストの実情が明らかにされたとき、倫理をそなえた世界中の人々は、もう二度とこんなことは起こらないと思った。しかし大量殺戮や特定の民族の集団殺害は今でもある。しかも不幸なことに、決して珍しいことではない。エチオピア、カンボジア、コソボ、ルワンダ、最近のこととしてはスーダンのダルフール。

スロヴィックの考えでは、これはモラルの欠落であると同時に認知の失敗でもある。ヒューリスティックの罠だ。こうした悲劇が起こるのは人間の脳の根本的欠陥のせいであり、それを認識しないうちは決して終わらない。私たちの脳は基本的に、大きな数を理解できないようになっている。そのため大規模な困窮を感じることができないのだ。その意味で大量殺人という言葉は矛盾している。殺人というのは、個人が個人を殺すことだ。だから私たちは苦痛や怒りを感じるのであって、（ディラードが証明したように）それをただ人数分掛け合わせ、大量殺人に見合った大きな怒りを感じることはできない。大量殺人は計算できないのだ。

マザー・テレサはかつてこう言った。「おおぜいの集団を見たとき、私は行動を起こしません。一人を見たら行動します」。これは計算ヒューリスティックを詩的な言葉で表現したものだ。そしてこのパラドックスは何度も繰り返されている。ジェシカ・マクルーアの話をおぼえているだろうか？〝ベビー・ジェシカ〟は生後一八か月のとき、テキサス州ミッドランドで小さくて深い井戸に落ちてしまった。五八時間のあいだ、レスキュー隊が何とか彼女を引き上げようとするようすに、世界中が釘付けとなった。小さな町に新聞記者とテレビカメラがあふれ、世界中からこの幼子を救うための寄付が集まった。彼女が救出されたときの喜びにあふれた写真はピューリッツァー賞を受賞し、この物語はすぐに、パティ・デュークとボー・ブリッジを主演にすえたテレビ用映画となった。

動物の窮状にも、人々は同じような同情を示す。最近の例としては、闘犬賭博に関わったとしてフットボール選手のマイケル・ヴィックスが糾弾されたことを考えてみよう。このような反応は悪いことではないが、戸惑いを感じるのも事実だ。闘犬に対する怒りのほうが、ダルフールの犠牲者に対する感情的反応を上回っているように見えるからだ。同地では西部スーダンを拠点とするジャンジャウィード（民兵組織）によって計画的に大量殺人が行なわれた。そのような悲劇を防ぐため、一九四八年に国連で採択されたジェノサイド条約が機能していないのは明らかだと、スロヴィックは主張している。この条約は人間の頭に働いているヒューリスティックが理解されていないときにつくられたものだ。彼は大きな数がどういうものか感じられないという認知の欠陥の影響を受けない形に条約を修正し、強制的に介入するよう各国に働きかけている。このような努力によって、いずれ計算ヒューリスティックが政策へと転換されるかもしれない。

あなたは家宝を海外に送ろうとしていると仮定しよう。それはあなた自身もとても気に入っているアンティークだ。品物がなくなったとき一〇〇〇ドルを支払ってくれる保険料として、あなたならいくらまで出すだろうか？　五〇ドル？　一〇〇ドル？　もっと出せるだろうか。たいていの人は感情的な愛着のあるものに、そうでないものに比べて多額の保険料を支払う。たとえそんなことをしても意味はないとわかっていても。なくなったものは戻ってこない。高い保険料を払っても戻ってこないのは同じだ。その物自体の価値ほどの金額も支払われない。こうした不合理な考え方は実験で何度も証明されているが、次の話は操作された実験のことではない。二〇〇九年後半、米国予防医療作業部会（ＵＰＳＴＦ）が乳がん早期発見のためのマンモグラム使用に関する、新しいガイドラインを発表した。それによればリスクと利益の比較に基づけば、四〇歳以前の女性はまったく受ける必要はなく、五〇歳から七四歳の女性でも二年に一回しか受ける必要はないという。これは現行の医療基準から大きくはずれていたため、政治的に大きな反発を呼んだ。また健康の数量的思考という新しい分野に注目を集めた。これは統計を使って健康に関して賢明な選択をしようとするものだ。この分野のパイオニアであるコーネル大学のヴァレリー・レイナによれば、数量的思考の意識が低いと、実際のリスクを見誤り、コンプライアンス（法令や社会規範などを遵守すること）が低下して、有害な影響を受ける消費者が増えるという。数字に強い人でも関係するすべての変数を考慮に入れてリスクを予測するのは難しいため、よくも悪くも計算ヒューリスティックに頼ってしまう。

数字はただ紙に書かれた図形ではない。数字には感情的な量もある。計算ヒューリスティックは、他のヒューリスティックと同じで、単独で作用することはほとんどない。パートⅡではすべての法則で、完璧からはほど遠い内なる数学者と、不合理なことが多い感情と数字の相互作用を扱う。報酬の遅れについては、〝将来ヒューリスティック〟でも取り上げる。それは感情による計算に時間という要素が加わる。そして次の〝希少ヒューリスティック〟では、価値と欲求の、込み入った相互作用を扱う。

法則8 希少ヒューリスティック

欲しいものは数が少ない、数が少ないものを欲しい

いい男は絶滅寸前?

私の友人に生涯のパートナーを心から欲しがっている人がいる。彼女は離婚経験者で、デートをしてはだめになるを繰り返し、わびしい年月を過ごしたあと、自分が本当にもう一度パートナーを欲しがっていることを実感した。パートナーに求めるものもごく現実的だ。愛想がよく、思いやりがあり、身だしなみがきちんとしていること。しかしこれまで縁にめぐまれず、個人広告を出しても、ネットのデートサービスでも、教会の地下で行なわれるお見合いダンスパーティーでも、理想の相手は現われなかった。

時間がたつにつれて望みはどんどん強くなっていった。そして強くなるにつれて、見通しはどんどん暗くなっていくように思えた。最近、彼女の考え方は大きく変わった。もういい男は残っていないと断定してしまったのだ。それは誇張ではない。心の底からそう信じている。いい男は絶滅寸前にまで減ってしまったので、もうさがしても意味はないと、さじを投げようとしていたのだ。

こうした思考におおいに関心を持っている心理学者もいる。私の友人は本当のところ、いい男がどのくらいいるのか知ることはできないし、知る術はない。実際これは可能性の問題であり、つらい経験をくぐり抜けても、その問いに答えるだけの情報は持っていない。それなのに彼女は答えがゼロだと信じ込んでいる。彼女の頭の中でいったい何が起こっているのだろうか。

これは〝希少ヒューリスティック〟が作用している状態だ。希少ヒューリスティックは、数が少ないものは価値があるに違いない、そして価値のあるものは数が少ないに違いないと考える反応だ。価値と希少性との結びつきについては、すでに知られている。金《ゴールド》が貴重なのは出回る量が少ないからであり、高層ビルを建てたり、がんの治療に役立ったりするからではない。あるいはキャベツ畑人形の大ブームはどうだろうか。キャベツ畑人形とは、一九八〇年代初頭にコレコ社が発売した人形だ。やや大きすぎるビニール製の頭に大きな目、ボディは布製で、どちらかといえばとぼけた姿をしている。そしてひとつひとつに名前と〝養子縁組書類〟がついている。理由はどうあれ、この人形の人気に火がつくと、あっというまに入手困難になった。数が少ないことが市場パニックを引き起こしたのだ。親たちはこの貴重な人形を手に入れようと、われ先にデパートに押しかけた。店はキャベツ畑人形のためだけに警備員を雇うようになったが、そこまでしても、めちゃくちゃにされたおもちゃ屋もあった。やがて人形は闇マーケットで一五〇〇ドルの値がついた。

これは希少ヒューリスティックの極端かつドラマチックな例だ。もちろん人間の醜さを引き出すのは、物不足ばかりではない。どんなものであれ数が少なくなると、私たちの価値観はゆがめられる可能性がある。心理学者や商品論の専門家は、希少であることがどれほどの力を持つか、幅広い品物を使って実証している。その裏返しの、価値あるものは少ない（〝価値《バリュー》ヒューリスティック〟とも呼ばれる）という思い違いもそれなりに浸透している。私の哀れな友人は、明快で単純なことを（「憧れ」に高い価値をおくあまり）よくわからない統計に置き換えてしまったのだ。

これは男女の出会いばかりではない。ある研究者グループが健康と病気の判断を材料に、おもしろい実験をした。それは私たちが意思決定するとき、このヒューリスティックがいかに使われているかを示すものだ。実験は偽の医療研究室を使い、入念な準備のもとに進められた。被験者たちはあらゆる医学的資料や道具（啓蒙ポスター、顕微鏡、視力検査表、白衣を着た〝医師〟）がそろった研究室に案内される。そこでチオアミン・アセチラーゼ唾液採取テスト（略してTASRT）という、まったくのでたらめだが、それらしい名前をつけた検査を受けさせられる。そしてTASRTはTAAと呼ばれる膵臓の酵素の欠乏をスクリーニングすると説明を受ける。TAAというのもまったくでたらめな症状で、実験のためにでっちあげたものだ。

ここからが実験者が工夫を凝らしたところだ。TASRTではリトマス試験紙のような小さな黄色い紙をなめて、唾液を採取する。一方の被験者グループには、もし紙が緑色に変わったらTAAが欠乏していると伝え、もう一方の被験者グループには、逆に緑に変わったら問題なしと伝える。紙はつねに緑に変わるようになっている。

つまり被験者の半分は、このマイナーな症状について陽性反応が出たと思い、残りの半分は助かったと思う。この時点で〝医師〟が被験者に二つのことを伝える。一部の被験者には、TAA欠乏症は珍しくないこと（五人に四人がこの症状を示す）、そして別の被験者には珍しい症状である（五人に一人程度にしか発見されない）と告げる。この目的はある酵素欠乏に関して、それが希少なのかごく一般的なことなのかという感覚を植え付けるためだ。珍しい症状だというプライミングが、治療を受けるかどうかの判断に影響するか調べようとしたのだ。

そして結果は、実際に影響した。これが珍しい症状だと告げられた被験者は、そうでない被験者よりも、症状を深刻にとらえた。まじめにとらえるということは、つまり〝高く評価〟したのだ。反対にありふれた症状だと思った被験者は、そこまでこわがらなかった。病気の深刻さを低く見積もる患者は、あまり治療を受けようとしない傾向がある。つまりここで健康に関わってくる。

希少なものは価値があるという感じ方については、何年も前からさまざまな状況で実証されてきているが、その裏返しとして、害を生じさせる可能性（男性について私の友人が誤った判断をしたように）について、まじめに研究されるようになったのはつい最近のことだ。シャンチ・ダイ、クラウス・ヴェルテンブロック、ミゲル・ブレンドルという国際的な心理学者のチームが、驚くほど単純な実験で、この心理的バイアスの力を証明した。たとえばある実験では、若者のグループに一〇〇枚の写真を見せる。その半分は鳥の写真、残りの半分は花の写真で、ランダムな順番に並んでいる。次にその一〇〇枚をいちどばらばらにして、再び見せる。このときは一部の被験者に、花の写真一枚ごとにお金を支払うと伝える。別の被験者には、鳥の写真一枚ごとにお金を支払うと告げる。最後に被験者全員に、鳥の写真が何枚あったか、あるいは花の写真が何枚あったか尋ねる。

結果は仮説どおりだった。花の写真でお金をもらうことになっていた被験者は、鳥より花の写真のほうが少なかったと答え、鳥の写真で報酬をもらうことになっていた被験者は、鳥の写真のほうが絶対に少なかったと答えた。実はどちらもまったく同じ枚数だったことは誰も知らなかった。何かを〝切望〟する気持ちが、数の多少についての認識を誤らせたのだ。

当然、これは理にかなってはいないが、脳のショートカット機能自体が理詰めではないのだ。ダイらはこの発見を再現するため、もうひとつ別の実験を行なった。それは私の友人が経験した実際のジレンマに近いものだった。まず被験者（男女両方。全員がヘテロセクシャル）に、男性と女性の写真を見せる。写真の人物には魅力的な人もいれば、そうでない人もいる。あとで聞いてみると、男性女性どちらの被験者も、異性の魅力的な人は、同性の魅力的な人より数が少なかったと答えた。魅力的でない人の写真だけを見せたときは、そのようなことはなかった。つまり被験者は、自分の感情的欲求を現実の数字に置き換え、自分の欲しいものは見つけにくいと信じ込んでいるのだ。

ここでも被験者は間違えた。こうした知覚ツールは何万年もかけて進化し、昔は状況に適応する役に立っていたと思われる。おそらくこれはパートナーをさがしている人にえり好みをさせず、いつまでもさがしまわるのではなく、（目に入った）数少ないパートナー候補と一緒になろうという気にさせるのだろう。昔の人間にとって、あまりに相手を選びすぎるのは得策ではなかった。子供をつくる時期が限られていたからだ。しかし現代では、先の見えない状況で意思決定を行なうのは昔より危険であり、脳のショートカット機能に頼っていると、孤独な人生にまっしぐらということになるかもしれない。あるいはパートナーの選択を間違える可能性もある。

お金を払うからこそ、ありがたみが増す

価値判断にはもちろん、数多くの方法がある。たとえば時間について考えてみよう。退屈な講義や会議のとき、じっと時計を見ながら時間が過ぎていくのを待つという経験は、誰にもおぼえがあるだろう。時は金なりというが、そのような経験はまさに貴重な時間を無駄にしている。この逆の現象を心理学者は〝流れに乗っている〟と言う。楽しくて夢中になっている間は、時間のことなど忘れてしまうのだ。

心理学者は希少／価値ヒューリスティックをこのように考えている。フランスのソルボンヌ大学で行なわれたある実験では、被験者に音楽の何フレーズかを聞かせる。ヴェルディのレクイエムやマイルス・デイヴィスのような、心を揺さぶるものではない。できるだけ平坦な、ＢＧＭのようなものだ。そして一部の被験者には、それをもう一度聞くのにいくら払うか尋ねる。そして別の被験者には、その音楽をもう一度聞くことに対する自分への報酬として、いくらくらいが適当かを尋ねる。これは古典的な実験だ。どちらとも取れる状況におかれたとき、料金を払うよう求められると、その経験は楽しく価値があるに違いないと考える。そうでなければ、なぜお金を払う必要があるだろう。しかし逆にお金を支払ってもらえると告げられると、その経験には価値が少ない、もっといえば害があるかもしれないと考える。

次に音楽を聴いていた時間はどのくらいだったか推測してもらう。すると、音楽を聴くためにお金を払うことを考えた人のほうが、報酬がもらえると思った被験者よりも、音楽を聴いていた時間が短いと感じた。実際に金銭のやりとりがあったわけではないのに、お金を払うと思っただけで、そこに

価値を見出したのだ。つまり希少なものに価値があるというヒューリスティックをプライミングされたのだ。それが転じて、被験者はその音楽が希少なもの、なかなか聴くことのできない楽しい経験だと感じたわけだ。

現実でこれと同じような例はすぐに思いつくだろう。ロックコンサートのチケットは、最近とても高価になっている。もう若くないロッカーでさえ、席によっては一〇〇ドル、二〇〇ドル、あるいはそれ以上の値をつける。もしあなたが私のようなタイプなら、チケット販売所に大金を払う前に、その価値について考えるはずだ。ある公演がそれだけの額を出す価値があると判断したとする。チケットを買い、ベビーシッターを手配し、用意しなければならないすべての手はずを整え、ロックに浸るすばらしい一夜を待ちこがれる。

ようやくその夜がやってきた。コンサートホールの座席に腰を下ろし、やがてバンドの演奏が始まる。そして五〇分後、バンドは演奏を終える。「グッドバイ！　みんな。来てくれてありがとう！」の言葉とともに。なんだって？　満足するどころじゃない。あなたはもっともっと聴きたいと思う。手が擦り切れそうになるまで拍手を続けるが、アンコールもなし。だまされたような気がする。財布からキャッシュを抜き取られたような気分だ。あなたは何かを失ったように感じる。

次に、たまたま行った公園で無料コンサートが行なわれていたと想像してみよう。もう終わりに近かったが、何曲かは聴くことができた。時間にして三〇分くらいだろうか。このときあなたはだまされた気分になったり、何かを失ったように感じたりするだろうか。おそらく感じないだろう。むしろ思いがけないボーナスをもらった気分になるに違いない。このときは〝お金でどのくらいの価値があるか〟は考えないので、希少性や喪失感は感じないのだ。

すると無料で芸を見せるパフォーマーは、低く評価されるということだろうか。それは意地悪く不合理に思えるが、いくばくかの真実があるかもしれない。この実験を行なった研究者は、希少ヒューリスティックと価値ヒューリスティックが協調し、互いの働きを補いながら循環するように働く可能性を検証するため、別の実験もいくつか行なっている。たとえばある実験では、被験者に珍しい切手の価値を考えさせて、無意識に希少性と価値を結びつけるプライミングを行なった。そして前の実験と同じように、被験者に音楽を聴かせるのだが、このとき半分の被験者にはBGM的な音楽を、もう半分にはクラシック音楽を聴かせた。そしてすべての被験者に、いくつもの質問をする。中には「音楽を聴くために働くことを、どのくらい喜んで受け入れますか」というものもあった。

結果はおもしろいものだった。事前に希少価値についてプライミングされた被験者は、そうでない人よりも演奏時間が短いと感じた。特にクラシック音楽を聴いた被験者の間でその差が大きかった。それればかりか彼らはクラシック音楽をもっと聴くために余分な作業をするのをいとわなかった。つまりある経験に価値を見出すことで、それが希少であると感じ、そこからさらにその人にとっての価値が高まったということだ。このような認知バイアスの相互作用のサイクルによって、最初の信念が強化される。

この結果は経験の価値とも関わってくる。彼らは日常的な商品を使って、理屈の循環プロセスについても研究したいと考えた。シカゴ大学で行なわれた別の実験で、彼らは被験者に瓶詰めの水の広告を見せた。一部の被験者には砂漠とラクダの背景、別の被験者には、雪が積もった山頂を背景に商品を写したものだ。砂漠の風景は、被験者の内なる渇きと希少という感覚を刺激することを目的としている。

次に被験者に二枚の絵を見せる。ひとつはサルバドール・ダリ、もうひとつはアンリ・マティスのものだ。そしてどちらかを選んでもらい、同じ画家が描いた別の絵を見つけるのがどのくらい困難か予想してもらう。最後にそれぞれの絵の市場価値を予想してもらう。ここでも仮説どおりの結果が出た。砂漠とラクダの広告を見た人のほうが、自分の選んだ画家の絵のほうが希少で、市場価格も高いと予測した。つまり水をほしがることで脳の価値ヒューリスティックが働いて、まったく関係のない分野（美術品市場）のものも希少に感じ、その結果、自分の選んだ絵の価格を高く見積もったのだ。

興味深いのは、このヒューリスティックがどのように人間のニーズと欲求に影響を与えているかだ。乾燥や喉の渇きや水は、現代美術にはほとんど関係ないと思うかもしれないが、脳はその違いを区別できないらしいのだ。希少性と価値は脳の中でかたく結びついていて、どちらかを経験すると、状況がどうであれ、どこか他のところに結びついて固定化してしまう可能性がある。

これまでの話はこじつけで、実際の生活からは切り離されているように思えるかもしれないが、そんなことはない。人にはさまざまな好みがある。あるものにどのくらいの価値を見出すかは人それぞれで、それがどのくらい供給されているか、あらゆる面から常に考えている。これまでの実験で示されたのは、二つの絡み合ったヒューリスティックが循環するように働き、好みを偏らせたり強化したりしている、ということだ。そして、それは常にいいほうに行くとは限らない。

この高尚なアイデアを、もっと世俗的な実際の消費者行動にまで引き下げる実験を、もうひとつ紹介しよう。これはチャリティに関するものだ。実験では被験者グループに、絶滅危機に瀕しているジャイアントパンダを救うための寄付を依頼する。ただしここでは、循環プロセスが実際に起こるのを観察するため、人によって違う頼みかたをする。

パンダの運命を本当に危惧している被験者がいるかどうか、実験者にはわからないので、一部の被験者にはかわいらしいパンダの写真を見せてパンダへの関心を高めるよう操作する。そして一部の被験者に、今現在、世界に何頭くらいのパンダが残っているか予測させる。その後、どちらのグループにも入っていた被験者に、この絶滅が危惧されている動物を守るためにいくら寄付をするか尋ねた。

これでヒューリスティックのサイクルがはっきりした。パンダの写真を見た被験者は、他の人たちよりもパンダの価値を高く評価するようになる。彼らは世界に残っているパンダの数を、実際よりかなり少なく見積もった。つまり数が少なく絶滅の危機に瀕していると考えたのだ。そしてそのパンダを救うため、より多くの金額を寄付すると答えた。価値があると思うと数が少ないと感じる。そのためパンダの価値が高いと感じるのだ。

甘い物を隠さないほうが、ダイエットはうまくいく？

これまでの実験はほとんどが商品についてのことだった。市場に流通していて、消費者はどれが欲しいかを選んでお金を払う。しかし価値／希少ヒューリスティックは、金銭や市場とは何の関係もない日常の行動にも働いている。実はそれが自分に害をなすものを拒む自制心の基礎なのだ。

たとえば依存症について考えてみよう。依存症からの回復プログラムの多くでは、こんなことがよく言われる。「毎日のように理髪店に通えば、誰でもやがて髪を切ってもらうことになる」。この意味は、誘惑されそうなものから離れていろ、ということだ。酒場、クラブ、チョコレート店、競馬場でうろうろしていれば、いずれ自制心が失われることは広く認められている。

けれどもこれは本当だろうか？　そこにほしいものがあり、すぐに手に入る状況では、それに抵抗しようとする意志の力は弱まってしまうのだろうか。その答えは、公衆衛生の専門家にとっては、単なる理論的な興味以上の意味がある。そしてこれは深刻な依存症という問題にとどまらない。クリスマスシーズンに職場に集まるクッキーについて考えてみよう。肥満が国民的な問題になっている現在、専門家はあらゆる面で、我慢や自制心が失われていることを問題視するようになっている。

ここでは誰にもなじみのある、甘い物の誘惑について考えてみよう。自制心を保つための課題は、あるもののために別のものをあきらめるということで、ここでは甘い物が欲しいという欲求を満足させるか、きちんとした栄養を摂るかという選択だ。直感的には、家中の部屋に甘い物を置いておくべきではないと考えるのが当たり前だが、まったく逆を主張する心理学理論もある。それは希少な物には価値があるように思えるという原則に基づいている。私たちはすぐに手に入るものは、それほど欲しいと感じないが、手に入りにくいものはどうしても欲しくなる。これは〝禁断の実〟の背後にある理論だ。あるものを隠せば、それに対する欲求が強くなるだけなのだ。

三人の心理学者が、希少＝価値の原則に基づき、逆説的な自制心の見解を検証することにした。シカゴ大学のクリスティン・オーヴ・ミセスとアイェレット・フィッシュバック、そしてニューヨーク大学のヤーコフ・トロープは、甘い物が手に入りやすくなれば、それに対する欲求も弱まると予測した。甘い物がすぐそばにあるのは、健康を保つという高尚な目的の脅威になるので、その大義を守るために脳が甘い物への欲求を弱めるという理屈だ。簡単に言うと、甘い物をすぐ手に入るところに置いておいたほうが、それを食べたいという欲求は減るということだ。

この直感に反する仮説を、彼らは次のような方法で検証した。彼らはジムの出口のドアのところに立ち、帰ろうとする若い女性を引き止め、グラノーラバー（シリアル食品）とチョコレートのどちらかを選んでもらい、それぞれについて、食べたいという気持ちがどのくらい強いか評価してもらった。ごく単純な作業である。ただし選ぶ前に評価してもらうグループと、選んだ直後（ただし食べる前）に、食べたい気持ちを評価してもらうグループに分けた。これは甘いチョコレートがすぐ手に入るときと、入らないときとで、それを食べたい欲求の強さが変わるか比較するためだ。

ジムにいる若い女性たちは健康には気を配っているので、どちらを選ぶか葛藤するだろうと彼らは考えた。それぞれを食べたいという気持ちの評価を、実際に選ぶ前に行なったとき、女性たちはたしかにグラノーラを高く評価した。つまりチョコレートの価値を低く見たのだ。しかし選んだあと（つまりチョコレートが選択肢からはずれた）に評価させたとき、食べたいという欲求の強さはどちらも変わらなかった。自制心が逆説的に働き、気持ちをそそるはずのものに、そそられなくなったらしい。

三人の心理学者はこれをたしかめようとしたが、今度はチョコレートではない。仕事と遊びのどちらをとるかという状況を設定したのだ。実験の対象はシカゴ大学ビジネススクールの大学院生だった。彼らは悲しいことに、耐えがたいほど退屈だが、どうしても単位が必要な授業を取っている。

その学生たちにいくつもの娯楽について、魅力を感じるかどうか評価させた。たとえば映画、パーティーなど。

一部の学生には、まだその退屈な授業をやめることができる時期に評価させた。他の学生には、授業選択の締切が過ぎたあとで評価させた。つまり決心を変えられる学生と、変えられない学生に分かれた。するとつまらない授業をやめる選択肢がある学生は、遊びたいという欲求を抑え続けた。一方、締切が過ぎた学生は、遊びへの切望をあらわにした。

脳は選択肢があり、誘惑がちらついている間は、みずからを守ろうとするものらしい。この結果は少しわかりにくい。実験者も興味深い問いをなげかけている。デザートワゴンが通り過ぎるのを見たほうが、ダイエットはうまくいくのだろうか？　アルコール中毒患者は、棚に酒を置いておくべきなのか？　自制心を保つ逆説的な方法として。そんな疑問には、直感的にノーと答える。しかし実験の結果から考えると、はっきりノーとは言えない。長期的に見ると、誘惑とともに生きることで、自制心は鍛えられるのかもしれない。

シニカルな笑いをまぶした映画『ハロルドとモード』の主人公ハロルドは、一九歳で死と自殺にとりつかれている。彼は何度も自殺を演じ、霊柩車を乗り回し、赤の他人の葬式に遊びで出席する。その彼が七九歳のモードと恋をした。彼女も同じ気味の悪い趣味を持っていた。ラストはモードの死によって、ハロルドはそれまでの悪趣味な態度をやめて、人生をやりなおす気になる。

これは現実世界でも見られる。死ぬか生きるかの経験をした人は、日常のごくふつうのことにも強い意欲を感じるという。ミズーリ大学の最近の研究では、この相互作用こそが希少ヒューリスティックの最たるものかもしれないと示唆されている。ヒューリスティック的には、死とは生の欠乏であり、私たちは残された生に大きな価値を見い出す。何かの量（少なくとも量の感じ方）というのは主観的なものであり、望みや欲求によってつくられる。次の法則〝係留《アンカー》ヒューリスティック〟で取り上げるが、事実と数字の不合理なつながりが、ささいなことから他人の信念まで、私たちの判断に影響する。

法則9 係留ヒューリスティック

定価は半端な数字のほうがいい

〝係留と調整〟という認知戦略

三年前からIBMの科学者チームが、まさに些事の追求《トリヴィアルパスート》（訳注：「トリヴィアルパスート」というボード・ゲームがある）としか説明できない問題に、不断の努力で取り組んでいる。そのプロジェクトでは、二〇人もの人工知能と自然言語プロセッシングの専門家が、ワトソンというコンピュータ・プログラム開発に没頭している。これは同社の創設者トマス・J・ワトソンから名前を取ったもので、目的は人気クイズテレビ番組『ジェパディ！』で、人間の回答者に加わって争えるコンピュータ版の〝選手〟をつくることだ。

なぜ同社はそのような投機的事業に大金と時間をつぎ込んでいるのだろうか？　まず『ジェパディ！』で勝つためには何が必要なのか考えてみよう。それは人間に生まれつき備わっている、ばく大な量の一般知識を処理する能力にほかならない。細かな情報をつなぎあわせ、関連を推定し、必要ない事実は捨て、最も重要なことだけに焦点を絞る。これらをすばやく、ほぼ一瞬のうちに行なわなければならない。要するに賢明な予測をするための、人間の知的柔軟性が試されるのだ。

もちろん私たちはそれを毎日のように行なっているのだが、ほとんどが意識の外なので気づかない。だからといって、その価値が減ずることはない。実際、『ジェパディ！』で勝っていくためには、究極の知的ゲームであるチェスをするときよりも、はるかに柔軟な認知力が必要だ。ＩＢＭの科学者たちはすでにディープブルーというプログラムを開発し、チェスの世界チャンピオン、ガルリ・カスパロフを破っている。これはチェスがルールに基づいて行なわれるゲームであり、可能性が有限だからできたことだ。人間の知識量は少ないかもしれないが、それは無限である。

ＩＢＭの科学者たちが現在のプロジェクトを完成させたら、人間の頭の中で働いているものの中でも、特に強力で、巧妙な認知ツールを解明することになるだろう。心理学ではそれを〝係留《アンカー》ヒューリスティック〟と呼ぶ。それがどのようなものかを知るには、船を係留するところを思い浮かべてみてほしい。航行中、休憩しようと、あなたは浅瀬に船を停留させる。錨を下ろすと、船は海の底のある点とつなげられる。錨は動かないが、船自体はあるところにじっと止まっているわけではない。錨についているロープはかなり長いので、船は風や波に揺られて少し動き回る。一〇～二〇メートルくらいは、海岸側に流されたり、沖に押し出されたりする。ある程度は動ける範囲があるのだ。

脳にもこれと同じように、認知の風や波によって固定された錨のまわりを動き回る性質がある。この場合の錨とは、世界に関する事実、知覚、ある問題に対する視点、友人やパートナーに対する態度まで含まれる。ここで重要なのは、私たちの思考は大きく動いているが、頭の中の錨が選択肢を狭めているということだ。

ここでまた『ジェパディ！』の例を使うが、それはこのゲームが、毎日私たちが行なっている情報処理の縮小版だからだ。あなたが本当にこの番組の回答者として参加しているとしよう。今はファイナル・ジェパディで、あなたはほかの二人の回答者とデッドヒートを演じている。分野は〝建国の父〟。一八世紀の歴史なら、少しは知っているので、これは都合がよい。司会のアレックス・トレベックが最後の問題を読み上げる。「ジョージ・ワシントンが大統領に選ばれたのは、この年です」。あなたははっきりとした答えがわからない。賞金はかなりの額で、あなたにはこれから大学へ進む子供が二人いる。ここは知恵を働かせて答えなければならない。そのときおなじみのテーマ音楽が流れ始める。

どのように推論を組み立てるのが答えに最も近づくだろうか。一八世紀専門の歴史研究者以外で、米国建国の父が何年に大統領に選ばれたか正確に知っている人はごくわずかだろう。日常生活ですぐ思い出せなければ不都合だという情報ではない。正確な答えを記憶する必要がないことに関して、私たちは次善の策を講じる。それは、ある事実とつなげておくということだ。私たちの頭の中には、そのことに関連するほかの歴史的事実が記憶されているはずだ。たとえば独立宣言が採択されたのは一七七六年であることは、たいていの人が知っているだろう。

そこで一七七六年が、少なくともスタートポイントになる。しかしそれではゲームには勝てない。その間にも時間は過ぎていく。あなたは頭の中で一七七六年を固定して知識を突き合わせていく（調整）。錨につながれた船があちらこちらに動くように。まず一七七六年以前ということはありえない。では翌年の一七七七年だろうか？　あるいは五年後？　このころにはどんなことがあっただろうか。憲法が発布されたのは何年だろうか？　一七八〇年代だろうか。頭の中でいくつか候補となる年代を思い浮かべるにつれて、しだいに基準点から離れて行く。そして時間切れになる寸前、あなたはいちばん可能性の高そうな答えを書きとめる。

〝係留《アンカリング》と調整《アジャスティング》〟と呼ばれるこの基本的なプロセスは、何年か前から研究、修正され、今ではほとんどの認知心理学者のバイブルともなっている。しかしいまだ答えがわからない問題も多い。中でも注目すべき問題は「知恵をしぼって出した答えがたいてい間違っているのはなぜか?」だ。『ジェパディ!』の回答者は総合すると、十問中八問は正解する。これはなかなかの率だが、逆に考えるとほぼ二〇パーセントは間違えるということだ。もし係留と調整が認知の戦略として完璧なら、『ジェパディ!』は結果の見えるつまらないクイズ番組になってしまうが、人生はもっと楽になるだろう。しかしこのプロセスは不完全で、あらゆる判断ミスや問題を引き起こす。

私たちがそのパワーに気づけば話は変わる。毎日の生活の中で、このヒューリスティックの使い方を監視し、微調整できるのだ。心理学者はさまざまな実験を行ない、この理論を洗練させ、人間の本能に刻まれた性質をコントロールするにはどうするのがいちばんいいのか研究している。たとえばシカゴ大学のニコラス・エプリーとコーネル大学のトマス・ジロヴィッチは、『ジェパディ!』と同じような一般的な知識を問う問題を、被験者に答えさせる実験を行なった。たとえば動物の母親という分野からは「象の妊娠期間は何か月か」という問題が出る。強い酒分野からは「ウォッカの凝固点は何度か」など(ジョージ・ワシントンの問題も、この実験で使われたものだ)。するとまず、被験者たちはいろいろ違った係留点《アンカーポイント》を決めることがわかった。一七七六年の例と同じように、彼らの脳の中には問題に関わっていると思われる記憶が保管されている。もし係留点になるような記憶がなければ、あてずっぽうで決める。

おもしろいのは、係留点は勝手に決めたものなのに、それを基準に調整するということだ。係留点は、ある意味で調整するときの縛りとなり、そこから遠くへ行けば行くほど的外れに感じるようになる。浅瀬に錨を下ろした船を考えてみよう。ある程度は動き回れるが、その範囲はロープの長さによって決まっている。それと同じで、被験者たちは自分たちが行ける範囲で調整し、やがて妥当と思える答えに行き着くのだ。

本書の「はじめに」で、こうした現象を〝サティスファイシング〟というと指摘したことをおぼえているだろうか。自分が問題に答える上で、まあまあと納得できる範囲で十分だということだ。人生のほとんどが〝そこそこよい《サティスファイシング》〟という評価になるのは、自分たちが必要としている正確な答えを持っていないことが多いからだ——事実に関する知識だけでなく、あらゆる問題解決法について。そして私たちは望ましいとはいえない状況で、選択を行なわなければならない。時間に追われていたり、ストレスを感じていたり、心が乱れていたり。エプリーとジロヴィッチは、そこそこ満足のいくアンカリング（係留点の決定）とはどのようなものか調べるための実験を行なった。なぜこの作業がうまい人と下手な人がいるのかを知りたかったのだ。

たとえばある研究では、衝動的に答える学生より、じっくり考える学生のほうが根拠のある推測ができるという仮説を立て、一般的な性格診断テストを使って思慮深さを測定した。結果は仮説どおりだった。ただ決定に時間をかけ、よく考えるだけで、アンカリングがより正確にできるようだ。そして第二の実験では、まず酒を飲んだ被験者に、そして次にしらふの被験者に『ジェパディ！』と同じような質問をした。このときどちらのほうがうまくいったかは、想像がつくだろう。そして最後に、気が散っている学生と、そうでない学生を被験者に同じ実験を行なった。結果は予想どおり、気が散っていない学生のほうが、推測をうまく調整して事実に近い答えを出した。彼らはいくつもの実験によって、根拠に基づいて推測を行なうためには大いに頭を働かせなければならないが、その努力を台無しにしかねないものもたくさんあるということを実証した。

『ジェパディ！』でファイナルステージまで進んだと考えてみよう。あなたは思慮深いタイプ。そうでなければ、その段階まで来ることはないだろう。そして全国放送で知識を問われる前に、マティーニを飲むべきではないことは、心理学者でなくてもわかる。そしてこの瞬間、あなたが集中して考えなければならないのは、ジョージ・ワシントンが大統領に選ばれた年だ。あなたは係留点を決め、調整し、精一杯考えた答えを書く。一七八八年？　さあ、新しいチャンピオンの誕生だ！

しかしあなたはこう考えるかもしれない。それは雑学を競うゲームにはすばらしい能力かもしれないが、私たちはそのような作業にどのくらいの時間を費やしているのだろうか。実はかなり長い時間を費やしているのだが、さまざまな形で現れるため、この一般的な認知戦略には気づかない。私たちは係留と調整という作業を常に行なっているが、うまくいくときもあればいかないときもある。たとえば物の売り買いで値段づけをするときも、私たちはそれを行なっているのだ。

エンターテインメントの分野に話を戻すが、今度はもっと現実世界での使われ方に近い例をあげてみよう。アルフレッド・ヒッチコックのスパイを主人公としたスリラー『北北西に進路を取れ』を思い出してほしい。同監督の笑いを誘う不朽の名シーンのひとつが、オークションの場面だ。ケーリー・グラント演じるビジネスマン、ロジャー・ソーンヒルはＣＩＡのスパイと間違えられ、冷酷無慈悲な敵のスパイ、フィリップ・ヴァンダムに追いかけられる羽目になる。ソーンヒルがシカゴのオークションハウスで敵に追いつめられるところが見せ場のひとつだ。ソーンヒルが逃げるには、自分自身に注目を集めるしかなかった。あるアンティークのせりで、価格が二二五〇ドルに達したとき、ソーンヒルは「一五〇〇ドル！」と叫ぶ。競売者がやんわりたしなめると、彼は価格を変える。「一二〇〇ドル！」、ルイ一四世の肖像画に一二〇〇ドルが付くと、「一三ドル！」と叫ぶ。お上品な客たちは激しく怒ったが、それこそ彼が望んだことだった。競売者が警察を呼び、ソーンヒルはその警察に連行されヴァンダムの部下たちの前を悠々と通り過ぎる。

よく工夫されたしゃれたコメディである。これがおもしろい理由はいろいろあるが、ひとつはソーンヒルが物の価値と価格を検討するための心理学的な原則すべてに反していることがあげられる。人生で起きる多くのことは、いろいろな意味で〝オークション〟のようなものだ。中古車を買う、健康保険を選ぶ、そして配偶者を選ぶこともそうだ。けれども自分の命を守るために、原則に反するロジャー・ソーンヒルのような行動をする人はほとんどいないだろう。たいていの人が求めるのは公平さであり、私たちは高度な認知ツールを使って、自分に示された提案や、自分のやり方への反応などを考察する。あちらに行ったりこちらに行ったりしながら、妥当と思われる地点をさがすのだ。

二〇ドルと一九ドル九五セントの大きな違い

日常生活の中の取引は、脳の中でどのように処理されているのだろうか？　そしてそれは自分の望みをかなえるうえで、信頼のおけるツールなのだろうか。心理学者たちはしばらく前から認知の交換条件について研究しているが、それはこの章で検討してきたのとまったく同じ種類の認知の係留と漂流である。たとえばどんなものでも、〝開始価格〟は一般的には頭の中の係留点であるとみなされ、ここを基準に進めていくというスタート地点となる。開始価格が根本的に不正確、あるいは不公平だと思えば、まったく違う範囲を提示して対抗する。しかし対案がそれほど大きく違わない場合はどうか。どうすればひとつの案で妥協できるだろうか。

フロリダ大学のマーケティング教授であるクリス・ジャニスゼウスキーとダン・ウイは、ここに何か根本的なことがあるかもしれないと考えた。開始価格の何かの性質そのものが、価値について考える脳の思考に影響を与え、競売のときに行なう行動を決めるのではないか。彼らは特に、開始価格のつけ方が、オークションの場における脳の働きに影響を与えるかどうか調べようとした。例をあげると、店主が商品に二〇ドルではなく一九ドル九五セントという価格をつけたとき、客は本当に惑わされるのかということだ。

ジャニスゼウスキーとウイはこの考えを検証するため、いくつもの実験を行なった。それらは架空の設定を使い、被験者に根拠のある推測をしてもらうというものだ。たとえば被験者にプラズマテレビを買いにいったと考えてもらい、その商品の卸値を推測してもらう。被験者には小売価格と、その店ではほかの店と競合してテレビの価格を決めていることを告げる。

しかしシナリオには三種類あり、小売価格がそれぞれ違っている。ひとつは小売値五〇〇〇ドル、もうひとつは四九八八ドル、そして三つ目が五〇一二ドル。卸値を尋ねられたとき、五〇〇〇ドルの小売値を提示された被験者は、半端な価格を提示された被験者より、ずっと低い値段を答えた。つまり係留点となる価格がきりのいい数字だと、予測がそこから遠く離れてしまうのだ。さらに最初にきりのいい数字を提示された人は、卸値もきりのいい数字で推測する傾向があった。この実験は状況を変えて何度も行われたが、結果は常に同じだった。また、半端な数字のほうが、係留点として強いこともわかった。人間はきりのいい数字より、半端な数字から離れにくいものらしい。

なぜこのようなことが起こるのだろうか？　フロリダの心理学者グループの理論によればこうだ。人間は頭の中で最初の価格を基準に、そこから伸びる目盛りつきの物差しを持っている。その目盛りの幅はスタートの価格によって変わってくる。たとえば定価二〇ドルのトースターを見たとき、その本当の価値は一九ドルか一八ドルか二一ドルかと、きりのいい数字で考える。しかしスタートが一九ドル九五セントだと頭の中の物差しも変わる。本当の価値とその値段が違うと思うところは同じだが、頭の中にはドル札ばかりでなく五セント硬貨や一〇セント硬貨も生じる。そのため正当な価格はいくらかと聞かれると、一九ドル五〇セントになったり一九ドル二五セントになったりする。

心理学者はこの実験結果を現実の世界でたしかめようとした。彼らはフロリダ州アラチュア郡の実際の不動産価格を五年にわたって調べ、定価と実際の販売価格を比較した。そこでわかったのは、定価をきりがよくない数字で提示した販売会社のほうが——五〇万ドルではなく四九万四五〇〇ドルなど――常に自分たちの言い値に近い価格で販売できていた。別の言い方をすれば、買い手は言い値が半端な数字のときは、きりのいい数字に比べて、値引き交渉をすることが少ない。ここで結論。買い手市場で売り手が利益をあげるためには、まず定価を半端な数字にすることだ。

この科学的研究が持つ意味は、テレビや不動産をはるかに超えている。もちろん『ジェパディ！』で勝つこともだ。生きるか死ぬかの問題になる医療分野を考えてみよう。認知心理学者のカーネギーメロン大学のロベルタ・クラツキーは、大切な健康診断をいつごろ行なうのが望ましいか、指導する形で係留点を伝えると、患者がきちんと予定を入れるようになることを実証した。たとえば「あなたの年齢と症状ならば、六か月ごとに受けることをお勧めします」というように。患者が医者の勧めにすべて従うわけではないが、まず係留点を決めてそのまわりで調整することから始めると理想に近づく。

また医師が患者に医療についての情報を伝えるところを考えてみよう。たとえば医師は「ある血圧の薬の効果は〝高い〟」、あるいは「効果が出る可能性は八〇パーセント」と言う場合があるが、患者はこうした表現に戸惑うことが多い。パーセンテージのほうが正確で細かいので、患者はおそらくその数字のアンカーから遠く離れようとしないだろうと予測できる。しかし多くの研究で、患者は〝効果が高い〟のようなあいまいで幅のある表現を好み、医師もそうした表現を多く使うことが示された。しかし〝効果が高い〟のようなアンカーではどうなるのだろうか。日常生活はオークションのようなものだという言葉を思い出してほしい。患者は頭の中で医師と交渉している。だから〝効果が高い〟

を〝効果は最高〟に取り決めてしまうだろう。患者は〝高い〟を〝最高〟に切り上げ、その薬が実際よりも効果が高いという結論を出す。治療の選択肢がせりにかけられるなら、競売場は本当に危険な場所になりうる。

ひとりよがりの見解から離れるために

個人の経済状況や健康についてわかりやすい例をあげたが、係留と調整は常に意識して行われているわけではない。それらはふだんの生活、そして人間関係に浸透しているのだ。エプリーとジロヴィッチは視点取得（他人が何を考え、何を信じているか理解しようとする基本的な行動）にまつわる、いくつもの実験を行ない、この認知ヒューリスティックが他人の考えを理解しようとするために、毎日の生活の中で果たしている重大な役割を実証した。

トム・リートンのふだんの生活を考えてみよう。トムはシカゴに住むごくふつうの男性だ。スティーヴとジーナという仲のよい友人二人とよく出かける。ある晩、三人で夕食を食べているとき、近くであるコメディアンが始めた新しいショーに行こうと言い出した。「絶対に観なくちゃ！　すごくおもしろいんですって」ジーナが熱心に二人を口説く。

トムはジーナの好みを信じているので、その新しいコメディアンを観にいく。すると本当におもしろかった。実を言えば腹がよじれるほど笑った。

もうひとつのシナリオでは、トムはそのコメディアンの芸をまったく好きになれなかった。退屈で横柄だと思った。

トムは架空の人物で、どちらのシナリオも認知アンカーが、視点取得と共感にどう影響するかを調べる実験のためにつくられたものだ。被験者はシカゴ大学の学生で、一部には最初のシナリオを読ませ、残りには第二のシナリオを読ませた。そしてトムがスティーヴの電話に残した留守番電話のメッセージを全員に聞かせる。「スティーヴ、トムだ。調子はどうだい？　ところでジーナが言っていたコメディアンのことを覚えてるかい？　僕はきのう観に行ってきた。きみも観に行って彼がどれほどおもしろいか、その目でたしかめるべきだとしか言えない。時間があいたら電話してくれ。週末の予定を話そう」

トムは平坦で事務的な口調で話している。あなたはこのメッセージから何を読み取るだろうか？　トムはそのコメディアンについて、何を伝えようとしているのだろうか？　彼の頭の中では何が起こっているのだろうか？

留守番電話のメッセージはあいまいで、どうとでも解釈できる。日常生活でもそのようなことはたくさんある。ここでは実験者が、あえてあいまいにしているのだ。被験者はコメディアンに対するトムの評価（プラス、マイナスを問わず）を、自分だけのアンカーとして使うだろうと予測した。トムがコメディアンを気に入らなかったと知っていれば、留守録のメッセージを皮肉と受け取るだろう。逆に気に入ったとわかっていれば、メッセージを文字どおりほめ言葉と受け取る。それは理解できる。しかしスティーヴはどうか。彼は被験者とは違い、トムが本当のところコメディアンをどう思っているかを知るための情報を持っていない。それでも彼はメッセージから皮肉、あるいは称賛を感じ取るだろうか？

その問いに〝正しい〟答えはない。この実験の目的は、被験者がどのくらい自分の視点を離れ、他人の視点で物事を見られるか、そして認知アンカーがどのくらいその助けになるか、あるいは邪魔になるかを調べることだ。結果は興味深いものだった。ほとんどの被験者が、スティーヴは自分たちが知っている情報を知らない、そのため留守録のメッセージの本当の意味がはっきり伝わらないことを認識していた。しかし彼らは不適切な調整を行なった。トムがショーを気に入らなかったと知っていた被験者は、スティーヴも（自分と同じように）メッセージから皮肉を読み取るだろうと考える傾向があった。トムがショーに好意的だとわかっていた被験者は、逆の方向に考えた。

しかし実のところ、スティーヴはトムの真意を正確に推測することはできない。十分な情報を持っていないからだ。この実験結果は係留と調整ヒューリスティックが人間関係にも適用されること、そしてその欠点も明らかにしている。私たちは時間があれば、自分の視点を離れて考え、調整を行なうだろう。しかし思考するとき、最初のアンカーは強い引力を持つ。そこに本物の共感が働く。親密な関係であろうと、ごく浅い関係であろうとそれは変わらない。

この実験を行なった心理学者は同様の実験をいくつも行ない、係留と調整の正確さに影響を及ぼすものを調べた。ひとつの予想は、アンカーがわかりやすい（日付、量、視点）とき、私たちは少し〝認知のジャンプ〟を行なってそこから視点を離す。アンカーからジャンプするたびに、そこが停止場所として最適かどうか、しばらく立ち止まって検証する。理由はどうあれ違うと判断すれば、またジャンプ、検証、ジャンプ、検証を繰り返す。

このような検証は、当然ごくすばやく行なわれる。止めるという決定に至るには、さまざまな影響がある。それは前述したそこそこよい《サティスファイシング》という感覚だ。疲れた、忙しい、美しい夏の景色に気もそぞろになる。これらすべてが、あなたに「これで十分だろう。少なくとも今はいいや」と思わせる要因になる。そして調整を早々に切り上げてしまうと、他人の視点をじっくり考えなくなる。これを検証するためのおもしろい実験も行われている。

　クイーンの『地獄へ道連れ』という曲をおぼえているだろうか？　この曲の中に違法ドラッグを礼賛するメッセージが隠されているという噂があった。特に一部のリスナーが、コーラス部分を逆に再生すると「マリワナを吸うのは楽しい」と聞こえると主張した。そのような形で違法な、あるいは不道徳な言葉を暗号化して入れる手法を〝バックワード・マスキング〟というが、それはフィクションだった。ロックの歌詞にメッセージをこっそり挿入するようなことは誰もしていない。そのような歌詞は存在しないのだ。それでも人々は、そう聞こえると断言する。ただしそれは、何と聞こえるのか事前に伝えられていればの話だ。私たちはそのようにして、でたらめなものの中に規則を見つけ出そうとする。それは生来の心理的欲求だ。

　この自分を欺く傾向を前提に、エプリーらは噂となった『地獄へ道連れ』の隠れメッセージを用いて実験を行なった。彼らはおおぜいのコーネル大学の学生に逆再生した曲を聴かせた。一部の学生にはドラッグ礼賛メッセージについて事前に伝え、他の学生には伝えなかった。そして何か聴こえたかどうか尋ねたところ、噂について告げられていた学生ほぼ全員がメッセージが聞こえたと答えた。当然ながら、事前にその噂を聞かされていなかった学生で、違法なメッセージを聴き取れた者はいなかった。

　それは意外なことではない。しかし彼らはさらに、任意に選んだコーネル大学の学生を対象にこの実験を行なったとき、事前に何も告げられていない場合、メッセージが聴こえたと答える学生がどのくらいいるか予測させた。彼らはアンカー（ここでは隠れメッセージがあるという噂についての知識の有無）が、他人の視点に立つという能力に影響を与えると考えた。しかしひとつ工夫があった。実験者は係留と調整のプロセスを途中で中断させたのだ。満足いくまで調整する時間がないと、被験者は自己中心的になりやすく、他人への共感度が低くなるだろうと予想したのだ。

結果はまさにそのとおりになった。クイーンの曲にドラッグ礼賛のメッセージが隠されていると（誤って）思い込んだ学生は、他の多くの学生もそう思うはずだという見解に飛びついた。おそらく彼らも時間があれば、そのような筋の通らない理屈を修正、少なくとも調整したはずだ。しかしそれを中断させられたため、ふつうの思考がゆがめられてしまったのだ。

あらゆる社会的相互作用には、こうした視点取得が関わっているが、私たちは常に調整を完全に終える前に中断させられている。恋人、両親、教師、ビジネスパートナー、どんな人でも、行動の根拠の一部には、他人が何を考えていると思うかがある。しかし私たちのほとんどは、自分が他人の考えについて知っていることを過大評価している。私たちの遠い祖先から受け継ぐ、しかし不完全な係留・調整ヒューリスティックのために、私たちは他人も自分と同じ視点で考えると思ってしまうのだが、実際はそうでないことも多い。そのために、クイズ番組で賞金を勝ち取れずにすごすご帰るよりも重大な結果になることもある。

実験の経過はおもしろいかもしれないが、現実世界では他人の視点で物事を見られないと、さまざまな誤解や悲しみのもとになる。共同生活をうまく送るために話し合おうとしているカップルや、互いに納得できる戦略を練ろうとしているビジネスパートナーを考えてみよう。すばやく反射的に行なう最初の判断では、他人の見解や望み、物の見方は、自分とまったく同じだということになりやすい。それが自分の頭の中でいちばん突出した思考だからだ。しかし他人とのコミュニケーションがうまくいくかどうかは、あるポイントにつながれたひとりよがりの見解を、反射的な判断から引き離すよう調整できるかどうかにかかっている。私たちが幅広いさまざまな見解に耳を傾けることができなければ、他人を誤解したり、他人から誤解されたりすることが増えるだろう。他人の視点に立つことは公平の基礎であり、次の法則である〝カロリー・ヒューリスティック〟にも含まれる。カロリー・ヒューリスティックとは〝通貨〟と〝交換〟のことである。ただしここの通貨とは、空腹、金銭、欠乏や、人間の品位についての基本的な感覚などを含む。

法則10 カロリー・ヒューリスティック

お金がなくなると太った人に惹かれる

食物は金銭であり、金銭は食物だ

私は歳の近い兄と一緒に育ったが、二人とも食べ物に関しては絶対に損したくないという気持ちが強かった。何を争っているかは問題ではなかったが、デザートについては必死だった。母はこの兄弟間の争いをうまくおさめるためのうまい策をたくさん持っていた。たとえばパイの最後の一切れを前ににらみあっているとすると、母は私たちのどちらかにナイフを渡し、その一切れを半分に切りなさいと言う。そしてナイフを渡されたほうが嬉々として切ろうとすると、こう言い足すのだ。「もう一人が好きなほうを選ぶのよ」

この一言でナイフを持ったうれしさは消えうせる。これでたしかにどちらが有利ということはなくなった。いずれにしても母は子供の頭の中に、私欲を満たすことと公平のせめぎあいを植えつけたのだ。

あとでわかったことだが、この公平にパイを分ける方法は母が考えついたものではなかった。人間は太古の時代から、実際にも、比喩的な意味でも、あらゆる種類のパイを分けてきた。人間の祖先が現われたばかりのころは、食物が現金の代わりだった。最低賃金もクレジットカードも四〇一k退職積立金もウォールストリートの企業救済措置もなかったその時代、収入や貯金に一番近いものといえば、狩猟での収穫だった。食物には栄養以上の意味があった。それは財産であり交換可能な通貨だったのだ。だからこれら二つは現在でも離れがたく結びついていて、交換可能だと考えられているのも不思議ではない。食物は金銭であり、金銭は食物だ。

経済学者が金銭や富や予算の分配を示すのに、パイのような形をした円グラフを使うのは正しいのだろう。これは脳が食物、現金、公平さを結びつける〝カロリー・ヒューリスティック〟の表れだ。私の母は公平なパイの分け方を考案したわけではないが、競争心の強い子供たちの中に、いかにも人間らしい（ややシニカルな）考え方があるのに気づいていた。その考え方によれば、人間は合理的に計算し、実利的な私欲に完全に支配されているということになるが、それは本当だろうか？　公平さは人を欺くための隠れ蓑で、自分にとって有利なことが潜んでいるときだけ主張するものなのだろうか。そして他人もまた、私欲だけを求めると思っているのだろうか。公平のための公平などというものがあるのだろうか。

最近は多くの心理学者が、人間は功利主義であるという見解を単純すぎると退け、そこから離れている。しかし難しいのは、必要性や欲などの利己的な動機に毒されていない、本当の公平さを実際に示すことだった。認知科学と神経科学の最近の発達により、この問題にいくつか違った方向から取り組めるようになった。そしておもしろい結果も出ている。

カロリーとの関係についてはあとで説明するとして、まず公平と私欲の追求についての、簡単な研究を見てみよう。これは〝最後通牒ゲーム〟と呼ばれる古典的な心理テストを使ったものだ。UCLAの心理学者ゴルナズ・タビブニアらはそれを少し変形して、次のような実験を行なった。A氏は多少のお金を持っている。たとえば二三ドルとしよう。それを彼は自分の好きなように、被験者B氏と分ける。B氏はただ提示された金額を受け取るか拒否するかで、交渉はできない。B氏が拒否すれば、その取引はなかったことになり、どちらもお金を受け取れない。これは実験であり、Aという人物は実在しない。実験者が二三ドルをさまざまな形に分けて（気前よく、あるいは自分ばかり多く）提示していた。

A氏がどう分けようと、B氏にとってはお金がもらえれば思いがけない不労所得だ。たとえ二三ドルのうちたった五ドルでも、純粋に利益のみを追求するならこれを受け取って立ち去るだろう。しかし実験の結果ではそうはならなかった。UCLAの実験では元の金額も変えた。元が大金で、五ドルが少なすぎて不公平に思えることもあれば、元の金額が一〇ドルで、五ドルでぴったり半分ということもあった。ここでの目的は、被験者が金額ではなく公平さに反応しているのをたしかめることだ。その後、被験者にそのときの感想を、「満足」から「軽く扱われた」まで、スケールで評価してもらったところ、おもしろい発見があった。まったく同じ金額をもらえることになっても、公平に分けられたときのほうが、相手の取り分が一方的に多いときよりも、はるかに幸福度が高かった。実際、あまりに不公平な分け方だと、たとえただでもらえるお金でも、受け取りを拒否する被験者が多かった。つまり公平を求める気持ちが、合理的かつ功利的な考えを上回ったのだ。自分が不利に扱われたと感じ、感情的に反応したのである。彼らは被験者が公平な、あるいは不公平な金額を提示されてそれを検討している間、嫌悪感と満足感に関わる脳の部位をスキャンして調べた。すると最後通牒ゲームの間、両方の部位が反応していることがわかった。脳は利己的な行動を感情レベルで不快と感じたが、他の部分のニューロンは公平さを好ましいと感じたのだ。さらにこうした感情的な反応は、すばやく反射的に動く脳の組織で起こっているため、公平さを求める欲求は生まれつき備わった原始的なもので、理屈に合うものではないようだ。利害が対立する場面において、脳は自然に公平な取引を求めるのだ。

したがって不公平は脳にとって本質的に不快で、公平は本質的に脳の励みになるといえる。こうした公平を求める内的感覚は動物にとってごく基本的な性質で、最近では犬にまで見られるのが突き止められた。ウィーン大学の研究者が、しっかり訓練されて人の命令をよくきく犬に、「お手」をしたら褒美を与える実験をした。一匹だけでこの実験を行なっているときは、たとえソーセージやパンなどの〝報酬〟がなくても前足を出した。しかしほかにもう一匹いて、その犬がお手をしないのに報酬をもらうのを見ると、その犬もだんだん命令に従わなくなる。犬は報酬がないことよりも、不公平な扱いをされたことに反応して、へそを曲げてしまうのだ。

それでも現実の生活では、人は毎日のようにとても公平とはいえない案を受け入れているし、最後通牒ゲームでそうする被験者もいる。現金のために〝プライドを飲み込んで〟提示を受け入れた被験者の脳をスキャンしたところ、ニューロン発火に特徴的なパターンが見られた。私たちは一時的に〝侮辱された〟と感じる脳の部位を抑え、少なくともその一瞬は合理的に利益を追求できるようだ。つまりパイが不公平に切り分けられたときに感じる屈辱は消え去るのではなく、ただ地下にもぐっているだけらしい。

満腹と気前よさの関係

私たちの基本的な欲求や行動——空腹、食欲、倹約、慈善、出し惜しみ——は、すべてが脳の中でどのように結びついているのだろうか？　簡単な例で考えると、食べ物による満足感が、経済的安心感に変換されることがあるのだろうか。満腹と気前のよさには関連があるのだろうか？　文字どおり金銭に飢えることはあるだろうか？　ベルギーのルーヴェン・カトリック大学の心理学者たちが、この関係を研究している。同大学のバーバラ・ブライアーらは栄養と個人の財産との関係を細かく調べるためにつくられた実験を三つ行なった。最初の実験では、一部の被験者に四時間食べ物を与えなかった。ひどく空腹になることはないが、たぶん頭に食べ物を思い浮かべるだろう。他の被験者はふつうに食べた。その後、すべての被験者を対象に、いくつかの慈善団体の中からどれかひとつに寄付するシミュレーションを行なう。すると、おなかを空かしていた被験者のほうが、常に寄付金の額が少なかった。これがどういうことかというと、ある領域のものが不足しているときは、別の領域の資源を保存しようとする。別の言い方をすれば、体に何かが不足しているとき、人は気前よくお金を出す気分にはならないということだ。

第二の実験では被験者にふつうに食べさせるが、焼きたてのブラウニーの香りを部屋に漂わせて食欲を刺激した。そして最初の実験と同じように、気前よさを調べるシミュレーションを行なった。ここでも食べ物のことが頭にあった被験者のほうが、現金を出す意欲が低かった。おもしろいことにこの実験の被験者は実際に空腹だったわけではない。ブラウニーを食べたいという欲求だけで、財布の紐をかたくさせるパワーがあるのだ。

これだけでもかなり説得力があるが、ブライアーらはさらに逆方向から調べてみることにした。つまりお金がほしいという気持ちが高まると、食べる量が変わるのかということだ。彼らは被験者に、宝くじが当たったと想定してもらった。ただし一部の被験者は高額の賞金(二万五〇〇〇ドルくらい)を提示し、他は低額の賞金(二五ドルくらい)だった。さらにこの賞金で何を買うか想像させた。スポーツカー、ステレオなど。こうして基本的に、一部の被験者（高額な賞金を提示された人々）がどん欲になるようプライミングした。その後、すべての被験者に二種類のM&M（チョコレート菓子）の味見をしてもらう。実はここで、被験者には知らせていなかったが、実験者は彼らがどのくらいの量を食べるか調べていた。すると、お金がもっと欲しいと思っている被験者のほうが、たくさんのお菓子を食べた。お金（物）を貯めたいという欲求は、カロリーを蓄積したいという太古の生活適応法の現代版とも思える（重要なことをひとつ指摘しておくと、体重を気にしている人はダイエットの習慣を崩さなかった。よだれが出るほど大型テレビを欲しがっていたとしても。強い動機と思慮深さがあれば、反射的な思考を抑えられるという証拠だ）。

最後の実験は一九四〇年代に行われた古典的研究をなぞったものだ。その実験では、貧しい家の子供は常に硬貨の大きさを実物より大きくとらえるが、裕福な家の子供はそのような誤解はしないことが示された。もうひとつの実験結果は、女性の曲線的なボディーラインを男性がどのくらい好むかは、男性の経済状況によって変わるという、さまざまな文化圏で行なわれた研究結果と一致する。心理学者のリーフ・ネルソンとエヴァン・モリソンは、この興味深い結びつきを実験によって証明した。ある実験ではキャンパスでおおぜいの学生を集め、今、財布にいくら入っているか尋ねた。現金を持っていない人は、お金に関しての満足度が低いと考えた。そしてデートの相手として、どのくらいの体重の人を好むか質問する。すべての被験者の情報を分析したところ、お金を持っていない男性は、財布を現金でふくらませた男性に比べ、有意に体重の重い女性を好んだ。これは個人の経済状況が恋愛の相手の好みに影響することを示した、初めての実験だった。

ネルソンらはこの発見を少し違う面から、もう一度調べてみることにした。今度はそのとき持っている金額ではなく、銀行にいくら貯金しているか尋ねた。しかし一部の被験者には、〇ドルから五〇〇ドルまで、他の被験者には〇ドルから四〇万ドルの範囲で答えてもらった。この目的は相対的な欠乏感を操作し、ある被験者には他人と比べて金持ちである、また別の被験者に他人と比べてお金が不足していると感じさせることだった。そしてまたデートの相手の好みを尋ねたところ、お金があるように感じて気分が高揚した被験者のほうが、やせている女性を好んだ。欠乏感を感じている男性は、パートナーである女性の体重が少し多いことを望む。その女性についている脂肪が、自分を飢えから守ってくれるかのように。

ここではどんな力が働いているのだろう？　この不思議な結びつきを、どう説明すればいいのだろう。ネルソンとモリソンは、これが実際の飢えと関係があると考えている。つまり現金や貯金が不足していると、食べ物がないときと同じ心理状態となり、カロリーや脂肪を求める基本的欲求が引き起こされるということだ。この考えを検証するため、彼らはスタンフォード大学の食堂のドアに立って、出入りする人々に、デートでディナーに行くことについてのアンケートに答えてもらった。一部の学生は食事前、他の学生は食事のあとに依頼した。つまりデートについて考えるとき、お腹が満たされている人と、食べ物に気を取られている人に分かれる。そしてデート相手の理想体重について質問した。するとやはり空腹を感じている男性のほうが、豊満な女性を好んだ。

カロリー・ヒューリスティックは、太古の昔から脳の中で食べ物、お金、公平さが結びついてできたものだ。食物も金銭も報酬であり、喜びを与えてくれる。そしてどちらも（おそらく他の報酬も）報酬をうれしく感じる働きを持つ、同じニューロンによって処理されている。神経学的な説明はともかく、この発見は以前から公衆衛生を担当する役人たちを困惑させてきた現象を解明するヒントになるかもしれない。それは生命を脅かすほどの肥満が社会の最貧困層に蔓延していることだ。最も貧しい人たちがより多くのカロリーを摂取しているというのは直感に反している。しかしブライアーは、物質的な成功があまりにも重視されるようになったため、金儲けに失敗した人は不満を抱き、絡み合った二つの報酬についてのスイッチが切り替わるのではないかと示唆する。彼らはカロリーの高い食物が共通の通貨だった原始的な状態に戻っているのだ。つまりその日暮らしの生活をしている人々は、食物を得るために働いている。良質で栄養のある食物を選んでいる余裕はない。

一個のパワー

食べ物とお金との無意識の結びつきは、ほかの面でも私たちの食生活をゆがませることがある。このちょっとした事例について考えてみよう。アメリカ人はヨーグルトをたいてい八オンス入り（約二二七グラム）の容器から食べている。それに対してフランスのマーケットで売られているヨーグルトはほとんどが五オンス（約一四〇グラム）未満だ。この一見無意味な事実の下に、人が消費をどう規制しているか、そして私たちが日常的な選択をどう行なっているかについての、心理学的な真実が隠れているかもしれない。

少なくとも、ペンシルベニア大学の心理学者アンドルー・ガイアーらの理論ではそうだ。彼らは〝ユニット（単位）バイアス〟と名づけた現象を研究している。その第一は〝自然ユニット〟であり、食べ物とダイエットの世界で、それは一盛り（ひと箱、ひと瓶など）を意味する。フランス人はアメリカ人と同じ量、あるいはカロリーを摂取するために、売っているヨーグルトを二つ食べたりはしない。一カップでやめておく。そのため全体として食べる量は少なくなるので、肥満のアメリカ人よりやせて健康でいられるのだ。

これはヨーグルトの容器一個で語るには、重すぎる社会的負担だ。そこでガイアーらは、日常的な状況における一個のパワーを検証することにした。彼らは同じような実験を三つ行なった。第一の実験では、トッツィーロール（棒状のキャンディ）をボウルに入れて、被験者に好きなだけ食べてもらった。日によって、ひとつひとつの大きさが変わり、あるときは大きなキャンディが、別の日には小さなキャンディがボウルに山盛りになっている。彼らはフィラデルフィアのソフトプレッツェル（リボンの形をした焼き菓子）を使って同じ実験をした。ただしこのときは、丸ごと一個で並べる日と、半分に切って並べる日があった。そして最後に、大きなボウルにM＆M（マーブル型のチョコ）を盛り、ある日はスープ用のスプーンを、別の日はその四倍の大きさのスプーンを添えた。

結果は明白だった。どのお菓子のときも、被験者は大きいサイズで出されたときのほうが、はるかに多くの量を食べた。逆に言えば、小さいサイズで出せば、食べる量が目に見えて減る。

なぜ食べるとき、一という数字に惑わされるのだろうか。それはおそらく、一という概念が人間の生活の本質や基本的な作業の根底をなすものだからだ。私たちはそれぞれ一人の人間であり、ほとんどの人が一人のパートナー、ひとつの住まいを持っている。しかしこの根深いバイアスは、おそらく経験や文化の力で強化されているのだろう。たとえばアメリカの子供たちは幼いころから「お皿の上にあるものはすべて食べなさい」としつけられ、一皿に盛られた量が一回の食事で食べる分として適切だという考えが強化される。そして意地汚いとか大食漢と思われるのがいやで、一皿で食べるのをやめることもあるかもしれない。

ここでどのような作用が働いているかはともかく、ユニット・バイアスは毎日の生活で私たちが行なっている数多くの選択に影響を与えていると彼らは信じている。私たちは映画一本が九〇分であろうと三時間であろうと、たいていは一本で観るのを止める。遊園地ではジェットコースターに乗るのは一回だけだろう。これもコースターの長さは関係ない。ユニット・バイアスはまた、特に有効なドラッグやアルコール依存症からの回復プログラムの根幹でもある。うまくいく回復プログラムは「一日一日を着実に」過ごすことの必要性をよく認識してつくられている。

しかしこのスナック菓子の実験が大きな意味を持つのは、国民の健康に関わる分野だ。現在、過食と肥満がますますアメリカ人の健康の脅威となっている。ダグウッド・サンドイッチを覚えているだろうか？　読者の中には『ブロンディ』のマンガをご存じのかたもいるだろう。その中で怠け者の夫ダグウッド・ブムステッドが特大サンドイッチを食べる。サンドウィッチは何層にも重なり、ランチミート、チーズ、野菜などがはさんである。これはユニット・バイアスをこっけいに描いたものだ。

おもしろいことに、食物を販売する会社は、このちょっとした心理学的見識を利用――悪いほうにもよいほうにも――しているようだ。多くのレストランはいまだ巨大なダグウッドサイズの〝ユニット〟で客を引きつけ、それがふつうの量のように見せている。ミシガン州のあるマイナーリーグの野球場では、四ポンドで四八〇〇カロリーもあるチーズバーガーを二〇ドルで売っている。これは私が一日に消費するカロリーの二倍である。こうした極端な〝食事〟の例は、人目を引くための誇大宣伝として排除されるかもしれないが、ファストフード・チェーンで出される多くも、一皿分の概念の誇張においては、それより少しましなくらいというのが事実だ。

しかしユニット・バイアスを健康的な方向に利用する食品会社もいくつかある。たとえば数年前にナビスコが一〇〇カロリーを一ユニットとしたスナックの販売を始めたところ、体重に気を使うアメリカ人に受けて、年間一億ドルも売り上げ、他の食品会社もあとに続いた。今やプリングルズ、スプライト、チップスアホイまで、あらゆる種類の一〇〇カロリー分でパッケージされたスナックが手に入る。チップスはやはりチップスだが、ファミリーサイズの大袋からがつがつ食べるよりはいい。

私の母はそれを本能的に知っていた。私の家族はいつも倹約生活を送っていて、母はできるだけ安く食品を買っていた。スナックは〝エコノミーサイズ〟や〝ファミリーサイズ〟の袋を買う。彼女は電卓も使わず、プレッツェルやチップスはオンスで買ったほうが得になるのも知っていた。しかし彼女はそこで終わらない。家に帰って腐りやすい物を冷蔵庫に入れると、スナックの詰め替えを始める。エコノミーサイズの袋を開けると、中身を少量ずつに分けて、それをサンドイッチ用のビニール袋に詰めていく。そうすることで、母は私たちにどんなときでも一回に食べる適切な量を教えてくれたのだ。母にとって適切と公平は同じことなのである。

私はエアロバイクのクラスに週二回参加している。そこで最近、おもしろいことに気付いた。音楽を聴きながらバイクをこぐのだが、インストラクターがみんな、曲を計測のユニットとして使っているのだ。彼らはこんな風に叫ぶ。「あと三曲！　全力で！」「この曲で終わりですよ！　いやなことはジムで全部忘れて！」。もちろん曲は意味のあるユニットではない。ひとつの曲が三分続くこともあれば、一二秒で終わるときもある。しかしエアロバイクをこいでいる人は、インストラクターがなぜそういう言い方をするかわかっている。曲はモチベーション、燃えるカロリー量、エネルギーのユニットなのだ。これは食物とは対極だが、やはり通貨である。すべて金銭、エネルギー、食物、欲求をいっしょくたにしてしまう、カロリー・ヒューリスティックのなせるわざだ。カロリー・ヒューリスティックは突きつめれば、物がなくなることへの恐怖だ。最も基本的な意味で、私たちは多くの選択を、恐怖に駆り立てられて行なう。それでもできない選択もある。選ぶという行為はまさに、恐ろしくてもどうしても必要なことだ。私たちは選択を避けるために、さまざまなことをする。次の法則、

〝おとりヒューリスティック《デコイ》〟は誤った選択をしてしまうのではないかという不安をやわらげるための、脳のツールである。それでなぜあなたが今の家に住んでいるのか、なぜ前回の選挙で民主党に投票したのか、ある特定の人を魅力的に感じるのか、説明できるかもしれない。

法則11 おとりヒューリスティック

第三の候補が、当初の選択を変えてしまう

選択のストレス

あなたは新しい町に引っ越して住むところをさがしている。するとよさそうなアパートを二つ見つけた。ひとつは約八〇平方メートルと広いが、職場から二五キロも離れている。毎日通う距離としては長い。第二のアパートは職場から一一キロだが、広さは約四〇平方メートルと、やや窮屈だ。広さか職場からの距離か、どちらかを選ばなくてはならず、あなたは迷っている。

そして新聞を開いて広告欄を見ると、最近、空き室になったアパートの広告が出ていた。広さ三二平方メートル、職場からの距離は一六キロだ。これで選択肢は三つとなったが、すぐに決めなければならない。仕事は一週間以内に始まってしまう。どれを選ぶべきだろうか？

もしあなたが、ほかの大半の人と同じ選択をするなら、二番目のアパート（四〇平方メートルで職場から一一キロ）に決めるだろう。何も問題はないし、おそらくあなたも満足するはずだ。けれども、それは、必ずしも合理的な理由で選ぶわけではない。その理由はこうだ。三番目のアパートを選ばな

いのは、すぐにわかるだろう。二番目のアパートと比べれば狭いし、職場からも遠い。だから選択肢はやはり二つであり、三番目のアパートを見つける前と同じ条件でどちらかを選ぶはずだ。けれどもそうはならない。あなたはやはり二番目と三番目のアパートを比較し、それが最終的な選択に影響する。あなたが二番目のアパートに決めるのは、一番目の広いアパートより条件がいいからではなく、三番目のアパートよりもいいからだ。三番目はすぐに除外してしまうが、それは関係ない。

認知心理学者はこの三番目のアパートを〝心理的おとり《メンタル・デコイ》〟と呼ぶ。それは広くもなければ立地もよくないので、明らかにほかの二つより条件が劣っている。もともと候補に入れるのが間違いだ。しかしそれを否定しても、完全に排除はできない。そこに〝誘因効果〟が生じてあなたの頭にとどまり、二番目のアパートに引きつけられるのだ。心理的おとりは選択を行なうときの強力なツールだが、欠点もあるし合理的でもない。私たちは毎日、このような選択をしている。ささいなこともあれば重要なこともある。夕食に何を食べるか、何の映画を見るか、誰とデートし、誰と結婚するかまで。そして決定の多くは、あまり本質と関係ない、おとり情報の影響を受け、不合理に行なわれている。

なぜこのようなヒューリスティックが働くのかはわかっていないが、いくつかそれを説明しようとする理論がある。このアパートを選ぶときのジレンマを、数十万年前の状況で考えてみよう。あなたは大昔の原始部族の一員で、その集団で確固たる地位を得ようとしている。自分の住まいは、水の供給を重視して川に近いところにするべきだろうか？　あるいは小さくても敵が近づいてくるのに気づきやすい、尾根にある土地にするべきだろうか？　総体的にどちらが安全だろうか？　どちらを選べば権力の座に近づけるだろうか？　おそらくその部族が住む地域の真ん中の小さな土地を選ぶべきだ。そこが一番安全だ。

何を選ぶかは重要である。私たちの脳が生きるか死ぬかの状況で適応しようとしている時代には、今よりさらに選択が重要だった。私たちの祖先はもともと損失から身を守るよう動機付けをされてきたので、いまだ心の奥底ではリスクを嫌う傾向がある。土地、友人、夫、妻など、選択を誤れば、多くが犠牲になり、ときには命まで危険にさらされるかもしれない。だから人間には、害のない保守的なものに飛びついてしまう強いバイアスがあるのは理解できる。このような意味で、私たちは恐怖と危険に基づいて選択するようプログラムされているのだ。


ウィリアム・ヘッジコックとアクシェイ・ラオというマーケティングの教授は、条件を比べて取捨選択することが恐ろしくて不快なのは、そこに何らかの損失が含まれているからだと主張している。私たちはどれかを選ばなければいけない状況を嫌い、恐怖心を抱く。心理的おとりは選択を容易にしてストレスを減らし、私たちの気持ちを軽くしてくれるのだ。ヘジコックとラオはこの考えを、神経科学の実験によって検証することにした。

彼らは脳スキャナーを使って、脳が働いているようすを観察した。ある作業をしているとき、どの部位が活性化し、どの部位が沈静化しているか調べるのだ。この実験のために、被験者には前述のアパート選びに似たような状況で選択してもらった。ただし検討しなければならない条件は価格と安全だった。家賃が高いところは周囲の地域に犯罪が少なく、安ければ犯罪のリスクが高まる（これは原始時代に生きていた人間の祖先のジレンマに近いかもしれない。住む場所の決定が、身の安全を守ることに直結しているからだ)。

実験では被験者にそのような選択をさせて、脳が活性化するようすを観察した。その後、第三の選択肢、つまり心理的おとりを与える。それは二番目の選択肢より、安全性でも価格の面でも劣っている。そして脳をまた観察する。その結果は驚くべきものだった。最初の二つのアパートで迷っているときは、恐怖をはじめマイナスの感情を処理することで知られている部位が活性化したが、第三のおとりを候補として与えられると落ち着いた。つまり難しい選択を迫られると、本当に恐怖を処理する脳の部位が反応する一方、おとりの登場でその恐怖が消えるのだ。誘引効果の影響が大きいのもうなずける。ヘジコックとラオはほかの取捨選択条件も使って、さらに実験を行なった。その多くはとても現代的な問題、たとえば職業選択、保育園、ホテル、自動車修理などだ。どのケースでも結果は同じだった。

選挙から結婚相手まで大きな影響

保守的な選択をする戦略は、生きること自体が難しい時代には有効だったが、現代の社会で行なわれる選択の多くには不向きなことが多い。多くのヒューリスティックと同じく、おとりヒューリスティックも反射的な反応で、理論的で慎重な思考が必要な状況でも出てきてしまう。誘引効果を最初に明らかにしたのは、デューク大学のジョエル・ヒューバー教授だ。消費者と消費者の選択についての研究で、実験のほとんどが、簡単には比較できない製品を人はどうやって比較し、なぜ後悔するようなものを買ってしまうことが多いのかを調べる内容だった。レストランから車、テレビまで、私たちが買い物でよく選択を誤るのは、損失を避けようとする性質が染みついていて、必要以上におとりに惑わされるからだ。

しかし人生の大きな選択についてはどうだろうか。選択の誤りが大きな後悔につながると考えられるのは、職業、恋愛、健康などだが、そのようなことでも同じように、合理的に考えられないときがある。薬の処方に関する医師の不合理な決定について、次のような例を考えてみよう。研究者は四〇人の内科研修医に、三人の患者の症例について考えてもらった。患者はそれぞれ、うつ、副鼻腔炎、膣炎の症状を訴えている。これらは内科医にとっては珍しくない病気なので、教科書どおりの診断と薬の処方をすると思うだろう。そして実際、二種類の薬の選択肢があれば（違う薬だがどちらも誤りではない）、医師の選択は半々くらいに分かれる。しかしそこに、元の二つのうち一方より明らかに劣った第三の選択肢が入ると、特に理由もなく医師は気持ちを変える。おとりの存在によって脳の中で認知の引力が生じ、どちらか片方がずっとよく見えることになったのだ。この発見は『メディカル・ディシジョン・メイキング』という雑誌で発表され、副鼻腔炎の薬や抗鬱剤を選ぶとき、この認知バイアスに注意するよう医師に警告している。

つまり、常に選択肢が多いほうがいいというわけではないのだ——自分ではそう思っていたとしても。政治のことを考えてみよう。アメリカの有権者は予備選挙を含めて選挙のたびに、古典的な選択のジレンマに直面するが、第三の候補者は誰もがおとりになりうる。バラク・オバマとヒラリー・クリントンが激しい選挙戦を繰り広げた二〇〇八年の民主党予備選挙を思い返してみよう。ジョン・エドワードの出馬は、何か影響があっただろうか？　ノースカロライナの上院議員だった彼は、クリントンやオバマから票を奪えたのだろうか。それとも彼の立候補は何の影響も与えなかったのだろうか。ジョージ・W・ブッシュとアル・ゴアが戦った二〇〇〇年の選挙で、緑の党から立候補したラルフ・ネーダーはどうだろうか。

古典的な政治理論によれば、第三党の候補はその人に似ている候補者に大きな打撃を与えると言われている。近い意見を持つ有権者の票が割れるからだ。だから民主党はネーダーがブッシュを助けていると批判した。しかし認知心理学の理論では、その逆が真実であることが示唆される。アメリカン大学の心理学者ダイアン・ローエンタールによれば、実はネーダーの立候補によって、ゴアへの票が減ったのではなく、逆に増えたかもしれないという。ネーダーに投票しようかと考え、あとでやめた人は、ブッシュではなくゴアに投票したということだ。ローエンタールは実際に選挙をシミュレートした実験を行ない、被験者に架空の選挙戦での公約を提示した。民主党は新たに二〇〇〇人分の雇用を生み、その地域の新たな事業創出のための五〇万ドルの予算を約束した。一方の共和党は一五〇〇人分の雇用と新規事業に九〇万ドルの予算を約束した。もしあなたが失業中なら、民主党の雇用創出プログラムに心引かれるだろう。しかし小さな事業を営んでいるなら、共和党の公約に魅力を感じるかもしれない。どちらにしても、それらは筋の通った選択だ。この条件で投票してもらったところ、被験者の六一パーセントが民主党に、三九パーセントが共和党に投票した。

ここに第三党からの候補者を登場させる。単におもしろいという理由だけだが、緑の党の女性候補者にしよう。彼女の公約は一〇〇〇人分の雇用と新規事業予算八〇万ドルだ。この場合、有権者はどのような選択をするだろうか？　緑の党の候補者の公約は、失業者にも事業主にもアピールするものがない。それでも有権者に影響を与える可能性がある。彼女の公約は共和党に近く感じられるので、有権者はそれら二つを比べ、その結果、共和党に投票する。この実験で、まさにそのような結果が出た。どちらの陣営も公約は少しも変えていないのに、第三の候補が入っただけで、五八パーセントもの被験者が共和党に投票すると答えた。勝者が民主党から共和党に変わるほどの変化である。

これはテレビの選択を誤るより影響が大きい。同じヒューリスティックの罠が、デートや結婚に影響すると考えるのも自然だろう。イギリス、サウザンプトン大学の心理学者コンスタンティン・セディキデスは、次のような例を考えた。ロリは若い女性で、二人の男性から求愛されている。二人の男性の名はアントワンとセルジュ。アントワンはたいへんな美男で、彼女が知っているなかで一番のハンサムだ。けれどもあまり頭が切れるとはいえない。セルジュはルックスこそ並みだが、鋭い才知の持ち主として知られている。ロリにとって、これはりんごとみかんを比べるようなものだ。美しい顔か知性か。本当は両方ともほしいのだが、両方は手に入らない。彼女は迷ったが、どちらかを選ばなければならない。

そこにトラジャンが現われる。彼もとてもハンサムだがアントワンほどではない。しかし頭の出来はアントワンと同じくらいだ。つまりあまりよくない。だからトラジャンは問題外。ロリもすぐにそう思う。だからといって、トラジャンが彼女の考えに何の影響も与えないというわけではない。彼は認知上のおとりとなり、彼が入ってきたことで、ロリの気持ちはセルジュから離れてアントワンに傾く。知的なセルジュにとっては不公平きわまりない。

少なくともセディキデスらはそう考えて、実際に検証してみることにした。彼らはロリの場合と同じ恋人の選択を実験に使ったが、相手に求める条件の種類をさらに増やした。外見の魅力と知性に加え、正直さ、ユーモアセンス、頼りがい。つまり現実のジレンマにより近く、どの候補者にもよい点と悪い点があるように設定した。

彼らはおおぜいの大学生に声をかけて実験に参加してもらった。ほとんどが二〇代前半の若い女性だったので、デートの相手の好みなどは頭にあったと思われるが、実験を行なったとき、多くの女性は決まった相手がいなかった。実験者はロリ × アントワン × セルジュのような、三角関係をいくつもつくり上げ、被験者にはロリになってもらう。被験者はそれぞれ頼りがいよりユーモアセンス重視、外見より正直さ重視など、自分の好みの条件を考えて、相手を選ばなくてはならない。

そこへ問題を複雑にするため、おとりを登場させる。トラジャンと同じように、おとりは明らかに条件が劣っているのだが、ほかの二人と似ているところと似ていないところが、さまざまに違っている。たとえば、信頼性は少し劣る、おもしろいけれど大笑いするほどではないなど。予想どおり、おとりが入ったことでほとんどの被験者が選ぶ相手を変えた。おとりと似ているほうに惹きつけられたのだ。別の言い方をすれば、彼女たちがなぜか片方の男性に惹かれたのは、決してデートの相手として考えられない男性と比べるという、不適切な比較の結果なのだ。

この実験を行なった研究者たちは、私たちがでたらめに恋人を選んでいると言っているわけではない。しかしデートを始めたばかりの時期には不合理で未熟な選択をしがちで、理論上はそれが他の心理プロセスを次々と引き起こして、長期にわたって影響することがありうると言っているのだ。たとえば不合理な理由で選んだ相手とつき合うようになったとする。それでもやがて相手のことがよくわかるようになり、好意が生まれ、そこから責任とある種の絆が生じて、結婚の誓いまで進むかもしれない。それはすべて、そこそこの外見で、ユーモアセンスを持たない、よく知らない男性がおとりとしてたまたま候補になったからなのだ。

老化と知恵

私たちはもちろん、合理的な選択を慎重に行なうこともできる。立ち止まって、おとりによって不適切な相手に惹かれた気持ちを見つめなおすのは可能だ。けれども日常生活の中で、ある選択をするとき、それをどのように処理するかを決めているのは何なのだろうか？　今日は認知能力のどの部分が働いているのか、どうすればわかるのだろうか。

フロリダ州立大学の二人の心理学者が、この問いに対する答えの一部を知っているかもしれない。脳が本当にハイブリッド・エンジンのようなものなら、燃料系を調べてみたらいいのではないか。E・J・マシカンポとロイ・バウマイスターはそう考えた。認知した情報をきちんと処理するのは簡単な仕事ではない。特にじっくり考えるという努力が必要な作業は、多大なエネルギーを消費する。これは単なる比喩ではない。彼らは脳への燃料（血中グルコース）供給によって、合理的な選択ができるかどうかが決まるのではないかと考えた。そして実験でそれを実証しようとした。

実験はごく単純なものだ。すべての被験者に課題を与えて力を消耗させる。ここでは意志の力と、自制心や意思決定を行なうときに必要なグルコースの両方を減らすのを目的としている。具体的には、女性が話している単調なビデオを見せる。その画面にときどき単語がいくつも映し出されるが、被験者にはその言葉は無視するように言う。たとえ気になっても女性の話に意識を集中しなければならない。やってみるとこれはとても難しい。目の前に出てくる字を読まないようにするには、脳に多大な負担がかかる。

この目的は被験者を精神的に疲れさせることだ。全力疾走トレーニングをして、筋肉と肺を消耗させるのと同じだ。すべての被験者が消耗した状態になったところで、一部の被験者に砂糖を与えてエネルギー補給をする。実際は被験者全員にレモネードを飲ませたのだが、一部の被験者のレモネードは砂糖で甘みをつけ、残りの被験者には人工甘味料のスプレンダを使った。スプレンダ入りレモネードを飲んだ被験者の認知能力は衰えたままだが、砂糖入りを飲んだ被験者の知的機能は通常レベルにまで回復していると考えられる。

その後、典型的なおとりを入れた選択実験を行なう。ここではアパートを選ぶときのジレンマが使われた。理論的には、消耗した被験者は知力的に〝弱っている〟ので、込み入って熟慮が必要な決定をする能力も劣っていると考えられる。実験ではまさにそれが証明された。エネルギー切れした被験者は、おとりのアパートの登場により強く影響を受け、判断が偏りがちだった。糖分を補充された被験者は、条件の劣ったおとりに惑わされて時間やエネルギーを浪費するようなことはしなかった。実際の選択にもおとりの影響はあまり見られず、広いアパートを選んだ人と、立地のいいアパートを選んだ人の数はほぼ同じだった。

これは当然、レモネードとアパート選択の問題ではない。生活の中で直面するジレンマにおける、頭と体の複雑な相互関係の問題である。私たちの認知能力を弱めるものはたくさんある――ストレス、心の乱れ、いくつもの作業を同時進行しなければならないこと、など。そして、このような発見から、ヒューリスティックに満ちた私たちの思考に関する、ひとつの疑問がわく。反射的ですばやい情報処理が不合理で有害だというなら、それを制圧する能力は備わっているのだろうか。不合理な思考を抑えて、より慎重で分析的な思考戦略に交代させることはできるのだろうか。

トロント大学の二人の心理学者が、この点について希望の持てる研究を発表している。スンハン・キムとリン・ハシャーは、一般的な老化が意思決定に与える影響について調べようとした。そこで何百人という大学生と老人を国中から集めた。そして彼らに二つの違ったジレンマを与えた。ひとつは食品の買い物、もうひとつは大学での余分な単位取得にまつわるものだ。作業はほかの心理的おとり実験と同じで、最初は二つの選択肢だけを提示し、その後、第三のおとりの選択肢を提示したとき、それぞれのジレンマで、思考が不合理になってしまうのはどちらかを調べる。

彼らの予想は、食品の買い物については、年配者のほうがおとりに惑わされることが少ないというものだった。年齢が上になるほど、買い物の経験も積んでいるからだ。同様に大学の単位取得については、大学生のほうが、今まさにその現場にいるため、成績がいいだろうと予想した。

その予想は半分が当たり、半分がはずれだった。大学生は自分たちに関わる単位のジレンマについては、おとりに惑わされることが少なく、食品の買い物では不合理な選択をした。しかし老人はどちらのケースでも、合理的な選択ができたのだ。彼らは反射的でヒューリスティックな判断を抑える一般化された能力を備えているようなのだ。どんな作業にもそれが発揮される。ある選択が衝動に基づく拙速な判断だと認識しそれを修正する――彼らが身に付けたこの能力こそ、私たちが知恵と呼ぶものかもしれない。

家を選ぶ、パートナーを選ぶ。これらは人生における大きな選択である。しかし悲しいかな、私たちの大半はその選択をする時期に、賢明な判断ができるだけの知恵を持ち合わせていない。しかしおとりの力（そして不合理に何かに惹きつけられることがある）を知っておくだけで、わけもわからず不適切なものに惹かれるのを避ける助けにはなる。こうした選択は、その時々だけに限っても、ひどく難しい判断を求められる。しかし私たちの判断や選択の大半は、その場限りのものではない。数日あるいは数か月先に状況がどう変わるかを予測し、自分がどう変わるかまで考える作業が関わる。〝将来ヒューリスティック〟は、頭と感情による予測の難しさについて何らかの洞察を与えてくれる。そして近い将来について、どのようによい判断を下せるかについても。

法則12 将来ヒューリスティック

幸せは〝取り消してみる〟と復活する

時間のしわ

二〇〇八年の大統領選挙では、誰もが記憶に焼きつけられた光景というのがあるだろう。私にとってそれは、喜びにわく若者たちがごく自然に、黒人も白人も、わが家からそう遠くないワシントンDCのUストリートへとなだれこんでいく光景だ。有名なリンカーンシアターやベンズ・チリ・ボウル（訳注：一九五八年から続く有名なチリ・ドッグ店）が並ぶUストリートはかつてワシントンDCのアフリカン・アメリカ文化の中心地だったが、一九六〇年代の人種暴動で多くが焼かれ崩壊した。この歴史的な地域が暴動の爪痕から立ち直るまでには何十年もの時間がかかった。だからそこが若者たちの希望で湧きたっているのを見て、大きな感動と興奮をおぼえるのだ。

私はこの原稿をバラク・オバマが四四代アメリカ合衆国大統領に任命されたわずか数日後に書いている。個人の政治的見解がどうであれ、これは歴史的な出来事に違いない。しかしあなたがこの文章を読むのはずっとあとだ。アメリカ全体がそうだと思うが、私は今、希望と期待を胸にこれを書いている。しかし同時にこれから一年、あるいは二年たったとき、私を含めアメリカ全体がどんな気持ちでいるかとも考えている。今の興奮と喜びがまだ続いているだろうか？　今の私たちの期待は高すぎるだろうか？

心理学者はオバマの大統領就任のようなイベントを、私たちの脳がどう処理するのか、そしてこうしたイベントがどのようにして、希望に満ちた期待、あるいは後悔と失望に変わっていくのか、とても大きな関心を持っている。私たちが今日、経験することが、明日の私たちの気持ちに、どのくらい強い影響力を持つだろうか。私たちはどのくらい正確に将来を見通し、それを生きる糧とできるだろうか？　要するに、私たちは何をもって、将来の幸せを予測しているのだろうか？

研究者の間で、これは〝感情的予想〟と呼ばれている。人間はほぼ間違いなく、まだ存在しないものを想像し、将来のシナリオを細かく組み立てられる唯一の動物である。これは高度に進化した人間の脳の特徴だ。しかし進化は完璧ではなかったようだ。人は自分の心理状況を予測することが、それほど得意ではない。次々と現われる研究を見ても、私たちの将来の予想はだいたいはずれることになっている。私たちは宝くじに当たったら、最高に幸せだと考えるが、そうならないことが多い。異性にふられたら死ぬほど打ちのめされると思うが、たいていすぐに立ち直る。

なぜ私たちは予測が下手なのだろう？　感情的予想の認知メカニズムとその欠陥については、ハーバード大学のダニエル・ギルバートやバージニア大学のティモシー・ウィルソンをはじめ、研究する学者がしだいに増えている。彼らの研究は、私たちの想像力が欠如している理由として考えられることをいくつか指摘している。それは〝将来ヒューリスティック〟と総称できるかもしれない。

私たちが将来や過去を考えるとき、その考え方には根本的に偏りがあるようだ。将来のほうが過去よりおもしろく、より重要で、より価値がある。たとえまったく同じ出来事についても、これから起こることのほうが価値があるように見えるのだ。数週間、あるいは数か月後、楽しみなこと（新しい職場に移る、大切なデートがある）が起こると考えてみよう。あるいは怖がっていることでもいい。そして次にその出来事が、すでに起こっていると考える。実際に起きるまでは重要だったし、気持ちが揺り動かされた。しかし今となっては、そこまで興奮したり恐ろしく感じたりしない。

これは進化という見地からも筋が通っている。人間の脳の原始的な部分にも、サバイバルという点から見て、将来が重要だという感覚がある。過去はすでに過ぎ去っていて、そこには脅威も約束もない。将来にはその両方がある。

少なくともそのような理論がある。ギルバートとウィルソンはシカゴ大学のユージン・カルーソと共同で、この仮説を証明するためいくつかの実験を行なった。彼らはおおぜいのハーバード大学の学生に、データ入力の作業を五時間行なう仕事を引き受けたと想像させた。単調だが危険はなく、そして当然おもしろくない作業だ。そして半分の学生には、この退屈な作業を一か月後に行ない、残りの半分には、ちょうど一か月前にこの作業を終えたと仮定してもらった。

つまり行なう作業は同じ、時間的な隔たりも同じだ。ところがここで何が起こったか。被験者にこの五時間の単調な作業に対する報酬はいくらが適正かと尋ねたところ、一か月後にこの作業をすると考えていた被験者は、すでに終わっていると想定した被験者の、一〇一パーセント増しの値をつけた。つまりまったく同じ作業なのに、二倍の価値があると考えたのだ。言い換えれば、過去より将来の価値を重く見たのだ。

心理学者はこの偏りを〝時間のしわ〟と呼ぶ。これはマデレイン・レングルによるニューベリー賞受賞作で、登場人物が時間のひだをぬって旅をするという児童文学に由来する。ギルバートらはこれをたしかめるため、さらにいくつかの実験を行なった。特にこうした判断が不合理だと〝わかっていながら〟反射的に行なってしまうのかをたしかめたかった。五時間のデータ入力は、過去であろうが将来であろうが五時間のデータ入力だと、私たちは知っている。けれども私たちの判断は、時間のしわによってゆがめられる。それがヒューリスティックの性質だ。これは私たちに根深くしみついているすばやい反応だが、時間をかけて自分の考えや行動を分析してみると、筋が通っていないと気づくことが多い。

それを立証する実験もある。手の込んだ統計的分析だが、ここでは〝変なのはわかってる〟テストとしよう。たとえば、こんな実験だ。季節労働者の健康と、絶滅危機に瀕した動物の健康、どちらが重要か尋ねると、ほとんどの人は動物よりも労働者の健康を重視する。しかしどちらか片方だけを提示して重要度を評価してもらい、すべての評価を比較すると、絶滅の危機にある動物の健康に対する評価のほうが高いという結果が出た。これはたしかに変だ。けれども事実なのだ。この矛盾した答えに、人間より動物を重視するのがおかしいと、頭のどこかでわかっていることが示されている。

そこで研究者たちは〝変なのはわかってる〟テストを、感情的予想について行なうことにした。ある実験では、友人から海辺の別荘を使っていいという約束を取りつけた状況を想像してもらった。そして前の実験と同じように、二つのシナリオがある。ひとつは一週間のバカンスをその別荘で過ごして戻ってきたばかりという設定。そしてもうひとつは一週間後に別荘へ行くという設定。さらにすべての被験者に八本のワインについて説明し、別荘を貸してくれた気前のいい友人にお礼として贈るにはどれが適当かを考えてもらった。ワインの値段は一〇ドルから四〇〇ドルまであった。

ワインはただ、被験者が将来と過去のどちらに価値を置くかを示す代替物だ。その後、すべての被験者の答えを分析すると、次のような結果が出た。海辺の別荘にこれから行くのを楽しみにしていた〝客（である被験者）〟は、すでに帰ってきて別荘での滞在が過去になっていた客が選んだワインより、三七パーセントも高いワインを選んだ。しかしここからおもしろくなる。実験者が〝変なのはわかってる〟テストをしたところ、客の立場の被験者は自分の偏った考えが不合理でゆがんでいると知っていたことが明らかになった。わかっていても、そのような選択をしてしまうのだ。

脳は絶対値より相対置を好む

彼らはこのテストを多くの違う形で、さまざまなシナリオを使って行なった。そして、どのケースでも、反射的に起こる不合理な思考パターンが見られた。たとえ同じ出来事でも、過去に起きたと仮定したときより、将来起こると仮定したときのほうが、人はより大きな価値を見いだす。

なぜそうなってしまうのだろうか？　ひとつの可能性として、将来のことを考えるときは、すでに起こってしまったことを考えるときより、心の中にさまざまな感情が渦巻いているためかもしれない。

この考えを検討するため、新しいアパートに引っ越す友人を手伝うところを、被験者に想像してもらった。引越しの手伝いはデータ処理のような単調な作業と違い、骨が折れる面倒な仕事である。私たちは忙しい日々を送っていて、日曜にソファベッドを持ち上げて運ぶよりは、テレビでフットボールを見ることを選ぶだろう――たとえとても仲のいい友人のことだとしても。だからその友人があなたの親切へのお礼としてワインをくれると仮定したとき、かなり高価なワインをもらえると考える。引越しがこれから起こると想定した被験者は、さらに高価なワインをもらわなければ合わないと考えても不思議ではない。しかしそれだけでなく、引越しがこれから起こると考えた被験者のほうが、より消耗し、より大きなストレスを感じ、その予定を恐れてもいた。言い方を換えると、将来の出来事に高い報酬を払うのが適正と思うのは、過去より将来の引越しのほうが、はるかに不快だと感じるからだ。

そして彼ら自身もそれが不合理だとわかっている。脳は反射的に、ものごとを比較してしまう性質が深いところに備わっているらしい。そしてそれが正確な予測を阻んでいる。このバイアスを証明するおもしろい実験がある。まず被験者にポテトチップを盛った皿と、それを食べるところを想像してもらった。一部の被験者には、缶入りのサーディンをそばに置いておく。ただ置いておくだけで、何の説明もしない。他の被験者には、テーブルの上にスイスチョコレートを置いて、ポテトチップのことを考えているときそれが目に入るようにしておくが、厳密に言えば、それは実験の一部ではない。

すると次のようなことが起こった。サーディンの缶詰を前にした被験者は、チョコレートを見ていた被験者よりも、ポテトチップについて、はるかにおいしいだろうと予測した。それ自体は驚くことではない。彼らは明らかにポテトチップを缶詰の魚（あるいはチョコレート）と比較したのだ。この結果に驚く人はいないだろう。しかしここから興味深い話になる。実際にポテトチップを食べると、前に魚が置いてあろうが、チョコレートが置いてあろうが、被験者は同じくらいおいしいと感じた。つまり予想された喜びや失望は、錯覚だったのだ。専門的に〝誤った欲求〟と呼ばれるこの現象は、意味のない比較に原因がある。実際にポテトチップを食べるという行為で、想像上の味が崩れたのだ。

そのような想像の錯誤は現実世界で常に起こっていて、私たちの日常の選択と幸福に影響を与えているとギルバートは言う。次のような職業選択のケースを考えてみよう。ある仕事は一年目の報酬が三万ドル、二年目が四万ドル、三年目が五万ドルだ。決して悪くはない。しかしもうひとつの仕事は、一年目の報酬は六万ドルだが、二年目は一万ドル減の五万ドル、そして三年目は四万ドル。ここでたいていの人は、なぜか第一の仕事を選ぶ。長期的に見れば、最初の仕事のほうが報酬は低いにもかかわらずだ。これはなぜなのか？　単純に考えれば、報酬が減っていくのがいやだからだ。もう少し複雑な答え方をすると、理屈に合わないことをしてしまう脳の性質に関わる。脳はなぜか絶対値より相対値を好む。つまり第一の仕事のように相対的に報酬が上昇していくシナリオのほうが、絶対的な合計額が多い第二の仕事よりも魅力的なのだ。報酬が減っていくという心理的な不快感を避けるために、三年後の状況を想像できなくなる。第一の仕事を選ぶ（完全に避けられる事態）と、三年後に受け取る報酬の総額は三万ドルも低くなると思えば不満を感じるはずなのに。

ギルバートはもうひとつ例をあげる。人は一〇〇ドルのラジオを五〇ドル引きで買うためには、町の反対側にまで車を飛ばすだろう。けれども一〇万ドルの車を五〇ドル引きで買うために、同じことはしない。これもやはり、人は絶対値ではなく相対値で考えるからだ。すばらしい車を九万九九五〇ドルで買えると言われても、まったく得をする気がしない。得する額はごくわずかだ。このような理屈付けに、経済学者はひどくいらだつ。経済学者にとって五〇ドルは五〇ドルだからだ。しかしこの当たり前の事実を理解するには、高度な想像力が必要とされるのだ。

ジョージ・ベイリー効果

あの選挙前夜の高揚感と、一部の盛り上がった人々の肥大化した希望を思い出してみよう。あのような気分をそれなりの期間、持ち続けるのはなぜ難しいのだろうか？　どうしても比較してしまう人間の性質に加え、〝持続バイアス〟と呼ばれるものに私たちは振り回されている。これは専門用語だが、意味としては単に、心を動かされるような経験をしたとき、私たちは自然にその感情（楽観と興奮）が、そのまましばらく続くと思ってしまう現象を指す。これもまた不合理な理屈だが、強い感情が時間の経過とともに消えていくことを想像するようにできてはいないらしい。今日は昨日ほどの興奮はなく、明日はさらに減っていく。実際、悪いものでもいいものでも、人間の感情はしだいに元のレベルに戻っていくが、最高潮に達した経験をしている最中、それに気づくのは難しい。Ｕストリートに集う群衆を見ていたとき、私はこの興奮がやがて消えてしまうとは、まったく考えていなかった。人はそのようなシニカルな思考ができないようになっている。

むしろその逆で、私たちはよきにつけ悪しきにつけ、根拠のない期待を抱くものなのかもしれない。私たちはやがて未来がやってくるのを理解するだけの知恵はあるが、その未来を自分のこととしてとらえ、冷静に未来を分析するだけの知恵はない。この偏りにもうひとつ、私たちの奥底に刻み込まれた認知上の性質が加わる。それはひとつひとつの出来事を、そこまでの流れとは関係なく切り離して考えるという性質だ。オバマが選挙で勝利を収めたとき、そこに現実的に身を置き、民主党の勝利の歴史的な意味を考えるには、自分にこう言い聞かせる必要があった。「これは史上初のすばらしい出来事だが、避けられない政治的な問題や障害は山積みだ。それに仕事がうまくいっていないのだから、あしたは履歴書を書き直しておかなければ。子供がインフルエンザにかかるかもしれないし、うちのサーブのトランスミッションは動かなくなりそうだったな」。私たちの生活には、さまざまな出来事があるが、脳の能力は限られていて、歴史的なイベントを祝っているときは、ほかのことは見えなくなってしまう。しかし何日、何週間、何か月とたつうちに、ほかのことがまた見えてくる。そうなると期待がしぼんでいくのは避けられない。

しかし本当に避けられないことなのだろうか？　こうした認知の陥穽を防ぐことはできないのだろうか。おそらくそれは可能だ。ギルバートとウィルソンらは、感情的予測の間違いを避けるよう訓練することはできると考えている。彼らが行なったいくつかの実験結果を見ると、その希望が持てる。たとえば、彼らはバージニア大学とバージニア工科大学という、長年のライバル校同士の大きなフットボールの試合の前後に、学生たちを対象に調査を行なった。まず自分たちのチームが勝利（敗北）したら、どのくらいうれしい（悲しい）か予想してもらい、あとで実際にその学生たちの幸福感を調べた。

ここにひとつ新しい工夫がある。彼らは学生たちの何人かにゲーム前に、将来、起こることについて書かせていた。つまり自分がその将来に身を置き、勝利あるいは敗北のあと何をするか、すべて書き出してもらっていたのだ。たとえば試験勉強をする、友人たちとパーティーをする、論文を書く、ビデオゲームをするなど。するとそれをした学生たちは（気のめいる敗北や喜ばしい勝利を、日常生活の一部として考えていた）、試合後、どのくらい幸福を感じるかについて、より現実的な期待を持った。彼らにとってイベントが持つ勢い（プラスであれマイナスであれ）は、すでになくなっていたのだ。フットボールに勝ったときくらい、酔いしれてもいいだろうと思うかもしれないが、それは大きな失望を和らげる道具になる。

実際にそのような記録をつける必要はないが、時間があるときやってみて悪いことはない。そこまでしなくても心に留めておくことは可能だし、その心がけひとつで、感情の高まりを保ちつつ、冷静に将来を見ることができる。ギルバートらはもうひとつ、大きな失望を防ぐのに役立ちそうなテクニックを研究し始めた。彼らはそれを〝ジョージ・ベイリー効果〟と呼んでいる。覚えている人もいるかもしれないが、ジョージ・ベイリーはフランク・キャプラ監督の映画『素晴らしき哉、人生！』の主人公で、小さな町の銀行員だ。経済的な問題が次々と降りかかり、さらに自分の夢も挫折させられた彼は、橋の上から川に飛び込んで命を絶とうとする。そこへ天使が現われて彼を止める。天使はジョージがいなければ世界がどうなっていたか、その世界へと彼を連れて行く。そこでジョージは、自分の家族や町にあふれていた喜びが存在しない世界を目の当たりにする。それを見ているうちに彼の希望は回復した。

この映画は特にクリスマスには何度も放映されるが、最近の研究によれば、これと同じ心理プロセスはいつでも、たとえ天使がいなくても、再現できる可能性があると示唆されている。バージニア大学のミンキュン・クーは、好ましい出来事について、もしそれがなかったらどうなっていたかを考える、つまりその出来事を〝取り消す〟（基本的にはジョージ・ベイリーと同じ経験をする）ことで、元気が出ることがあるという。これは直感に反している。よい出来事がなくなると考えるのは、もともと不愉快なことだからだ。しかしクーはそうしたネガティブな思考によって、ポジティブな経験がよりよく感じられると考えている。つまり、逆境のときに幸せを数える感謝の哲学は、根本的に間違っているかもしれないのだ。

この考えを検証するために、彼女は被験者に、健康、財産、仕事の成功などの領域から、あったらうれしい出来事を考えさせた。そしてそれが起こる状況を説明する文章を書かせた。別の被験者には、その出来事が起こらない状況を書いてもらった。そしてその出来事が本当に起こったら、どのくらい驚くかを尋ねた。そしてその後、被験者の心理状況を調べるため、そのときの気分を、ありがたい、うれしい、感謝などのプラスの感情、そして苦痛、憂鬱などのマイナスの感情の項目について評価してもらった。

さてどのような結果が出たか？　ジョージ・ベイリーと同じ経験、つまりその出来事が「起こらない」状況を説明した被験者のほうが、プラスの感情のポイントすべてが高かった。つまり一様に幸福度が高かったのだ。クーたちは、ある出来事が起こらない状況を思い描くことで、驚きが回復すると考えている。時間がたつと、私たちは好ましい出来事にも感情が慣れてしまう。大きな喜びや感謝や興奮を維持できないのだ。しかしそれがない生活を想像すると、その状況が新鮮に見えて驚きが復活するのだ。

これは恋愛にも応用できるかもしれない。クーらは長く付き合っている（平均一四年）カップルに、同様の実験を行なった。ここでもまず被験者の半分には、二人の関係の基本的な事実を思い出してもらう。どのように会い、どのように関係が進んだか、互いにどう関わってきたか。他の被験者には、二人が出会っていないと仮定し、二人の出会う確率がいかに低いか、そしてお互いの存在なしに人生を歩む状況を思い描く。そして二人の関係の満足度、望み、問題点などについて、いくつも質問した。

するとやはり、二人は出会っていないと考えることで、総じて満足度が上がることがわかった。一日にほんの数分、幸運を〝取り消してみる〟だけで、また勢いが復活し、気分がよくなるかもしれない。それは選挙前夜の生き生きとした感動的な記憶を満喫するべきでないとか、ひいきのフットボールチームを応援するべきでないとかいうことではない。感情の高ぶりは人生に喜びをもたらしてくれる。ただ選挙でも、フットボールの試合でも、人間関係でも（それればかりにとどまらず）、バランスのとれた視点で見る必要がある。そのためには、よい面を見ているだけでは足りないのだ。

数字と恋愛の関係？ 私たちは最も親密な人間関係について、計算をしているとは考えたくはない。しかし私たちは誰もが、恋愛では勝率を計算しているのだ。数字は数学の教科書に印刷されている文字以上のものだ。政治の選択でも、職業の決定、人間の不品行への感情的反応、大量殺戮においてまで、重要な部分を占めている。数字のヒューリスティックは個々に切り離されて働くことはない。ほかの強力な認知の性質と絡み合い、高次元の思考を可能にするおかげで、人間はほかの動物とは違うユニークな存在でいられるのだ。それが世界の中で生きている自分という感覚、未知なるものへの好奇心、信念をはぐくむ。そうした意味性にかかわるヒューリスティックは次のパートⅢでとり上げる。

Part III

意味と思い違い

法則13 デザイン・ヒューリスティック

世界には意味があり、自分はその中心にいると思う

植物を人工物に分類したくなる

やや乱暴だが、次のようなシナリオを考えてみよう。あなたは原始人で、アフリカ東部のサバンナでなんとか生計を立てようとしている。ある朝、目を覚まして朝食になるものをさがしに行こうとしたところ、歩いている道がロボットでふさがれているのに気づいた。そう、銀色に輝くボディにさまざまなスイッチやライトがついたロボットである。さてあなたはどうするだろうか？

まず何はともあれ、目の前のものを理解しなければならない。あなたは原始人で、思考も原始的だ。ロボットという言葉を知るまでには、二、三〇万年もの進化を重ねる必要がある。ましてやアルゴリズムが何なのかを知るにはさらに時間が必要だ。しかし今このとき、あなたの原始的な脳はそれをひとつのカテゴリーに収めようとする。そこであなたは何を自問するだろうか？　それは何をどのように食べるのか。どう動くのか、どう子孫を増やすのか。あるいは直感的にこう自分に尋ねるだろうか。この目的は何だろうか？　どう私の役に立つだろうか？

心理学者がこんな問題を研究していると知ったら、読者のみなさんは驚くかもしれない。彼らは果てがないと思える世界の多様性を、人間の脳がどのように処理しているのかを突き止めようとしている。基本的には、私たちは世界をどのように見て、あらゆるものを何らかの基準によってまとめているのかということだ。私たちは世界と、その中で私たちがいるところについて、本能的に何かを知っているのだろうか。生命の設計や目的といったものをどう考えているのだろう。

手短に答えると、私たちは単純さと秩序に飛びつく、強い性質を持っている。これが〝デザイン・ヒューリスティック〟である。人間の発見プロセスの重要な部分を占めるのは、分類とラベリングをおぼえることだ。動物、植物、雲、自転車を区別する作業である。基礎的な理屈づけのプロセスを研究するひとつの方法は、学齢前の子供たちの頭の中を調べてみることだ。そのくらいの年齢になると、初めて見るものでもそれが何かわかるようになる。子供は周囲の世界をまだよく知らないという点では原始人に近いので、人類すべての本質的心理プロセスに関するヒントを与えてくれることがある。イェール大学のマリッサ・グライフと同僚たちが行なった次の実験を考えてみよう。

グライフは学齢前の子供たちに、動物と、人間がつくった物体の写真を見せた。動物は本物だったが、たとえばセンザンコウ（訳注：アルマジロに似ている、うろこを持つ哺乳類動物）やサイガ（訳注：角を持つウシ科の動物）といった、大人でも見たことがないような珍しい種類だった。一方、物体は実験者が適当につくったものだが、かなり細かいところまで手が入れられ、名前と何に使うものかまで決められていた。たとえばガーフロムは木製のフットマッサージャーのように見えるが、正式な用途はタオルを伸ばすことだ。リーパンクは外見こそ大工が使う万力にそっくりだが、ドーナツの穴を抜くのに使う。

被験者となった子供の平均年齢は四歳半、実験者は写真に写ったものについて、質問をするよう子供たちを促した。彼らの質問（そして想像）から、多くのことがわかった。たとえば動きについての質問だと、動物と物体の両方に通用するものもあるが（回りますか？）、動物にしか使えない質問もあるし（木に登りますか？）、物体にしか使えないものもある（それは切るものですか？）。しかし子供たちは一度も間違えなかった。つまり動物についてであれ、物体についてであれ、一度も不適切な質問をしなかったのだ。メガネザルやセンザンコウの写真を見て「どうすれば動くの？」とは聞かないし、リーパンクはどのように子供を増やすのかとか、ガーフロムは何を食べるのかとは聞かない。それらの質問は、なじみのない動物を見たときにだけなされる。

このことから、子供たちは基本的なカテゴリーについて本能的によく理解しているのがわかる。四歳半なので、それをはっきり表現するのは難しいが、動物と物体の区別はつけられるらしい。また、世界は何らかの目的のもとに設計されているという内的な感覚を備えているようだ。そして動物（人間を含め）の目的は生き延びることであり、物体の本質は道具として人間の役に立つことだと、認識している。

これは明らかに人間中心の世界観だ。ここで言いたいのは、それが正しい解釈だということではなく、人間にとって一般的、おそらく普遍的な考え方だということだ。そういうヒューリスティックが頭の中で働いているのだ。私たちはどんなものにでも意味を見出そうとする生き物であり、あらゆるものを分類しようとする。私たちは信じられないほど複雑で恐ろしい世界を進むために、本能的に説明をさがす（そしてその説明をさらに評価しようとする）。一番手っ取り早い説明は、世界はシンプルで、意味を持っていて、私たち人間がその中心にいる、というものだ。

しかし、ことはそう簡単ではない。世界の複雑さは、単純化しようとする人間の基本衝動にいつも難題を突きつける。世界を動物と物体に分けるのは大事だが、もっと細かな違いについてはどうなるのか？　人間の脳は、カバ、地衣植物、蚊、しゃくなげなど、これほど違っているものをどう結びつけるのだろうか？　そしてこうした違いを区別しながら、意味のあるカテゴリーにどう分けるのだろうか？　私たちは生命をどう考えているのだろうか？　大人の脳は生物界をどう分類し、ほかの生物との関わりにおいて、自分たちをどうとらえているのだろうか。これは哲学、宗教、そして倫理の問題だ。しかしこれは思っているほど明白なものではない。たとえば動きについて考えてみよう。多くの生物は動くことができる。しかし川、雲、宇宙船など、動く物体も数多くある。そして生物の中にも、サンゴのようにまったく動かないように見えるものもある。つまり動くからといって生物だと断定はできない。問題はそれが、なぜ、どのように動くのかということだ。幼い子供たちはこれが理解できず、生物か無生物かをよく間違える。原始的で子供っぽい思考から抜けて、自然界についての高度な見解を持つには、時間がたつのを待つしかない。

しかし本当にそうなのだろうか？　私たちは本当に素朴な思考をすべて捨てて、世界の複雑さを経験し、それを理解できるのだろうか。ペンシルベニア大学の心理学者、ロバート・ゴールドバーグとシャロン・トムソン・シルは、これらの問題を研究するための実験を行ない、興味深い結果を得た。

その実験をひとつあげてみよう。

彼らは単語を書いた紙を何枚も用意し、大学生のグループに一度にひとつずつ、すばやく見せていった。書かれていた単語は、植物の名前、動物の名前、動かない無生物の名前だった。無生物はさらに細かく分かれ、動かない人工物（ほうき）、動かない自然物（岩）、動く人工物（トラック）、動く自然物（川）があった。この実験の目的は、被験者がどのくらいすばやく正確に、動きと〝自然のもの〟という性質を基準に、生物と無生物を分類できるか調べることだ。

彼らが特に興味を持ったのは、人間が植物をどうとらえているかということだ。人は植物を、大きな枠組みの中のどこに分類するだろう？　植物の特殊な点は（少なくとも幼い子供にとって）、それ自体は何も〝しない〟で、むしろ私たちが何かをするというところだ。そこに登ったり、水をやったり、剪定したり。まったく動かないわけではないが、その動きはとても気づきにくい。子供たちは植物を無生物と間違えることが多いが、それも不思議ではない。

それでは大学生ならどうだろうか？　十分な教育を受けた彼らでも、同じ間違いをするようだ。ゴールドバーグらが行なった実験では、植物を分類するときは時間がかかった。つまり時間をかけないと、無生物に入れてしまいたくなる素朴な衝動を抑えられないのだ。ほかの物に比べて分類を間違うこともはるかに多かった。彼らは動くもの全般、そして動かない自然物を判断するのにも時間がかかった。これは動きと自然が、人の思考を惑わせる性質であることを示唆している。

公平を期するために書いておくと、被験者は生物学専攻の学生ではない。そして厳格な科学教育を受けなくても、大学に入ることは可能なのは誰もが知っている。しかし本当に興味深いのはここからだ。ゴールドバーグらは基本的に同じ実験を、生物学の教授に対しても行なった。自然界について大学生に教えることで生活している人々だ。この第二の実験に参加してくれた被験者は、カレッジレベルの生物学を平均二五年、とても有名な大学で教えていた。さてどのような結果になっただろうか。教授たちは大学生よりは成績がよかったが、科学のエリートに周囲が期待するほど、かけはなれてよい成績だったわけではない。専門家でさえ、動物の分類に比べて植物の分類は、はるかに苦手なようだった。つまり生涯にわたって高度な科学知識を身に付けても、植物を人工物に分類したくなる素朴な衝動を完全に抑えることはできないのだ。

一九七三年に出版され、植物にも感覚があり、精神的な存在でさえあると主張して、いっときブームになった『植物の神秘生活』(工作舎)を覚えているかたもいるだろう。この本に科学的功績はなかったが、人間は唯一無二の存在でこの世界の中心であるという主張に異議を突きつけることで、人々の感情に訴えた。あのセンセーショナルな騒ぎが、なぜあれほど人々の心を動かしたのか、現在では心理学的な研究によって説明されている。あの説は人間の奥深くに組み込まれた、世界は何らかの目的のもとに設計されているというバイアスに異議を突きつけるものだからだ。

単純な説明のほうが説得力がある

私たちは生まれながらの分類好きだが、決して完璧ではない。デザイン・ヒューリスティックは、世界は計画的につくられたシンプルなものと考え、その中心にいようとする本能的な衝動である。これは基本的にダイアグノシス(訳注:診断・解析という意味のほかに、生物学においては〝正確な分類をするための記述〟という意味がある）と呼ばれる認知プロセスである。絶大な人気を誇るテレビ番組のひとつ『ドクター・ハウス』で、ヒュー・ローリー演じる変わり者の医師グレゴリー・ハウスは、病院の解析医療部長である。各回の物語はいつも謎の病状から始まり、最後は必ずハウスが悪い部分を突き止めるが、その過程で彼はいくつもの間違いを犯したり迷ったりする。考えなければならない課題は基本的にいつも同じだ。一連の症状をよく検討し、最も無駄のない答えを見つけよ。

私たちは誰もが、自分の世界の解析を行なっている。ひねくれ者のハウス医師ほど優秀ではないが、彼と同じ知的な方法を使っているのだ。そして彼と同じように、ものごとをごくシンプルかつ明快に説明したいという、強い望みを持っている。次のあわれなトリーダの窮状について考えてみよう。

トリーダは七五〇人しか定住者がいない小さな惑星ゾーグに住んでいる。彼女はとても体調が悪い。紫色の発疹が出て、ミンテルが痛む。往診医のあなたが彼女を診察することになった。今の時点で分かっているのは次のようなことだ。トリチェット症候群はミンテルの痛みと紫の発疹を引き起こすことで知られている。モラド病は常にミンテルが痛むが、紫の発疹が出ることはない。ゾーグ人がハメル感染症にかかると常に紫の発疹が現れるが、ミンテルが痛んだというケースは知られていない。ゾーグでどちらかの症状が出る病気は、この三つしか知られていない。ではどの病気と診断するのが最適だろうか？

トリーダやゾーグが出てくるこの話は、カリフォルニア大学バークリー校の心理学者タニア・ロンブロゾが創作したものだ。この架空の病状を学生たちに説明したあと、トリチェット症候群、モラド病、ハメル感染症について説明し、どう診断するのが適切か尋ねた。圧倒的多数が最も単純な、体調不良の原因をひとつとする説明を選んだ。つまりトリチェット症候群である。

これ自体はまったく驚くことではない。症状を説明するのに、二つ以上の病名は必要ない。トリチェット症候群ならば、どちらの症状も説明することができる。しかし実は、その診断は間違っているかもしれない。紫の発疹の原因がひとつの病気で、ミンテルの痛みを起こしているのは、別の病気という可能性もあるのだ。トリーダは二つ、あるいは三つの病気にかかっているのかもしれない。ロンブロゾは学生たちに、自分の診断が正しいと思う根拠を説明させた。すると多くが自分の診断はよりシンプルだと答えたが、さらに多くの学生が、自分の診断が正しい可能性は高いと答えた。そんな思い込みを支持する情報がないにもかかわらず、である。さらに彼らは、自分の判断を説明するのに〝すっきりしている〟とか〝込み入っていない〟という言葉をよく使った。単純な説明のほうが直感に訴え、実際の確率について理論的な計算を抑え込んでしまうらしい。

この単純さを求めるバイアスがいかに強力か、ロンブロゾは第二の実験で示した。それは基本的にはトリーダの病気を診断する問題と同じだが、三つの病気について具体的な事実をあげた。たとえば現在トリチェット症候群のゾーグ人は五〇人いる、といった情報だ。病気の発症率の数字は実験ごとに違っていたが、本当にやろうと思えば、その病気にかかる確率を計算できるだけの情報を与えた。しかし計算した学生はほとんどいなかった。ほとんどの被験者にとっては、直感的で単純な説明のほうが冷静な計算より魅力があるのだ。

ゾーグ人の実験はおよそ二〇年前に、国内屈指のエリート大学でおこなわれた。だから被験者である学生たちは、世界のことを知らなかったわけではない。それでも世界を単純なものと見ようとした。

あるいは極度に単純化しようとしたと言えるかもしれない。それはなぜだろう？　そのような子供っぽい見方は、どこから生じているのだろうか？

ロンブロゾはこの問題を学齢前の子供たちで検証し、単純さを求める衝動が幼いときから現れるのかたしかめようとした。実験はボストンのある博物館で行なわれ、彼女は四歳半の子供たちに、この実験のためにつくったおもちゃを与えた。説明すると複雑になるが、基本的には色の違うチップを使って、赤い地球儀や緑のうちわなど、おもちゃのいろいろな部分を動かすというものだ。子供たちはゾーグ人の実験での医師役と同じで、どのチップ（一枚でも複数でも）使えば、どの部分が動くか考える。しかしそこでロンブロゾは、チップの数を変えて、子供たちが確率に基づいて理論的に決定できるよう工夫した。事実、この実験は単純化しようとする衝動に、理論で対抗させるものだった。

ここでも単純化への衝動が勝ったが、おもしろい違いがあった。問題を理論的に解くための情報が増えるほど、子供たちは理論的に問題に取り組むようになる。しかしそのためにはかなり多くの情報が必要だったし、完全に理論的になることはなかった。条件が同じなら、子供たちはより単純な説明を選ぶ。

ここで示唆されているのは、可能性を判断するときは一般的に、幼い子供たちにも、より単純化へ向かうヒューリスティックが働いているということだ。起こりやすさや確率を計算するのは、難しい認知作業であり、私たちは必要に迫られたときしか、それをやろうとしない。

ではこの単純さを求める性質や、世界はある目的のために設計されているという感覚は、大昔から私たちのニューロンに組み込まれてきたのだろうか？　私たちは世界についての内なる理論を持っているのだろうか？　子供を対象にした他の研究でも、世界に存在するものには目的があり、星や木や雨などについても、自然の起源よりもその役割から考える傾向が見られた。実験ではそれが何度も証明されている。実験者が子供たちに、山はなぜあるのかと尋ねると、たいていの子が「動物が棲んだり登ったりするため」と答える。自然界についての子供の〝理論〟では、木がたまたま影をつくるのではなく、影をつくることこそ、木が存在する第一の目的なのだ。そうではないことを示す説得力のある証拠がない限り、子供はそれが大きな世界の中で果たすべき役目を持っていると考える。

しかし世界が何らかの目的があって設計されているという考え方は、認知能力の未熟さを示しているだけで、年齢を重ね、脳に新しいニューロンの結びつきが広がれば、卒業できるのだろうか？　心理学者は大人と子供、どちらの世界の見方についても興味を持っている。星や目や湖についての私たちの理論は、天地創造と創造者についての理解、つまり個人の宇宙論と親密に結びついているからだ。

子供は世界が何らかの目的のために設計されていると考えたがるが、実はこれは生涯続く既定の見解なのではないかと、ロンブロゾは推測している。経験や知識を積み重ねて自分なりの意見が形成され（たとえば重力、プレートテクトニクス、自然淘汰などについての意見）、ものごとについての説明に制約が加わると、影は薄くなるものの、実際に消えてしまうことはない。そして彼女はそれを検証する刺激的なアイデアを思いついた。

ロンブロゾはアルツハイマー病の患者を研究することにしたのだ。痴呆によって物事の関係について定着した思考は弱まると考えた。そしてその思考への信用が失われたら、大人でも本来の認識が現われるのではないか。これをたしかめるため、彼女はアルツハイマー病の患者に、子供に使ったのと同じ認知テストを行なった。基本的には二者択一の質問だ。たとえば「なぜ雨は降るのでしょう？水蒸気が凝縮して雲になり、しずくとなって落ちてくるからですか。あるいは、人間の飲み水となるためにですか」。ほかに「太陽はなぜ存在しているのでしょう？」「木はどうでしょう」などの質問もあった。

さてどのような結果が出ただろうか。アルツハイマー病の患者は、雨が降る主な目的は、飲み水を提供するためであり、木が存在するのは影をつくるためであり、太陽は人間を暖めるためだけに存在すると考えていた。しかし健康な大人は、太陽はたしかに人間を暖めてはいるが、それが存在理由ではないと理解していた。わずかな違いだが、これはとても重要だ。アルツハイマー病の患者の思考は、未熟な子供たちの思考と同じなのだ。つまり世界は何かの目的のためにつくられていると考えたがる性質から、完全に脱却できないことが示されている。人間は根本的に、世界には何か目的があると考えたがる衝動を持っているのだ。

しかしここで別の思いがけない発見があった。ロンブロゾは次の実験で、この宇宙の秩序は、神か、あるいは何か自然のプロセスによってつくられているのか尋ねた。つまり設計者の存在が必要かどうかだ。その答えはどうやらノーらしい。アルツハイマー病の患者は、世界には何らかの目的があって設計されているとみなす傾向があるが、超自然的な設計者が、自然の秩序の背後にあるとは考えていない。私たちは世界には秩序と何らかの目的があると考えようとする衝動を持っている。そして神の存在をそこに感じる人もいるが、脳の衝動を説明するのに必ずしも神は必要ないらしい。

それでも神の存在を加える人々（そして社会）はまだ多い。たとえば公教育が制限されている文化圏では、世界には目的があるという説明を好む人が多い。それはおそらく科学的な知識が乏しいからだろう。ロンブロゾは〝インテリジェント・デザイン〟創造説に人が惹かれるのも、これと同じ人間の根源的衝動で説明できると考えている。インテリジェント・デザイン説とは、進化論を否定し、きわめて複雑な生命が生まれたのは何者かの設計によるとする世界観だ。科学的には擁護しがたい説ではあるが、世界に秩序を見いだそうとする衝動を人間が持ち続けることを思えば、このような説が現れるのも理解できる。

もっと軽い話をすれば、たとえ教育を受けた見識ある大人であろうと、ディズニー映画をはじめとするおとぎ話の魔法が好きなのも、新しい科学で説明できるかもしれない。ディズニーの『ライオンキング』に出てくるかわいいお笑いキャラクターといえば、ティモンとプンヴァである。ティモンは知ったかぶりのミーアキャット、プンヴァはのんびり屋のイボイノシシだ。ある晩遅く、二匹はサバンナを歩きながら、空で光っているものが何かという話をしていた。「あれはホタルだよ。でっかくて青黒いものに閉じ込められているのさ」とティモンが言うと、頭の回転が遅いプンヴァがこう答える。「ああ、僕はずっと何百万マイルも遠くで、ガスのかたまりが燃えているんじゃないかと思っていたよ」

科学的にはもちろんプンヴァが正しい。だからこのジョークは笑えるのだ。しかし『ライオンキング』を見ている子供たちの多くにとっては、ティモンの理屈のほうが納得しやすいだろう。私たちはプンヴァの機械的な説明のほうが正しいと〝知って〟いるが、一皮むけば愚直な説明に惹かれる性質が現われるのだ。

保守派と革新派の部屋

デザイン・ヒューリスティックは普遍的だが、個人によってその強さは違っている。ある人々が秩序と単純さをより強く求める一方、大昔から受け継いだ衝動から解放されている人もいる。それは個人の習慣から政治的見解まで、あらゆるものに現われる。たとえば私のオフィスはとても散らかっているが、これは以前から変わらない。デスクの表面は見えないし、本をアルファベット順に並べることなどしない。ファイリングもしないが、窓枠と床にきちんと書類を積み上げている。絵画や記念品などもあるが、それを壁にかけることもない。ただ壁にもたせかけている。部屋の装飾品といえばそこらじゅうに貼っているポストイットくらいだ。

私はこのような秩序のない生活についてあまり考えない。ただ、だらしない性格なだけだと思っていた。しかしデザイン・ヒューリスティックの研究によれば、私のだらしなさにも意味があるのかもしれない。オフィスの乱雑さは、あらゆるものについての私の見解――女性の中絶する権利からイラクでの戦争まで――を映し出している可能性があるのだ。その見方によると、部屋を整理する、あるいは散らかすといった習慣は、本当は脳の習慣なのである。何かの意味があって人の性質と結びつき、その性質が今度はその人の政治的イデオロギーを形成する。別の言い方をすれば、左翼か右翼か、革新か保守か、どのような政治的立場に立つかを決めるさいに、奥深くにある心理的欲求や恐怖が大きな役割を果たしていると考えられる。

それはにわかには納得しにくい理論だ。私たちのほとんどは、合理的な分析を通して政治的立場を決めていると思っている。私たちの見解は利己的かもしれないが、少なくとも論理的ではあると。けれどもしだいに増えていく実験結果を見ると、そうでないとも考えられる。ある心理学者のチームが最近、保守や革新などの信条がどのくらい深く刻み込まれているかを調べたところ、驚くべき結果が出た。

基本的な定義については、たいていの人の意見が一致するだろう。保守派は変化よりも伝統や権威を重んじ、革新派は階級よりも平等を重んじる傾向がある。ニューヨーク大学の心理学者ジョン・ジョストと仲間たちは、被験者に自分が保守か革新かを自己申告してもらい、効果に定評のあるツールを使って、無意識に現われる態度を測定した。するとほとんどの被験者が乱雑さよりも秩序を好んだが、保守派のほうが革新派よりもその傾向が顕著だった。つまり保守派はニューロンのレベルでも乱雑さを許せないということだ。反抗的な態度はなおさらだ。逆に革新派には、伝統よりも柔軟さと進歩を好むという性質が深く刻み込まれている。保守と革新の違いが最もはっきりするのは、フェミニズムのとらえかただろう。保守派は内心、フェミニズムは秩序ある世界を壊す脅威になると考えている。

最初はそんな考えは古臭いステレオタイプにすぎないと思えるかもしれない。しかしこれらの実験は意識の下の思考を掘り起こすためにつくられたもので、この結果には、イデオロギーが最も基本的な知覚器官にまでしみこんでいることが示唆されている。もしそうなら公民権、福祉、アファーマティブ・アクションなどについてのその人の見解は、政治的な意味だけではなく、心理学的な意味も持つ。

なぜそうなるのだろう？　生来の気性や性格の問題とも考えられる。ジョシュトら（バージニア大学のブライアン・ノゼク、オースティンのテキサス大学のサミュエル・ゴスリング）は、過激な政治イデオロギーはある種の重要な性格と一致しているように見えるという。特に保守派は革新派よりも〝実直〟であり、革新派は保守派よりも〝新しい経験を受け入れやすい〟。テキサス大学の学生を対象とした実験では、革新的な学生は外国旅行やなじみのない食べ物やアートなど、新しい経験を好み、タトゥーやエロ、浮浪者やドラッグまで、あらゆることに対する許容度が高かった。保守的な学生は友愛会に属し、祈りなどの宗教の実践に加え、釣りやテレビ鑑賞など、メインストリームの活動を好んだ。

これもまたステレオタイプかもしれないが、ステレオタイプには真実が含まれていることが多い。デザイン・ヒューリスティックは、こうした予想どおりの好みや姿勢について、心理学的な説明を与えてくれる。確実性や枠組みを求めるのは人間の性質だ。しかし安全を求める度合いは、その人がどのくらい怖がっているかによって違う。恐怖心が特に強い人は、安定と階級制度の中に安全を見いだす。感情的に安定している人は、多少の乱雑さや予想できないことも許容できる。ジョストらはこれを検証するために、一二か国からデータを集めた。すると保守政治は感情的な不安を示すいくつかの性質と、しっかり結びついていることがわかった。あいまいさを認めない、組織を求める、閉鎖性を好む、など。また保守派は死を現実のものとしてとらえ、より強い恐怖を持っていた。

ではそれが私の散らかったオフィスとどう関係があるのだろうか？　ジョストの仲間の一人であるハーバード大学のディナ・カーニーは、実際に他人のオフィスやベッドルームを訪れ、革新派と保守派の〝秘密の生活〟を調べ、驚くべき違いを見つけた。保守派の部屋はきちんと片付いているだけでなく、掃除道具やカレンダー、切手など、実用的な物がたくさんあった。革新派の部屋は壁が大胆な色に塗られ、本や絵や旅行パンフレットが散乱していた。片や安全を求めてひっそりと隠れる場所であり、片や探検の準備を行なう場所のように感じられる。

単純さと秩序を求める衝動は強力だが、現代では現実の複雑さと衝突することが多い。デザイン・ヒューリスティックは直感に訴える力はあるが、微妙なニュアンスを認めない。黒か白かで決めようとするが、世界にはさまざまな色調の灰色があるのだ。

大昔の世界には政党などなかった。赤い部族も青い部族もなかった。原始人はただ自分のまわりの世界を理解しようとしていただけだ。雲、カタツムリ、低木の茂み、空の星、自分が目にする驚くほど多様なもののパターンを見つけようとした。しかしそうしたパターンと意図を求める強い思いは、時間がたつうちに私たちの奥深くに刻まれて、今では政治的な立場から天地創造についての信条まで、すべてのことに影響を与えている。遠い祖先と同じように、私たちも知的に進み続けている。あるアイデアを検証し、それを広げて共有する。次の法則である〝採集ヒューリスティック〟は創造の意欲をテーマにしている。

法則14 採集ヒューリスティック

新しもの好き？ 定番志向？ それが問題だ

集中型と拡散型の戦略

以前、私の同僚でかみそりを集めている男がいた。数も多くあらゆる種類があった。折りたたみ式、二枚刃、初期の電気カミソリ、さまざまな国、さまざまな時代のかみそり。彼はかみそり生産技術の歴史についても詳しく、その話を聞くのは、私にとっても楽しみだった。一度、なぜかみそりを集めるようになったのか、何がきっかけだったのか尋ねたことがある。彼は黙ってしばらく考えて「それがわからないんだ」と答えた。

誰にでも詳しいことがある。お金をもらうわけではなくても、夢中になれることがひとつや二つはあるだろう。何年にもわたりその興味の対象を追いかけ続ければ、ある程度はそれに精通する。何かを集めたり、南北戦争の戦場跡を訪ね歩いたり、ゴルフの試合を研究したり。何かは関係ない。情熱を傾ける対象が何であろうと、あなたの中の〝採集ヒューリスティック〟のスイッチが入り、ひとつのアイデアに集中し、磨きをかけ、自分のものとしたのだ。

採集ヒューリスティックのおかげで、私たちは探検し、新しい土地をさがしまわり、新しいことを学ぶ。しかし同時に、立ち止まってひとつのことに集中し、思考を豊かにしてくれるのも、この採集ヒューリスティックだ。私たちはこうして趣味ばかりではなく職業も選んでいる。そのとき大事なのは、適切なバランスである。新しいことをあれこれ試さなければならないときと、ひとつに集中しなければならないときがある。

そのようなバランスは日常生活でもよく目にするだろう。たとえば私の住んでいる町には何百軒というレストランがあり、世界中の料理を食べられる。寿司、ピザ、フォー、タパス、ケンタッキー・フライドチキンとよりどりみどりだ。私の家族は外食をよくするし、どこもおいしいと思っている。だから出かけるたびに違う店に行ってもおかしくはない。しかしそうはしない。数年前、近所に家族みんなが気に入ったカフェを見つけてからは、たいていその店に行くようになった。そこが私たち家族の店だと思っている。

それがバラエティ、目新しさ、新しい発見を求める他の人たちと違うことはわかっている。私たちは基本的に、よく知っている味と安心感を優先するが、冒険と変化を好む人もいるということだ。こうした性質がなぜ人によって違うのだろうか。常に次のお気に入りや、今よりよいものをさがそうとする人と、よく知っている安全なものから離れない人がいるのはなぜだろうか？　次の角を曲がったところに、新しくておいしいレストランがあるかもしれないのに。意思決定を行なわないですむというぜいたくのために、好奇心と目新しさを犠牲にしているのだろうか？

採集ヒューリスティックの影響力が及ぶ範囲は、地元の社交場をはるかに越えている。この強力なヒューリスティックによって、着るもの、一緒に遊ぶ仲間、趣味、情熱を傾ける対象、職業、恋人の条件まで変わってくる。なぜこれほど多くの人がジーンズをはくのだろうか。一生を一人のパートナーと添いとげる人がいる一方で、次々と恋の相手を変える人がいるのはなぜだろうか？

それはすべて戦略の問題だ。こんな風に考えてみよう。大昔の祖先がサバンナで狩猟をして食べ物を集めていたころ、生活にどうしても必要なものが、どこで見つかるかわからなかった。水飲み場はあちら、アンテロープの群れはこちらと、まとまっておらず、不規則で予測ができない。そのような環境で食物をさがすには、どんな戦略が一番いいのだろうか？ アンテロープがいる狩猟場を見つけたら、そこにとどまって自分の狩猟場にするべきだろうか。あるいはさらによい場所をさがし、見つけたらまたさらによい場所を求めて移動するべきだろうか？ 戦略を誤れば死につながる。

さて大急ぎで現代に戻ろう。私たちが直面する課題は、おそらくもっと複雑で抽象的な思考を必要とするだろう。ただし命まで脅かされることはあまりない。しかしやはり、不確定要素が多い世界にどのように対処するか決めなければならない。人間関係の問題や職場での重大な決断に直面したとき、じっとこらえてひとつのアイデアを深く掘り下げるべきだろうか？ それともすぐに見切りをつけて別の解決法に移るべきだろうか？ あるいは問題によってどの方法がいいのか、試行錯誤しながらどちらも試してみるべきだろうか？

インディアナ大学の心理学者、トマス・ヒルズ、ピーター・トッド、ロバート・ゴールドストンは、少し前から実験によってこれらの問題を検証しようとしている。彼らが知りたいのは、食物であれアイデアであれ、採集しようとするときの認知スタイルが決まっているかどうかだ。また大昔に植えつけられた採集ニューロンにプライミングを行なって、新たなものを開発する、あるいは手持ちのものを活用するという考えを刺激すると、問題へのアプローチ法が変わるかどうか調べようとした。

実際に荒野に出て食べ物を集めてくるよう頼むわけにはいかないので、実験は現代の道具、コンピュータ・ゲームとボード・ゲームを用いて行なわれた。実験者はおおぜいの被験者グループに、アイコンを使ってコンピュータの世界を動き回り、隠された食物や水を見つけるよう指示した。そしてその後、ゲームを続けるか、いつ再開するかなどを質問した。ゲームをしている間の動きを、実験者は追跡している。

しかしこのコンピュータ・ゲームには、二つのまったく違う世界がある。被験者の半分が放り込まれるのは、採集場所の数は少ないが、一か所に存在する水や食物が豊富な〝集中型〟の世界。あとの半分が経験するのは、採集場所の数ははるかに多いが、一か所に存在する水や食物はそれほど多くない〝拡散型〟世界。大昔の世界には、どちらの環境も存在しただろう。この目的は、それぞれの世界における最適な戦略をプライミングすることだ。広く薄く食物が存在する拡散型の世界では、ひとつの場所からすぐに次の場所へ移る、言ってみれば遊牧民スタイルのほうが効率よく食物が採集できる。反対に集中型の世界では、被験者は動き回って無駄骨を折るよりも、その土地の豊かな資源を最大限に活用したほうがいい。

これが実験の前半だ。その後、被験者はもっと抽象的な知的作業、ボード・ゲームのスクラブル（訳注：文字を並べ替えて単語をつくるゲーム）を行なう。実際にスクラブルのゲームをするわけではなく、いくつかの文字を使い、それを並べ替えてできるだけ多くの単語をつくるために、被験者は記憶の中をさがしまわらなければならない。ゲームのときと同じように、文字は交換することができる。実験では、いつでも好きなときに交換できることにした。実験者が見たいのは、すべての文字をいっぺんに交換するところだ。事前にプライミングされた採集のための戦略が、スクラブルの戦略に影響するかどうかを調べるのが、この実験の目的だった。与えられた文字を交換せずに続けるか、すぐに別の（もっと単語ができそうな）文字セットに交換するか。もっと詳しく言うと、集中型の世界をプライミングされた被験者は、与えられた文字を豊かな資源とみなし、そこに執着する。逆に拡散型の世界をプライミングされた被験者は、すぐに別の文字セットに交換するのではないかと仮説を立てたのだ。

結果は印象深いものだった。拡散型の世界で新規開発したほうが得策とプライミングされた被験者は、スクラブルでもすぐに変化を求め、新しい策をためそうとした。逆に集中型の世界で手持ちのものを活用する姿勢をプライミングされた被験者は、抽象的な知的作業にも腰を落ち着け、文字を交換せずに辛抱強く取り組んだ。つまり人間の脳は、作業によって、新規開発と手持ちのものを活用する姿勢を切り替えることができると考えられる。それらは同じ採集ヒューリスティックの表と裏なのだ。

しかし同時に、個人の認知スタイルはかなり一貫していることも明らかになった。つまり最初の実験で、一か所の採集場所から動かなかった被験者は、スクラブルのときも文字を交換しようとはせず、逆に食物や水を求めてあちこち歩き回っていた被験者は、知的な作業でも同じような行動をする傾向がある。日常生活でも、おそらくそれは同じだろう。後者は近所の〝まあまあな〟カフェで妥協できずに、あちこち新しい店をさがすタイプと思われる。私たちはどちらの認知スタイルも使える能力をもともと持っているが、年齢や性格によってどちらかに傾くこともあるようだ。

一番うまくいくネットワークとは？

では一〇〇人、一〇〇〇人、一〇〇万人の食物採集者を集めて、ひとつの世界で生活させたら何が起こるだろうか。基本的にそれが現代の生活だ。私たちは互いの生活を豊かにできるのだろうか？あるいはお互いに邪魔しあっているのだろうか？　古代から人間に刻み込まれた採集本能が、知的な進歩や創造性や社会的な調和を生み出すことに、どうからんでいるのだろうか？　知的な世界を動き回って何かを集めようとする人々が満ちあふれた世界で、創造的かつ意義のある生活をするために、誰にとっても一番いいアプローチはどのようなものだろうか？

これと同じ問いは、政治でも投資でも人間関係にもあてはまる。たとえば、ファッションについて少し考えてみよう。二〇〇六年に公開された映画『プラダを着た悪魔』に、このアイデアの主旨を突いた名シーンがある。メリル・ストリープ演じるミランダ・プリーストリーは有名なファッション雑誌『ランウェイ』の辣腕編集長だ。たまたまそのアシスタントとなる、わざと野暮ったい格好をしているアンディを、アン・ハサウェイが演じている。ミランダはアンディがデザイナー物のスカートやベルトや靴などの世界を、内心では見下していることを察知して、その傲慢さを正面から批判する。「あなたが着ているそのくたびれたブルーのセーターだけど、そのブルーはキャメロン・ディアスが『ランウェイ』の表紙を飾ったときに着た服の色よ。裂いたシフォン生地を使ったジェームズ・ホルトのデザインだったわ。それからあっというまに、八人のデザイナーがコレクションで同じブルーの服を発表し、やがて二流デザイナーたちも手掛けるようになってデパートの既製品に進出した。それから安いGAPにまで販路が広がった。あなたが買うようなね。この色ひとつに一〇〇万ドルというお金と、多くの人の手がかかっているのよ」

ミランダは直感の鋭い社会心理学者だ。くたびれたセーターを好んで着ようが、マノロ・ブラニクの靴をはいていようが、こと身に付けるものについては、オリジナルを生み出せる人はごくわずかしかいない。もちろん新しいものを積極的にとりいれる本物のイノベーターは数多くいるが、糸を紡いだり布を染めたり、自分の服をデザインしたりしない限り、誰かのアイデアをまねているにすぎない。そしてセーターについての真実は、もっとささいなアイデアについても真実であり、思いがけぬ形で人々のあいだを動き回る。もしあなたが気の利いた言葉を思いついたり、新しい人材を発見したと思ったりしても、たいていの場合、それを発見したのはあなたではない。

私たちは実際、アイデアの世界ではフリーエージェントとして動いていないからだ。私たちは複雑な集団的行動のパターンに絡めとられている。自発的にまとまったものも多いが、大半は完全に私たちの理解や意識の外にある。心理学者はこうしたアイデアの世界がどのように成長し、人々がその中をどのように動き回るのか、大きな関心を持っている。新しいアイデアを生み出し、それを分かち合い、新しいものと模倣したものを混合させるためには、どのような社会的な取り決めをするのが理想なのだろうか。他人の考えたことを〝借りる〟利用者に傾きすぎることに危険はないだろうか。逆に新しいものをさがしてばかりいる冒険者に傾きすぎるのも危険ではないだろうか？

インディアナ大の研究者たちは、こうした問題についても実験をつづけ、集団的な思考について答えを出すためのヒントを得た。彼らは前の実験と同じようにバーチャルな環境を使った。インターネット上につくられた〝世界〟で、人間の集団（二〇人から二〇〇人）が同時にアイデアを〝採集〟するのだ。彼らはあえて採集という言葉を使い、集めるアイデアは抽象的な材料であり、脳にとっての食物であることを示した。私たちは生活上のさまざまな問題を解決しようとするとき、他人のアイデアが実践されているのを観察したり、自分なりのアイデアをひねりだしたり、他人とアイデアを交換したりしながら取り組む。それが成功することもあれば、失敗することもある。この実験の目的はそうしたバーチャルな成功と失敗を調べ、被験者がそこからどんな教訓を引き出すかを見ることだ。

このおもしろい実験の例をひとつあげてみよう。被験者はインターネットを通じて互いにつながっている。そして〇から一〇〇のうち、実験者が想定したひとつの数字を当てるよう求められる。その答えには、ポイントという形で正解にどのくらい近かったかフィードバックが与えられる。これは大会社に就職した最初の出勤日のようなものと考えてみてほしい。あなたにできることは、ただ推測してそれが正しいかどうか考えることだけだ。けれどフィードバックが与えられている間に、新しい同僚たちがどんな選択をして、どのくらいうまくやっているのか観察することもできる。彼らが自分よりも成績がよければ、推測よりも彼らを模倣するのが理にかなっている。それともまた別の推測をするだろうか。試行錯誤する、アイデアを借りる、妥協する。正解にたどりつくまでさまざまな戦略を試すだろう。その間にもほかのすべての被験者が同じことをする。もちろんあなたを見ることも含まれている。

この実験はいくつか違う形で行なわれたが、それぞれ違った現実の社会的集団に近づけてある。私たちはみんな、いくつもの社会的集団に同時に属している。集団には大きなものもあれば小さなものもある。コンピュータ・ゲームはそれを模している。たとえばローカル・ネットワークでは近所のごく少数が、直接つながっているだけだが、グローバル・ネットワークでは、ウェブを通してみんながみんなとつながっている。スモールワールド・ネットワークは、近くの人ともつながっているが、遠く離れた人とのつながりもいくつかある。たとえて言うなら、遠くの親戚からアイデアをひとつか二つもらうこともできるということだ。フェイスブックは、一種のスモールワールド・ネットワークだ。少なくともそうなる可能性はある。

結果はとても興味深いものだった。問題がやさしいときは、グローバル・ネットワークが一番うまくいった。それだけおおぜいの人がつながっている集団では、情報があっというまに広がる。そして単純な概念を効率よく伝えるのに必要なのは、基本的にスピードだけだ。けれども問題がややこしくなるほど、スモールワールド・ネットワークのほうがうまくいく傾向がある。言い換えると、情報は多ければ多いほどいいという説は、少し生活が複雑になるとあてはまらないことがわかった。そして問題がさらに複雑になると、小さなローカル・ネットワークが一番うまくいく。

この複雑な世界を、自分の力だけで生き抜ける人はいない。たいへんな労力がいるし、時間もかかる。GAPにお任せするのではなく、自分の服をすべて自分でつくろうとするようなものだ。けれども、つながりが多すぎることにも危険はある。誰もがまったく同じことを知るようになれば、同じような考えの人ばかりになる。そしてその均質な集団は、一人の開拓者に従って動き、アイデアの多様性は失われてしまう（アイデアの集合体ではなく単独の開拓者として動くようになる）。人はたとえそれが本当にくだらないアイデアだとしても、よく知られた人気のあるものに群がる。そのような現象がよく見られるのはファッションの分野だが、政治や音楽の好み、ほかのあらゆる領域でもありうる。

興味や趣味には力がある

そこでもう一度、新たなものを開拓することと、既存のものを利用することについて考えてみよう。私たちはたくさんのアイデアをさがしている——たとえば医療改革の利点、アップルパイのつくりかたなど——が、どれも表面的になりがちだ。それは少しずつたくさんのことについて知っている必要があるからだ。しかしすでにあるアイデアを活用すると、私たちの知識はより専門的になり、それをまた小さな集団の中で分かち合う。こうして物事に精通あるいは熟練していくわけだが、それを推し進めるのは、好奇心と呼ばれる人間の感情である。

ひとつ例をあげてみよう。イギリスの古いテレビドラマ『おしゃれマル秘探偵』のファンなら、ワインセラーでの〝決闘〟シーンをおぼえているだろう。気障なスパイを演じるジョン・スティードと悪党役のヘンリー・ボードマンが希少なワインのテイスティングで対決し、ひと口味わうごとにワイナリーと仕込み年について細かな専門知識を披露する。何分か続けたあと、スティードがあるワインの来歴をピンポイントで指摘して、勝負にけりをつける。「一九〇九年物」そして淡々とこう続ける。

「ぶどう園の北端で取れたぶどうだ」

お見事！ ワイン通でもこれほどの誇張は笑い飛ばすだろう。ワインについてこれほど細かいことがわかる人はいない。けれどもこの言葉がおもしろいのは、専門家はワインについて普通の人よりははるかに細かいカテゴリーで考えているのが事実だからだ。ぶどうの種類、収穫したぶどう園、収穫期、土壌や湿気についてまで、本当に知っている人もいるが、たいていはもっと大雑把な、たとえば赤か白かといったカテゴリーで考える。

しかしあることにそこまで熟練するとき、頭の中で何が起こっているのだろうか？　明白なのは、あるテーマに関するあらゆる細部について、興味を持ち続けなければならないということだが、あまり役に立つ答えとは言えない。興味をそそられるとは、正確にはいったいどういうことなのだろう？

それは恐怖やプライド、困惑などと同じように、普遍的な感情なのだろうか？　ある人が政治学に魅了される一方、別の人は野球の統計データやバイロン卿の初期の詩に夢中になるのはなぜだろうか？　そしてそんな難解なことに夢中になれるのなら、三角法や不規則動詞に興味を持ってもいいのではないか？　興味は学校や職場やほかの場所ではぐくまれたり、目を向けさせられたりするものなのだろうか？

科学者は人間の興味について、驚くほど関心を示してこなかった。学習や教育と直接つながっているのは明白にもかかわらずだ。しかしそれが変わりつつある。ここ数年、一部の心理学者たちが興味について研究を始め、この興味深い感情について理論を組み立てつつある。

まず何より目につく特徴は、興味の範囲に限りはないということだ。「蝶に夢中になる人もいれば、大あくびに興味をそそられる人もいる」――グリーンズボロにあるノースカロライナ大学の研究室で、興味について研究している心理学者ポール・シルビアはこう言う。そして興味は移り変わるものでもある。数年前、夢中になって読んだ本を今読み返してみたら、退屈で涙が出そうになるかもしれない。シルビアはこの予測不能の心理状態を細かく分析しようとしている。

彼の実験はたいてい、興味深いかどうかはともかく、現実の物を見せることから始まる。たとえば現代詩、抽象画、古典的絵画など。ある実験では被験者に抽象的な詩を読ませたが、半分の被験者にはその詩の意味について、ちょっとしたヒントを与える。残りの半分には何も言わずに読ませる。あとでその詩を評価させたところ、ヒントを与えられた被験者のほうが、その詩をおもしろいと感じた。同様の実験で、美術史を少し勉強した学生は、美術を見る経験がなかった学生より、現代美術のギャラリーにはるかに大きな魅力を感じた。

シルビアはこの単純な実験によって、被験者に頭の中で何が起こっているかわかると考えている。これらの実験の被験者はすべて、自分たちの経験を評価し、その意味を理解しようとしていた。これは人間に本来備わった性質であり、人は常にそのような評価をしている。しかし自分が持っている知識によって、同じ経験に対する見る目も違ってくる。詩や絵を見たときは、誰もがそれを新鮮で複雑で神秘的だと感じる。ここで少なくとも、もっと見たいという好奇心が生じる。興味を持つための第一歩だ。しかしその経験が理解できると感じられる人はごく一部である。そういう人は十分な知識を持っているので、その複雑で思いがけぬ出来事を、知性で乗り越えられると信じている。まったく理解の外というわけではないのだ。複雑さと理解が重なって本物の興味が生じる。どちらもないところに本物の興味は存在しない。

本物の興味が高じると、魅了され、没頭し、心とらわれる。心理学ではそのような強烈な心理状態を「フロー」と呼ぶ。そこに集中しすぎて、時間さえ忘れてしまう経験である。私には至福に浸っている状態のように思えるのだが、シルビアは強い興味と幸福感ですら、几帳面に区別している。興味を持つと、それを深く調べて新しいことを知りたいという気持ちがわき、幸福感が加わってそこにある愛着（お気に入りのレストランであれ、大好きな人であれ）が強くかたまる。興味と幸福感も、開拓と再利用のように、採集ヒューリスティックの表と裏の関係にある。

興味と幸福感には違う源泉もあり、それはシルビアが別の実験で示している。彼は被験者にさまざまな絵画を見せた。クロード・モネの穏やかな風景画、どこか不安をあおるフランシス・ベーコンの肖像画などもあった。被験者にはその絵に対する興味と見ているときの楽しさを評価してもらう。その後、シルビアは、それぞれの絵に対する被験者の感情的反応の範囲をまとめた。人々が楽しさを感じる絵は単純で明るく穏やかなものだった。しかし彼らは常に、複雑、奇妙、心をかき乱すような絵に、より強く惹かれた。興味を持つためには、感情や頭脳への刺激が必要なのだ。

ではあるテーマに熟練するようになったあとも、どうすれば刺激を感じ続けられるのだろうか。すぐに他のテーマに移り、多くのことを少しずつ学ぶようにならないのだろうか？　どうやら興味とは自らの力で進んでいくものらしいのだ。もう一度、ワイン通について考えてみよう。当たり年や収穫年、味などについての知識は、彼らのニューロンに刻み込まれているので、ほかの人たちにはまったくわからないわずかな差や違いがわかる。人は知的な刺激によって駆り立てられ、やがてそのテーマに熟練する。そしてさらに新しい刺激を求めて採集し続けるのだ。

けれどもそれはなぜだろうか？　なぜ一部の人々には、ほかの人がわからない違いがわかるのだろうか？　それは彼らがそのテーマに熟練しているからだ。しかしひとつの世界を細切れにして、ごくわずかな違いを見いだしているとき、彼らの頭の中はどうなっているのだろうか？　どのような認知の仕組みによって、わずかな違いをさがす思考が駆り立てられるのだろうか？

少し前から、心理学者が思考スタイルの研究に取り組んでいるが、最近、出てきたのが、そのような思考を駆り立てているのは感情であるという説だ。ここでワインの話はしばらく忘れ、あなたが熟練していることについて考えてみよう。ビーチバレー、アラスカの政治、ジョゼフ・コンラッドの小説、なんでもかまわない。努力すれば、好きではないことにも熟練できるかもしれないが、わざわざそんなことをしようとは思わないだろう。好奇心と興味があれば、やがてそのテーマに熟練するだけではない。それまでの努力を努力と感じなくなる。

少なくとも理論的にはそうなる。イリノイ大学のレイチェル・スモールマンとニール・ルースは、これを実験で検証しようとした。彼らは何かを好きになるという行為が思考を形づくり、他人にはわからない違いもわかるようになるのではないかと考えた。つまり好みや趣味によって、より多面的な思考が可能になるということだ。

彼らは実験室で、浮浪者の記号を使って人為的に好みをつくりあげた。使ったのは昔、浮浪者が仲間に伝えるため、警戒すべき家の壁や木につけた記号だ。たとえば〝意地悪なおまわりがいる〟、あるいは〝食べ物をくれる〟といった内容を示す。しかしその意味を知っている人はほとんどいないだろうと実験者は考えた。そしてそれぞれのカードを心地よい光景、あるいは不快な光景と結びつける。その目的は、被験者がある記号に好感を持ち、また別の記号には嫌悪を持つよう仕向けることだ。

言ってみれば、実験室の中で、やがて（あるものに対して特殊な喜びを感じる現象である）趣味に育つ可能性のある種をまいたのだ。

その後、被験者にそれぞれ記号がひとつ描いてある二〇枚のカードを〝意味のある〟カテゴリーに分けて、そのカテゴリーに名前をつけてもらう（ひとつのカテゴリーに何枚のカードを入れてもいい）。その結果、記号にプラスのイメージを持つよう条件付けされた被験者は、ほかの被験者より細かなカテゴリーに分けた。言い換えると、好ましいと思う気持ちが、思考に影響したのだ。さらにカードを分けるとき、被験者は明らかに感情に引きずられ、カテゴリーに〝元気が出る〟〝不気味な〟といった名前をつけた。

これらの結果には趣味の力が示されているが、仕事や一生の職業を選ぼうとする人に対する警告にも思える。努力してその仕事に熟練すれば、ある程度の満足を得られるが、楽しさもまた熟練と専門技術を得ようとする意欲を高める。「自分の好きなことをしなさい」という言葉の根底には、優れた心理学理論があるのかもしれない。

採集ヒューリスティックは、人間心理の大いなる謎のひとつに答える助けにもなる。その謎とは、人間はなぜ、明るさ、感謝、喜び、そして興味といった、前向きな感情を持っているのかというものだ。否定的な感情があるのは、それが生き延びるために必要だったからということで、心理学者の意見はだいたい一致している。恐怖心があるから捕食者から逃げようとし、嫌悪感のおかげで毒を避けることができる。しかし興味や畏敬の念が、生き延びることにどう役立つのだろうか？

ノースカロライナ大学の心理学者バーバラ・フレドリクソンはこの謎に答えるため、研究に取り組んできた。彼女の〝拡張‐形成〟理論によれば、前向きの感情は、さまざまな新しい経験に対して心を開く（文字どおり、瞳孔が広がるように）という。好奇心や喜びを感じるようプライミングされた人々は、より大きな可能性を見いだしている。彼らの視野は遠く、幅広く、豊かなメンタルマップを持っている。そして時間がたつにつれて、こうした前向きでオープンな経験が積み重なって、心理的、感情的な回復力が生まれるのだ。

言葉を換えると、大昔の人間は前向きな感情によって採集がうまくなり、それは現在でも続いている。創造性が高まり、知的な活動に従事し、自分のことばかり考えなくなる。そのため複雑なこの社会をうまく泳ぎ、生き延びるのに有利になる。

原始人は切手や質のよいワインを集めたりしなかった。彼らはまわりで起こることを処理するだけで手一杯だったのだ。デザイン・ヒューリスティックと採集ヒューリスティックは、どちらも世界を理解し、私たちの役に立てるために必要不可欠であり、これら二つの強力なヒューリスティックが一緒に働き、人間の好奇心、想像力、専門的知識を形づくる。しかし秩序と分別を求める私たちの性癖が、常に立派な姿勢や行動に結びつくとは限らない。次の法則〝カリカチュア（誇張）・ヒューリスティック〟もまた、とてつもなく複雑な社会を単純化したいという欲求から起こるが、有害で不公平な姿勢も生む。それは古くさい偏見や思い込みをあおる原因となることがある。それは私たち自身と他人にとって、文字どおり不健康なことである。

法則15　カリカチュア・ヒューリスティック

偏ったイメージは、みずからの老化まで早める

ステレオタイプのよいところ

私は理系オタクの多い大学に通っていた。大学のマスコットはエンジニアで、フットボールの試合となれば学生たちは「タンジェント、セカント、コサイン、サイン、三・一四一五九」と唱和する。冗談ではない。いかにもオタクっぽい風貌の男の姿が、Tシャツからノートの表紙まで、あらゆるものを飾っている。オタクっぽい帽子をかぶり、たいていは土地の測量をしていたり、電気機器をいじっていたりする。これは現実に近いカリカチュアで、自嘲的なユーモアの産物と言える。

しかし学生や卒業生からは評判が悪かった。そのためエンジニアはやがて鳥に代わった。これがステレオタイプの困ったところだ。そこには相応の真実が含まれていて、ユーモラスでもあり残酷でもある。私たちは誰もがステレオタイプを利用している。自分が認める以上にだ。上記のような〝カリカチュア（誇張）・ヒューリスティック〟もそうだが、これらは迅速かつ効率的な認知の近道で、多くの時間とエネルギーを節約する手段だからだ。カリカチュア・ヒューリスティックは、とてつもな

く複雑な世界を整理し、カテゴリー分けし、さらに細かく分類するのに不可欠だ。

あなたの頭の中にもきっと、典型的なエンジニアというカリカチュアライズされたイメージがあるだろう。そしておそらくそこにはいくばくかの真実がある。心理学者はステレオタイプに大きな関心を持っていて、実際にカリカチュアの力を調べるいくつかの古典的研究では、エンジニアのステレオタイプが使われている。たとえばこんな状況を想像してみよう。部屋の中に一〇〇〇人いて、そのうち九九五人は弁護士で、残りの五人はエンジニアだとわかっている。部屋に入って歩き回り始めると、最初にジャックという男性に出会った。何分か話をしているうちに、ジャックは四五歳で四人の子供がいるとわかった。政治や社会問題にはあまり興味はないらしく、何事にも保守的な態度を示した。彼は静かな生活を送っている。娯楽としては、入り江でセーリングをしたり、数字のパズルをしたりする。

このジャックは弁護士だろうか、エンジニアだろうか。理論的に脳の統計処理部分だけを使えば、彼は弁護士である可能性が高いという答えが出る。部屋の中には弁護士がたくさんいて、エンジニアよりは弁護士に会う確率のほうがはるかに高いからだ。五人のエンジニアのうちの一人にぶつかる可能性はゼロとは言わないまでもとても低い。しかし多くの人がジャックはエンジニアだと答える。それは彼がエンジニアのステレオタイプにあてはまるからだ。これは便利な分類法だ。この実験はあらゆる人を対象に何度も行なわれているが、高い教育を受けた人でも、カリカチュアライズされたステレオタイプに引っかかる。

カリカチュアの力を広めるため、科学文献からもうひとつ別の例をあげてみよう。これは少し古くさく見えるかもしれないが、今でも十分に通用する。心理学者はこれを〝リンダ問題〟と呼んでいる。リンダは三一歳で独身、遠慮なく物を言い、とても聡明だ。大学では哲学を専攻していた。学生時代は差別と社会正義の問題に深く関わっていた。さらに反原発運動のデモにも参加していた。さてこのリンダについて、①銀行員である、②銀行員でありフェミニズムの活動に積極的に関わっている。どちらの可能性が高いだろうか。

驚いたことに、回答者の八五パーセントが②を選び、リンダは銀行員でありフェミニズムの活動に積極的に関わっている可能性のほうが高いと答えた。しかしそれは可能性が低いどころか、ありえない。少し考えれば、明白なことだ。銀行員でフェミニストというのは、銀行員であるというカテゴリーの下位グループになるのだから。銀行員の中にはフェミニストもいるだろうが、そうでない人もいるはずだ。

では八五パーセントの人はどこで間違えたのだろうか。彼らは統計を完全に捨ててしまった。ごく初歩的な統計までも。おそらくそれがステレオタイプの力だ。リンダがあまりにもフェミニストのステレオタイプにあてはまるため、ついその結論に飛びついて、論理の代わりにしてしまったのだ。

ステレオタイプはわかりやすく、すぐに結論が出る。そして私たちはそれを必要としている。人間は認知という作業に関しては不精なのだ。もともとエネルギーを節約するようにできているので、脳はすぐ怠けたがる。そしてステレオタイプは、エネルギー節約のためのツールである。それを使えば限られた脳の力をもっと有益で重要なことに使える。これは実験でも証明されている。ニール・マクレー、アラン・ミルン、ギャレン・ボーデンハウゼンという三人の心理学者が行なった実験では、被験者に二つの作業を同時にやらせた。ひとつは、初めて見る人がどんな人か、コンピュータ・スクリーンに映し出される性質のリストに基づいて印象をまとめることだ。たとえばナイジェルという名前と、次のような性質のリストがスクリーンに出てくる。不器用、世話好き、正直、不運、忘れっぽい、ものわかりがよい、熱意あふれる、頼りになる、消極的、責任感がある。これらの順番は被験者によって変わる。そして被験者はあとで、できるだけたくさんの性質を思い出してもらう。しかしそこで実験の仕掛けをする。半分の被験者には、その人の肩書きも見せる。ナイジェル（医師）のように。この目的は、ステレオタイプを引き起こす言葉によって、その性質を示す言葉をほかの言葉に比べて思い出しやすくなるかどうか調べることだ。

被験者はこの作業をするのと同時に、インドネシアの経済と地理について録音された、とても退屈な話を聞かなければならない。実験者はべつに意地悪でこの話題を選んだわけではない。インドネシアの地理と経済について、何か知っている人はあまりいないだろうと考えて選んだのだ。その後、聞いた話が頭に入っているかを調べるため、被験者にいくつか質問をした。たとえばジャカルタはどこの海岸に位置しているか。インドネシアの国教は何か、などだ。

彼らが調べたかったことは二つ。ひとつはナイジェルが医師だという情報を与えられたときのほうが、ステレオタイプ的な性質に目が行くようになるか。結果はたしかにそうなった。医師という情報を与えられた被験者は、そうでない被験者に比べ、「世話好き」「頼りになる」「責任感がある」といった言葉を思い出す確率が二倍も高かった。同じように、スキンヘッドのジョーについては「反抗的」「攻撃的」「不誠実」といった言葉を、アーチストのジュリアンでは「独創的」「気分屋」「繊細」などの言葉を思い出しやすかった。この実験のもうひとつの目的は、ステレオタイプに頼ることによって被験者の認知機能にかかる負担が減り、その分、インドネシアに関する退屈な話を注意して聞く余裕が持てるのではないかということだ。これも仮説どおりの結果になった。ステレオタイプに思考をゆだね、つまり認知力にかかる負担の一部を取り除かれた被験者は、インドネシアについて、より多くのことをおぼえていた。

これは考えてみると、注目すべきことだ。インドネシアについての退屈な話を聞いて覚えることは、日常で起こっていることの代理行為だ。職場での典型的な一日を考えてみよう。私たちが毎日行なっている精神的作業、何らかの形で対処し、こなさなければならない仕事は、元来おもしろいものではない。それでも私たちは集中してそれを理解し、メモをとったり会合をしたりしなければならない。この実験が示しているのは、ある程度、戯画的にステレオタイプ化された考えに頼ると、学習能力が上がるということだ。逆説的だが、人々を型に従って分類できるあなたは、優秀な労働者なのだ。

彼らはこの説を裏付けるため、さらに実験を何度か行なった。特にたしかめたかったのは、こうしたステレオタイプが意図的かつ意識的に起こっているのか、あるいは無意識に起こっているのかという点だ。つまり医師は世話好きで、スキンヘッドは攻撃的で危険と分類するとき、脳のどの部分が働いているのかということだ。それをたしかめるため、医師やスキンヘッドといった情報を、意識の上では気づかないくらいのごく短時間、画面に映して、被験者の潜在意識に働きかけた。

すると被験者は実際に、意識下のステレオタイプを利用した。肩書きが一瞬、映し出されたのにはは気づかなくても、ステレオタイプを示す言葉を多く思い出した。そしてやはり、肩書きを知らされなかった被験者よりも、インドネシアの経済についての話をよく覚えていた。ステレオタイプはごく自然に難なく、頭脳の資源を節約してくれるようだ。ステレオタイプは頭に組み込まれた分類機であり、（退屈で脳の力を必要とする）日常の務めをこなすためにエネルギーを温存してくれるのだ。

このように、ステレオタイプには二つの称賛すべき点がある。とかくマイナスイメージがつきまとうが、実生活ではとても役立つものになりうるのだ。たとえば医療分野、そして病気診断について考えてみよう。これらの分野では、集団の特性というものを当然、考慮しなければならない。たとえば鎌状赤血球貧血の診断のためには人種を、ある種のがんの合併症を診断するには性別を、認知症の診断には年齢を考慮しなければならない。状況によって、人種や性別や年齢のステレオタイプを受け入れると危険だということは認めるにしても、医師にとって、こうしたカテゴリーを考慮しないのは無責任だという意見に反対する人はいないだろう。

しかしもっと複雑な医学診断ではどうだろう？　ボーデンハウゼン（前述の三人の研究者の一人）は、病気診断におけるステレオタイプについて、正しい方向に行く場合と、誤った方向に行く場合の両方について、研究を行なった。そして彼は次の例をあげている。医師が老人の患者を診察しているとする。その医師が老人というものは怒りっぽくて、忘れっぽいと考えていたら、どうなるだろうか。さらにそうした性質のせいで、老人は処方された薬を指示されたとおりに飲むことは少ないと信じていたらどうなるだろう？　これは明らかにステレオタイプだが、公平で役に立つ種類のステレオタイプだろうか？　医師は老人が必要な薬を飲まないことを前提に、違う治療法をさがしたほうがいいのだろうか？

このような考え方は、一部の老人にとっては不公平であり、危険でさえある。薬を指示どおりに飲まない、いわゆるノンコンプライアンスには、記憶と感情傾向と行動が複雑に影響し合っている。それでも老人は無能力だというステレオタイプは広く受け入れられているばかりか、自然に強化されている。ボーデンハウゼンはそれを実験で実証した。おおぜいの医師が一五〇人の若い患者と九〇人の老人の患者を診察した。順番は無作為で、ある程度の期間をかけて行なわれた。すると若い患者のうち五〇人、そして老人の患者の三〇人が、処方された薬を飲むのを忘れた。のちに診察をした医師にそのことについて尋ねると、誰もが老人のほうが若者よりも、薬を飲まなかったケースが多かったと答えた。実際には薬を飲み忘れた患者の比率は、どちらも三三パーセントでまったく同じだったのだが、医師のステレオタイプ的思考が老人ならこうなるだろうという予測につながり、事実についての記憶までゆがめてしまったのだ。

有罪か無罪か、バイオリズムで判決が変わる

あるカテゴリーの代表的な特徴を誇張するカリカチュア的思考は、やめようとしても、簡単にやめられるものではない。それはこうしたステレオタイプ（特にひどいものであっても）が、私たちの体に深く染みついているからだ。ボーデンハウゼンは〝朝型人間〟と〝夜型人間〟を使って、巧妙な実験を行なった。これらのカテゴリーは世俗的なものではない。れっきとした科学で使われるカテゴリーなのだ。世の中には本当に二種類の人間がいる。朝に頭が回る人（私はこの原稿を朝の四時半に書いている）、認知能力がもっと遅い時間にピークを迎える人だ。ボーデンハウゼンはこの生物学的

事実を使って、ステレオタイプに頼りやすい人間の性質を調べた。

彼はおおぜいの大学生を集め（ステレオタイプに反してみんながみんな夜型ではなかった）、リンダ問題を解いてもらった。学生たちは頭の働きがピークではないときのほうが、ヒューリスティックな考え方をする、つまり一般的なステレオタイプに流されやすいと、ボーデンハウゼンは考えた。そこで学生たちには、朝九時と夜八時にテストを受けさせた。するとまさに仮説どおりの展開となった。夜型を自認する学生は、朝にリンダ問題を受けると、引っかかることが多かった。一方、朝型の学生は夜、間違えることがはるかに多かった。言い方を換えると、被験者たちは体が不調のときほど、怠惰なステレオタイプ的な思考に頼りがちになるということだ。

これは実験室のゲームだと一蹴する前に、裁判の場面だったらどうなるか考えてみよう。陪審制は陪審員たちが事実に基づく理性的な判断を行なうことが前提となっている。ボーデンハウゼンはこの考えを検証し、人間のサーカディアン・リズム（約二四時間周期の生物的リズム）が、有罪か無罪かの判断に影響するかどうか調べようとした。彼は実験室で模擬陪審裁判を行ない、違反を犯した学生何人か（違反の種類は違う）について、有罪か無罪かを判断させた。被告の一人は試験でのカンニング、もう一人はルームメイトへの暴力、そしてもう一人は違法ドラッグを大学内で販売していたことを告発された。

実験者は事前にこれらの犯罪にまつわるステレオタイプを調べておいた。学生たちの間では、スポーツ選手は試験でカンニングし、ヒスパニックは攻撃的で、アフリカ系アメリカ人はドラッグ取引に関わる者が多いと見られていることがわかった（それがいかに不公平な見方であっても）。彼がたしかめようとしたのは、陪審員の生物学的なリズムによって、有罪か無罪かを判断するとき、これらのステレオタイプに頼るかどうかだ。

そして前回と同じく、彼は夜型と朝型の学生どちらにも、一日の違う時間に実験を受けさせた。彼はそれぞれのケースについて、すべての陪審員にさまざまな事実を伝えた。被告に有利な事実もあれば、不利な事実もあった。そして一部の陪審員には、被告が属している集団を示すヒントも与えた。たとえばカンニングをしたと考えられているのは〝学内では有名なスポーツ選手〟、暴力に関わったのはロベルト・ガルシア（またはロバート・ガーナー）、ドラッグ取引はマーカス・ワシントン（あるいはマーク・ウォッシュボーン）という名前であると告げる。つまり被験者の思考を形成する、便利なカリカチュアを提供するのだ。

その後、陪審員たちに被告が有罪かどうかを判断させ、同時にその犯罪がどのくらい深刻かを尋ねる。これは実際の裁判での評決に近い。結果は危惧すべきものだった。どのケースでも、陪審員はまだ頭の働きが最高潮に達していないときほど、ステレオタイプの被告を有罪と判断し、しかもその犯罪をより深刻だと考える傾向があった。つまり頭の働きがいいときのほうが、被告の人種やスポーツ選手かどうかなど、関係ない情報を無視して冷静な判断を下せたのだ。

この結果が陪審裁判において深刻な意味を持つのは明らかであり、またステレオタイプ的な思考に生物学的根拠があることを示してもいる。他人をステレオタイプという型にはめてしまうとき、私たちは彼らが個々の存在になる機会を否定しているのだ。自分が仮釈放審査委員になったつもりで、次のケースを考えてみよう。被告人はコンビニエンスストア強盗の罪で刑務所に入れられた。仮釈放申し立ての弁で、彼は店を襲ったのは認めたが、そのときひどいストレス下にあったことを主張した。妊娠していた妻の具合がとても悪かったのだが、必要な薬代を払うだけのお金がなかった。

この男を裁くとき、多くの人はこうした同情すべき事情を考慮するだろう。彼が社会の脅威になるという証拠はない。コンビニ強盗常習犯でもないし、ほかの犯罪に手をそめてもいない。彼は家族思いの人間のようだし、考えようによっては被害者ともいえる。もう一度、人生をやり直すチャンスを与えてもいいのではないだろうか？　そう思う人が多いはずだ。

ところが彼がヒスパニック系だと話は変わってくる。ボーデンハウゼンが、〝仮釈放審査委員〟になったつもりの被験者グループに、被告がヒスパニック系であるという情報を与えたところ、悲しい結果が出た。人種についての情報がないときは寛大な判断をしたが、被告の名前がロベルト・ガルシアだとわかると、委員たちの判定は厳しくなった。その事実を知ったとたんに、寛大さが消えてなくなったのだ。まるで妻が妊娠していることや、具合が悪いこと、高額な薬代などの事情を聞いていなかったかのようだった。被告はただのコンビニを襲ったヒスパニック系の男になってしまった。事実、被験者にこの事件の詳細について思い出してもらったところ、ヒスパニック系というステレオタイプをプライミングされた被験者は、同情すべき事情をまったく覚えていないことが多かった。強力な人種のステレオタイプの影響を受けると、詳細な事情が記憶に刻まれることすらなくなってしまうようだ。カリカチュア・ヒューリスティックが、基本的な脳の記憶機能を抑えこんでしまったのだ。

これはかなり恐ろしいことだ。私たちは仲間に対して誤った判断をしてしまうようできているのだろうか？　それともステレオタイプに頼らず、怠惰な頭脳の習慣を監視して、単純なステレオタイプ的思考で他人を傷つけるのを避ける方法があるのだろうか？　言い方を換えると、ステレオタイプは間違っていることを知りながら、避けられないほどの引力があるということだろうか。ベルギー、ルーヴェン大学のニム・ド・ネーは、こうした問題を調べるのに一番いいのは、実際に脳が働いているところを見ることだと考えた。これまでの研究で、思考の中で対立が起こると（たとえば単純なステレオタイプと、もっと理性的な複雑な見解）、脳の前頭葉のある部分が活性化するのがわかっている。しかし実際にステレオタイプ的な思考を抑えるには、前頭葉の別の部分の働きが必要なのだ。ド・ネーが知りたかったのは、ステレオタイプ的思考は気づくかどうかの問題なのか、自制心の問題なのかである。脳は本当にステレオタイプだとわかっていないのだろうか？　それともステレオタイプと知りながら、それに基づいて行動しているのだろうか？

それをたしかめるため、人がステレオタイプ的な考え方をしている間、その二つの領域のどちらが活性化するか観察した。被験者にステレオタイプをプライミングするため、おおぜいの弁護士と五人のエンジニアがいるパーティー会場を舞台にした問題を出した。オタクっぽいジャックの職業は何かを問うものだ。この問題に(論理的に考えて)、エンジニアではなく弁護士と答えた人は少数派だった。彼らはほぼ、反射的と言えるほどの速さで答えた。しかし問題は、もっと理性的な判断を行なうには、オタクっぽいエンジニアという強烈なカリカチュアを抑える必要があるのかということだ。

ド・ネーはこの問題を解いている間、被験者の脳を観察した。すると被験者の答えがどうあれ、ステレオタイプを察知する部位は活性化していることがわかった。つまり私たちは誰でもステレオタイプを察知し、それが現実にはそぐわないことは認識しているようなのだ。しかし「ノー、私は単純なステレオタイプには流されない」という指令を出す脳の部位は、その人が論理的に、ジャックは弁護士である可能性が高いと考えたときしか活性化しなかった。つまりステレオタイプを抑えて、統計に基づく計算ができたときだけ活性化したということだ。安易なカリカチュアの引力に逆らいきれず、よりよい判断ができなくなる人もいるが、ステレオタイプ的な思考を抑える能力は、すべての人にそなわっている。

老化は逆行できる

このようなステレオタイプ的な思考は、ステレオタイプの対象となる人々ばかりでなく、自分にも害をなすことがある。老人に対するステレオタイプを思い出してみよう。高齢者に対する偏見はアメリカ中にはびこっていて、驚くことに老人自身が、老人に対する好ましくないステレオタイプを認めてしまうこともある。特に老人は無力で無能というイメージを強く持たれている。そのようなカリカチュアは誤りであり、冷酷というだけでなく不健全である。若く健康でも、老人に対してステレオタイプな見方をする人は、将来、心臓病になるリスクが高いという研究結果もある。

イェール公衆衛生大学院のベッカ・レヴィ（と国立老化研究所の同僚たち）は、ボルティモア長期加齢研究所で、四〇年にわたって調査された何百人という男女のデータを分析した。一九六八年に初めて調査を行なったとき、被験者は若く健康状態もよかった。当時の研究者は被験者に関するあらゆる情報を集めた。その中には老いの見方もあった。老いることへのイメージは〝とてもよい〟から〝とても悪い〟まで、被験者によって大きく違った。

レヴィらはすべての被験者について、心臓発作、鬱血性心不全などの心臓疾患の記録を調べた。すると若いころの老人に対する偏見と、後年の心臓疾患のあいだには著しい関連が見られた。どういうことかというと、老人は無力であると考えていた人のほうが、その後の四〇年のあいだに、何らかの心臓疾患を経験する可能性がはるかに高いということだ。ここでの疾患は、喫煙、うつ、コレステロール、家族歴をはじめ、いくつもある危険因子のどれでも説明できなかった。

これが何を示唆しているかというと、人間はかなり若いころから老人のステレオタイプを心の内に持っていて、それが先々に影響するということだ。これは老人に対する失礼なステレオタイプを持っていた人間が、まさにそのイメージに合った老人になることに注目した、初めての研究である。自分は決して年をとらないと思っている人々に対する警告とも受け取れる。不公平なカリカチュアを受け入れると、文字どおりそれを胸に刻んでしまうことになるのだ。

しかし幸い私たちは、老いることへのステレオタイプから抜け出すことができる。時間が二〇年戻ったと考えてみよう。今は一九九〇年だ。マドンナがポップスチャートの一位に上りつめ、テレビでは『チアーズ』と『マーフィー・ブラウン』が放送されている。インターネットの普及はまだ夢の話で、最新の『スポーツイラストレーテッド』誌の表紙を飾るのはシュガー・レイ・レナードとジョー・モンタナだ。

しかし何より重要なのは、あなたも今より二〇歳若いということだ。それはどんな気分だろうか？ハーバード大学の心理学者エレン・ランガーが行なった刺激的な実験の被験者だったら、実際に時間が二〇年戻った気分を味わえただろう。ランガーは数年前、年配の被験者を集めてこんな実験をした。

人里離れた場所にあるニューイングランドのホテルを改装し、目に入るあらゆるものを二〇年前の仕様にする。七〇代から八〇代の被験者には、過去の回想にふけらず、しかし本当に当時に戻ったつもりで行動するよう指示する。この実験の目的は、被験者の年齢のとらえかたが変わると、健康や体調が本当に変化するかどうかをたしかめることだった。

この結果は驚くべきものだった。一週間後、ホテルで過ごした実験群の被験者は、同年代の対照群の被験者と比べ、関節の柔軟性が高まり、手先がよく動くようになり、手の関節炎が減った。頭の回転も速まり、足取りはしっかりして姿勢もよくなった。被験者の写真を部外者に見せたところ、対照群より実験群の被験者を、はるかに若いと判断した。つまり老化のプロセスはある程度、逆行させることができるのだ。

ややこじつけめいた話なのはわかっているが、もうしばらくおつきあいいただきたい。ランガーとハーバード大学の同僚たちは、同様の独創的な実験を何十年にもわたり行なっているので、蓄積されたデータには説得力がある。彼女の説明によれば、私たちはみんな老化と健康についてのステレオタイプ思考の犠牲者である。私たちは病気や老化について回る否定的な情報を暗に受け入れ、その情報が私たちの自己像や行動を形づくっていく。私たちの思考を支配している、健康についての陳腐で否定的イメージを振り払うことができれば、たとえ老人になってからもより生産的な人生を送る可能性に心して自分を開くことができるだろう。

ランガーのマインドフルネス（訳注：自分の身体や気持ちの状態に気づくことによって、とらわれなどから解放されるエクササイズ）に関わる、別の実験を考えてみよう。これはごくふつうの視力検査表を用いた。

その表の一番上には大きなEという文字が書かれ、下に行くほど字が小さくなり、やがて読めないくらいの大きさになる。ランガーらはこう考えた。これを逆にしたらどうなるだろう？　ふつうの視力検査表では、どこかの時点で読めなくなるという懸念が生じる。表をひっくり返せばその感情も逆になり、どこかの時点で読めるようになると思うのではないか。結果は予想どおりだった。被験者は一番小さな文字はやはり読めなかったが、だんだん読みやすくなるという期待を持っていると、ふつうに検査するときより小さな文字が読めた。被験者の期待、つまり物の見方が変わったことで、実際の視力が向上したのだ。

この結果から考えると、実は眼鏡の度が合っていない人は多いのではないだろうか。そもそも、眼鏡をかける必要さえないのかもしれない。しかしそれは健康状態の変化の結果ではない。ランガーらはもうひとつ、老人のステレオタイプを引き出すために、衣服を使った実験を行なった。たいていの人は年齢相応の服を着ようとするので、年齢に関して深く根づいている考え方を示す手がかりとなる。しかしその手がかりが消えてしまったらどうなるだろう？　ランガーは仕事で制服を着ている人々を調査し、私服で仕事をしている人と比較してみようと考えた。結果は、制服を着ている人のほうが、病気やけがによる欠勤、通院や入院での回数も少なく、慢性病を抱える人も少なかった（被験者の社会的、経済的レベルはほぼ同じだった）。これはおそらく制服で仕事をする人は、服を選ぶという、年齢を意識させる行為をせずにすむからだと考えられている。裕福な人々と比較すると、健康状態の差はさらに顕著になった。多くの服を買えるということは、年齢を意識させる手がかりが次々と入ってくるということだ。それを内側に取りこんでしまう結果、老化に対する不健全な見方や懸念が生まれるのだろう。

ランガーは誰もが制服を着るべきだと主張しているわけではない。彼女が指摘したのは、私たちの周囲には、老化は心身が衰弱する望ましくない現象だという目に見えにくいシグナルがあふれているということだ。こうしたシグナルに囲まれていると、優雅に年齢を重ねるのが難しくなる。年齢を問わず、どんな人間でも病気という狭い場所に閉じ込める原因となるシグナルもある。私たちは癌や鬱と思われる症状を経験すると、すぐにそうだと思い込み、自分をその型にはめこんでしまう。そうすると将来、健康な生活を送る可能性を狭めてしまうのだ。

これは病気にかかったり、気分が沈んだり、背中が痛んだりする経験をしないということではないし、ティーンエージャーのようなかっこうをすれば、そのような症状が減るということでもない。しかしほんの少し意識するだけで、ものごとは不確定であることを受け入れ、今日の世界の感じ方が明日も続いているかもしれないし、続いていないかもしれないと、理解できるだろう。ものごとには進歩する余地があるという考えを受け入れれば、朝起きたとき、二〇年若返ったように感じることがあってもおかしくはない。

この章でとりあげた脳の研究を見ていると、希望がわいてくる。私たちは他人をカリカチュア化している自分に気づくことができる。つまり気をつければ、この強力なヒューリスティックな衝動を抑えられるかもしれないということだ。そしてランガーらのマインドフルネスの実験では、私たちは実際に気持ちの持ちようを変えて、偏った見方を取り除けることが示された。しかしそれは必ずしもすぐできるというわけではない。ヒューリスティックな脳が進化したのには理由がある。もっともな理由がいくつもあるのだ。そのバイアスを取り除いたり、力を弱めたりしようとするときは用心しなければならない。次は〝黴菌《クーティーズ》ヒューリスティック〟という、愉快な名前のついたヒューリスティックについて考察する。これは基本的には、違う種類のステレオタイプだ。人間ではなく、物理的に害があるかもしれない（あるいはないかもしれない）物質に対するレッテル貼りである。かつては自然界の毒に対する、健全な恐怖心だったものが、今では私たちの愛国心やアイデンティティの感覚を毒する場合がある。

法則16 黴菌ヒューリスティック
悪い本質は、よい本質より力がある

自然と不自然の境って？

私の家族はみんな紅茶好きで、私はときどき人工甘味料をいれて飲む。二、三年前、その甘味料が研究の途中でたまたま発見されたことを、何かの記事で読んで知った。ある化学者が新しい殺虫剤を開発しようとしていたところ、うっかり溶液を唇につけてしまった。それが砂糖の味そっくりだったので、すぐに砂糖の代替品開発に切り替えたという。私の妻は紅茶をいれると、キッチンから私にこう呼びかける。「クリームはいれる？　殺虫剤は？」

それを聞いて、気持ち悪いと思うだろうか？　不自然だと感じるだろうか？　もしそうなら、あなたは〝黴菌《クーティーズ》ヒューリスティック〟を経験している。それは大昔から人間に備わっている、不純なものに感じる嫌悪だが、現代では思わぬ形で出現している。少しの汚染物質も体の中に取りこむまいと、あらゆる手段を講じて食品に含まれる化学物質や添加物を避ける人は多い。食品業界はずっと以前から、人工的な物に対する消費者の嫌悪感に気づいていた。それで砂糖の入った飲み物から赤身の肉まで、あらゆるものに〝自然食品〟のラベルを貼り、潔癖症の消費者の心をつかもうとしたのだ。

しかし本当のところ〝自然〟とはどういうことなのだろうか？　それが自然に生じたという意味でないのは明らかだ。ヒ素は原子番号三三の自然物だが、エルダーベリーワインに加えることはない。それは誰でも知っている。では、あるものが〝自然〟だというとき、それは何を意味しているのだろう？

ペンシルベニア大学の心理学者ポール・ロジンはかなり細かくこの問題を研究している。たとえばある実験では、〝自然〟の意味を定義するのに一番いいのは、どうすれば〝自然でなくなる〟のかを調べることだと考えた。そのために、土の中から出てきた時点ではほとんどの人が自然と考えるものに、いろいろな物を加え、どこまでなら受け入れられるかを調べた。

その実験のために選ばれたのは水とピーナッツだった。異論はあるかもしれないが、これはなかなかいい選択だ。水は誰もが飲むものだし、なければ死んでしまう。ロジンが選んだ山の湧水は、多くの人にとって、いかにも自然なものというイメージがある。ピーナッツもまた悪くない選択だ。殻の中で育つので保護されているイメージがあり、グラノーラやピーナッツバターなど、〝健康食品〟と呼ばれるものによく含まれている。この実験で使用されたピーナッツは肥料や農薬を使わずに育てられた。

そしてまず被験者に湧水とピーナッツを何も手を加えない形で食べてもらった。そしてこの自然食品を、少しずつさまざまな形に変えていき、そのたびにどう感じるか尋ねる。それはまだ自然か？　あるいは不自然か？　そのあいだか？　たとえば水については二つの山の湧水を混ぜたらどうだろうか？　凍らせた場合は？　冷凍されたものは？　沸騰させたら？　自然の水の中に存在するミネラルを、ごく微量（〇・〇〇一パーセント）加えたら？　ピーナツにも同様の変更を加え、人々の反応を調べた。ジョージア産のピーナツとノースカロライナ産のピーナツを混ぜたら？　脂肪を加えたり抜いたりしたら？　すりつぶしてピーナツバターにしたら？

一般に、水と食べ物の物理的な変化に対しては、化学的変化に対するほどの抵抗を感じないことがわかった。そのためたとえば、二種類の湧水（あるいは二つの違う農家がつくったピーナツ）を混ぜるのはかまわない。そして凍らせることにもそれほど抵抗はない——特に自然の中で凍らせるのならば。しかしほんのわずかでも何かを加えると、それは汚れてしまったとみなされる。ごくわずかなミネラルを加えることには、たとえ自然の水と濃度がまったく同じだとしても、被験者の半数以上が反発した。同じようにピーナツバターにミネラルを加えたときも、自然がそこなわれると感じた。

これは興味深い結果だが、ロジンはさらに、人々がふだん食べているものにもっと近い食品、あるいは将来口にするかもしれない食品に目を向けた。そこでさまざまな形に加工されたり、形を変えられたりした食品がいくつも並んだリストを被験者に見せて、どれを不自然とみなすかを調べた。リストに入っていた食品の例をいくつかあげてみよう。しぼりたてオレンジジュース、カルシウムを添加したオレンジジュース、しぼりたての牛乳、しぼりたてのシマウマのミルク、低温殺菌牛乳、スキムミルク、放し飼いにされた牛のステーキ、野生のイチゴ、販売用に栽培されたイチゴ、オオカミ、ジャーマンシェパード、ゾウ、オークの木、ペンギン、虫がつきにくくなるようウシの遺伝子を導入したトウモロコシ、速く育つようトウモロコシの遺伝子を導入されたブタ、寒さに強くなるようペンギンの遺伝子を導入したブタ。

どういうことかわかっただろうか。私たちはこれらの食品の一部を、毎日のように食べている。〝物理的に変化した〟食品もだ。しかし、それらに対してより大胆な人もいれば、自分なりのタブーを持っている人もいる。〝飼育された〟動物より〝野生〟動物のほうが好ましいのだろうか？　あなたにとって気持ち悪いものでも、私はまったく気にしないかもしれない。もちろんその逆もありうる。ロジンがデータを分析したところ、人間が好むものと嫌うものには、いくつかのパターンがあることがわかった。最も顕著だったのは、中身を気にするよりも、加工したものを嫌う度合いのほうが強かったことだ。たとえばしぼりたてのシマウマのミルクより、牛乳から脂肪を取り除いたスキムミルクや、脂肪を加えたクリームに対する反発のほうが強いのだ。人はあまり加工をしていない限り、珍しい食物への間口は広くなるのだ。

要するに、人間は母なる自然をあまりいじるのは好まないのである。おそらく驚く人はいないだろうが、一番厳しい評価を下されたのは遺伝子組み換え食物だった。そしてやはり嫌われるのは遺伝子組み換えという概念そのものであり、個々の食物ではなかった。植物の遺伝子を動物に移そうが、動物の遺伝子を植物に移そうが、あるいは植物の遺伝子をほかの植物に移そうが、そんなことは問題ではない。私たちはこのような操作を、自分たちが体に取りこむものの自然な状態をむしばむと考えるのだ。

ヒトラーとマザー・テレサのセーター

これらはすべて人間に組み込まれた、汚いものがうつることへの嫌悪、純粋で自然な状況を好み、純粋で自然ではない物に反発する、神経細胞レベルのバイアスを示している。これはごく単純な図式だ。汚染源を避ければよい。ロジンのほかの実験でも、この考えが裏付けられている。たとえば自分の食べるものに外国産の材料が使われているとき、どのくらいの量が使われているかはあまり関係ない。ほんのわずかでも入っていたら不自然ということになり、魅力を感じなくなる。そして何かを除外されたときではなく、添加されたときのほうが、その食品に対して嫌悪を強く感じるらしい。市場で〝添加物なし〟の表示がよく使われるのも、この認知バイアスで説明できる。

この汚いものがうつるのを嫌うバイアスは、有史以前にさかのぼるだろう。私たちの祖先が病原菌の理論を知るはるか以前のことだ。これは気持ち悪いと感じる感覚と深く結びついていて、感染症や食中毒などを避ける役に立った（そして今でも役立っている）。しかし私たちの脳の奥深くに刻まれたそのヒューリスティックが、現代では必ずしも理屈にかなった形で出るとは限らない。もっとも、今の私たちは、そうした思い込みが不合理だということは知っている。そうでなければ〝五秒ルール〟を説明する方法がほかにあるのだろうか？　五秒ルールとは広く世間で認められているもので、食べ物を床に落としても、五秒以内に拾えば食べてかまわないという考えだ。時間が三秒だったり一〇秒だったりすることもあるが、このルールはあらゆる場所で見られる。ロシア人は「すばやく拾えば落ちてないのと同じ」とシンプルに表現する。こうした言い方がこれほど広まっているのは、医学的に見ても実際に問題ないからだ。大昔に刻み込まれた感覚が刺激され、気持ち悪いと感じる人がいるかもしれないが、床に落ちたプレッツェルを食べて病気になることは、まず考えられない。

ロジンらが被験者に、なぜ自然な食べ物のほうを好むのか聞いたところ、興味深い答えが二つ返ってきた。多かったのは、そのほうが健康的で環境にやさしいからという回答だ。これは現代的な考え方だ。分別ある意見で、事実に基づいている。少なくとも真実だと考えられていることに基づいている。しかし同じくらいの数の人が、自然な物を好むのは、本質的にそのほうが〝よい〟、倫理的にも美的にもすぐれているからと答えた。自然のものは、それだけで〝正しい〟のだ。これは大昔のヒューリスティック的な感じ方だ。このバイアスは深くしみついていて、合理的な説明など必要ない。

汚れがうつるという考えは、今でも適応の役に立っている。〝正しい〟と感じることはたいてい健康的だ。ベジタリアンの多くは、倫理と健康の両方を考えてそれを選択しているという。しかし食べ物や栄養とは何の関係もない領域で、このような衝動が起こることについてはどう考えればいいのだろう？

現代人に残る、汚いものがうつるという考えの多くは、迷信の一形態である。クーティーズ（黴菌）について考えてみよう。クーティーズは接触で感染する架空の菌だ。気持ち悪いがどこにでも存在し、特にアメリカの子供の豊かな想像力の中に、はびこっている。この菌はいじめられっ子が持っていることが多く、ほとんどは異性の子供からうつされる。そして明らかに道徳的な側面がある。クラスの子の〝嫌われ者の性質〟は、熱病よりもクーティーズからうつされる確率のほうがはるかに高い。

クーティーズは子供たちの罪のない迷信だ。しかし大人版のクーティーズは、それほど無邪気ではない。次のセーターの例を考えてみよう。

汚れがうつるという考え方について、セーターを使った調査は数多くある。セーターは架空のもので、きれいに洗ってあることを前提としている。そしてどのセーターなら着たいか、あるいは着たくないかを尋ねる。たとえば、あなたはアドルフ・ヒトラーが着たセーターを着られますか？　多くの人はノーと答えるが、心理学者はこれを、汚れがうつると感じるヒューリスティックの表れだとしている。邪悪な〝本質《エッセンス》〟が一度でもふれた何かにさわるだけで、その本質が伝染する可能性があるのだ。

実際にはヒトラーが着たセーターなど存在しない。彼がプルオーバーを着ている姿を想像することすら難しい。これはあくまで実験のための仮定だ。心理学者はこのセーターの例を使って、さまざまな種類の伝染の迷信を調べてきた。そしてもっと重要なのは、人々が避けようとする本質の働きを研究することだ。たとえば、ある心理学者のチームは、エイズ患者に対する見方を調べるために、このセーターの例を使った。人々がエイズ患者を忌避しようとする態度には、道徳的な面と医学的な面があるのは以前から知られていて（多くの調査でも示されている）、その偏見の根は誤った思い込みにあることが、個々の事例から示されている。エイズ患者が所有していた家を買ったり、同じ職場で働いたり、クラスにエイズ患者がいる学校に子供を行かせたりするのをいやがる人はいる。

このような出来事は、ＨＩＶの感染力についての理解が広まって長い時間がたってからも、報告されている。つまりこうした感じ方は、理屈や科学では伝わらない部分にあるのだ。それ以来、心理学者はこれらの迷信の根にヒューリスティックがあることを示してきた。彼らは被験者に、次のような人のセーターを着るかどうか尋ねた。エイズ患者、ゲイのエイズ患者、輸血で感染したエイズ患者。比較対象として、ほかの病気にかかった人のセーターについても尋ねた。結核の人が着たセーターを着ますか？　自動車事故で脚を失った人のセーターは？　どのケースでもセーターはきれいに洗濯してあることを明言し、着るのをいやがるのは、本当の菌への恐怖心からではないことをはっきりさせておく。その目的は汚れがうつるという思い込みの要因を整理することだ。病気の患者を避けようとする理由として、根拠のない恐怖心、倫理的な反発、あらゆる不幸に対する嫌悪感などが考えられるが、それぞれどのくらいの割合を占めているのだろうか？　結果は興味深く、また悩ましいものだった。人々は結核患者を非難したりしない。ただ病気がうつるのを避けたいと思うだけだ。しかしエイズ患者に対しては、先ほどあげたすべての要素（病気に対する嫌悪、倫理的な反発、そして不幸への嫌悪）が働いて、それが非難へとつながっているようなのだ。そのような状況を克服するのは特に難しい。

心理学者はまた、善良で尊敬すべき人物、たとえばマザー・テレサのセーターなら着るかどうかも調べた。すると、人々はよい本質もうつると感じていることがわかった。祖母の結婚指輪を大事にして身に付ける理由の一部も、それで説明できる。しかし全体としては、よい本質は悪い本質ほどの力はない。つまりマザー・テレサのセーターを着たからといって、ヒトラーのセーターを着たときについた悪い本質を帳消しにはできないのだ。

土地へのこだわり

しかしこのルールにはひとつだけ例外がある。それは土地である。イスラエルとガザ地区における、延々と続く土地をめぐる紛争を考えてみよう。土地をめぐる紛争は人類が生まれたときからあっただろうが、国土という概念は人間の歴史の中では比較的、新しいものだ。有史以前、土地への愛着は個人的かつ神聖なもので、現在のように観念的な律法をめぐる問題ではなかった。なぜこのような状況になったのだろう？　ある土地に、人はなぜ激しく執着するのだろう？　ロジンとペンシルベニア大学の同僚のシャロン・ウルフは、汚れがうつるという感覚が、中東で継続中の土地をめぐる紛争にどのような影響を与えているか掘り下げようとした。土地には、少なくともセーターと同じくらい、よい本質、あるいは悪い本質があるとみなされていると、ロジンらは考えた。大昔のユダヤ人は、土地には強力なつながりがしみついているため、土地の交換や没収は禁忌だった。たとえどこか違う場所の、同じような面積の土地であってもだ。敵に占領された土地にも悪い本質がしみこむ。そのためイスラエルの土地をめぐっては、人々の心には深刻な葛藤が生じた。この原始的な認知バトルは、現代のユダヤ人の頭の中でも繰り広げられているのだろうか？

こうした研究の一環としてロジンらは、よいものも悪いものも伝染すると思い込む性質を測定する実験ツールを考案し、それを使ってイスラエル人とユダヤ系アメリカ人に実験を行なった。彼らはイスラエルの土地に対する愛着について、次のような質問をした。東エルサレムのどこかの土地を売買しますか？　テンプル・マウントは？　人のいないイスラエルの小さな土地は？　もし取引をするとしたら、相手はどこですか？　シリア、あるいはヨルダン？

一般的に、イスラエル人もユダヤ系アメリカ人も、イスラエルの土地は〝売買不可〟と考えていた。これは東エルサレムのような聖なる土地ばかりではなく、国境沿いの名もない小さな土地についても同じだ。シオニズム運動の指導者セオドール・ヘルツルと、暗殺された首相イツハク・ラビンの墓があるヘルツルの丘について尋ねると、八三パーセントのイスラエル人と七〇パーセントものユダヤ系アメリカ人が「土地であろうと、何かほかのものであろうと、売買はしない」と答えた。回答者の大半にとってイスラエルの土地は、自分の子供か、自分の信仰する宗教と同様なのだ。とても議論の余地はない。

しかしロジンとウルフ（二〇〇九年のガザ侵攻の前に研究を始めた）は、それほど強い土地への執着の底にある心理を理解しようとした。そこで彼らはヘルツルの丘に関して、こんな質問をした。まず大地震がエルサレムを襲って墓地が破壊され、その過程で地面の土が一五メートル崩れ、遺体はすべてよその場所に移された。もしそんな事態が起こったら、ヘルツルの丘を売りますか？　そしてもうひとつ付け加える。その地震のあと、ヘルツルの丘に刑務所が建てられたと想像してください。そこは特にパレスチナ人の政治犯が入っており、刑務所ができて一〇年がすでにたっています。あなたはこの土地を売りますか？

この実験の目的は、ユダヤ人が本当に感情的に執着しているのは土地のどの要素なのか、そしてどんなきっかけがあれば土地への執着が断ち切られるのかを調べることだった。そして祖先のよい本質がしみこんでいるのは、土そのものらしいことがわかった。地震で土が失われたと仮定して、同じ質問をしたところ、土地の売買に絶対反対と答えた人は、いちじるしく減少した（八五パーセントだったのが、地震後は三九パーセントに）。そして敵の刑務所によって土地が〝汚された〟あとでは、土地売買に反対する人はさらに少なくなった。

しかし敵の刑務所が一〇年建っていた土地でも、絶対に売買はしないという意見を変えない人もいた。長期間〝敵〟に占領された土地（ガザに限らず中東のさまざまな場所）は、悪いつながりがしみついているはずなので、ユダヤ人は執着しないと考えられる。ヒトラーとマザー・テレサのセーターの実験結果をふまえれば、悪いつながりが、よいつながりを抑えてしまうはずだ。ところが多くのユダヤ人が、敵に占領された土地に執着していた。それはアラブ人の多くがイスラエルの一部に強い感情的な結びつきを持っているのに似ている。説明として考えられるのは、最初のよいつながりが先に定着し、あとから現れる悪い本質を寄せ付けないということだ。

イスラエル周辺の紛争には、もちろんほかの要素がいくつもあるが、科学者たちはその多く——攻撃されるのではないかという感覚や、イスラエルに対する政治的見解など——を科学的に抑制しようと苦労している。こうしたほかの要素は、基本的な土地への愛着を消すことはなかった。古代から続く土地に対する感染ヒューリスティックは、それを心理的に揺るがすのは難しいことを表しているようだ。

私は決して迷信を信じるタイプではない。家の中で傘を開くこともあるし、はしごの下を通るのも平気だ（訳注：欧米では家の中で傘を開いたり、はしごの下を通ったりすると不幸を招くといわれる）。ホテルが一三階をつくらないのはばかげていると思う。しかし、ヒトラーが着たセーターを着るのはためらいがある。それは清潔さにこだわるのと同じだ。それはごく自然に身に付いたものだ。自然は危険に満ちていて、私たちの祖先は苦い経験を通し、長い時間をかけてそれを学んだ。しかし大昔の人間が自然の中で経験したことは、私たちの心の豊かな財産となって残されている。はかりしれないほど価値のある、落ち着きと精神性の源もそのひとつだ。それは〝ナチュラリスト・ヒューリスティック〟としても知られているが、科学者たちはこの愛着の力を評価し始めている。

法則17 ナチュラリスト・ヒューリスティック

自然は脳の処理モードを切り替える

生命愛《バイオフィリア》

二〇〇九年の冬、トラヴィスという名のチンパンジーが、二週間ほど新聞やテレビのトップニュースを飾り続けた。トラヴィスは一四歳で、幼いころからコネチカット州スタムフォードの家でペットとして飼われていた。そのため、報道によれば、人間の生活にすっかりなじんでいたという。トラヴィスはドアの鍵も開けるし、夕食時には家族と一緒にテーブルについた。植木に水をやり、インターネットも使う。ときどきワインを飲むことさえあった。ところが二月のある寒い日、九〇キロも体重があるこのチンパンジーが、何の理由もないのに隣人を襲い、顔を打ちのめして重傷を負わせ、駆けつけた警察によって射殺された。

ワイドショーには義憤にあふれたコメントが殺到した。飼い主はいったい何を考えていたんだ？ チンパンジーは野生動物であり、根っこのところには常にその野生が残っていると、専門家は証言した。コネチカット州ではサルをペットとして飼うのは法律で認められているかもしれないが、それが倫理にかなった常識的な行動だと言えるだろうか？　ペットにサルを飼いたいなんて、いったいどんな人間だろう？

私はトラヴィスのこの悲劇から目が離せなくなった。ほんの数日前、私は妻とワシントンDCの自宅近くにある国立動物公園に行ってきたばかりだった。そこではマンダラというニシローランドゴリラが子供を産んだばかりで、それをひとめ見ようとおおぜいの客が押しかけていた。私たちは運よくやさしい母ザルが子ザルを抱いて世話をしているところにぶつかり、まわりをかこむ人々は歓声をあげて写真を撮っていた。

動物園は道徳的に好ましくないという人もいる。しかし実際のところ、アメリカでは毎年、あらゆるスポーツイベントに参加する人数すべてを合わせたより多くの人が、動物園を訪れているのだ。動物を飼いならしたり捕まえたりすることが倫理的かどうかといった複雑な問題とは別に、トラヴィスの飼い主と動物園に動物を見に行く人は、ほかの生き物と深く関わりたいという強い願望を持っている点では共通している——それがたとえ野生のものであろうとも。

いや、むしろ野生だからこそかもしれない。本書で論じてきたヒューリスティックの多くが、元をたどれば大昔に起こった進化に行きつくだろうと考えられているが、〝ナチュラリスト・ヒューリスティック〟は、間違いなく有史以前の経験によってつくられたものだ。それはヒトという種がある特定の環境、東アフリカの広大なサバンナで身の安全を保てるよう適応した結果から生まれた。私たちの自然界へのこだわりは文化や美的なものではなく、生存のために不可欠なものだったからだ。しかしそれが私たちの文化や美学を形成し、しっかりと刻み込まれた。〝生命愛《バイオフィリア》〟とも呼ばれる、この深く植え付けられた遺伝的衝動は、生存とは関係のないところで、いまだあらゆるものに対する私たちの好みを形づくっている。たとえば住まいや景観を選ぶ基準、自然保護運動、ペットに愛情を注ぐ人の多さ。自然の世界に戻りたいという熱意は、私たちのニューロンに刷り込まれているのだ。

私もそれは感じている。しかし何十年も都市に住んでいると、たいていの場合、実際の自然ではなく代替品で我慢しなければならない。私は動物園に行ったり、飼っている犬を公園に連れて行ったり、行けるときは海に泳ぎに行く。テレビを見ることもある。たとえば冬はじっと座って自然に関する番組を見ているのが好きだ。ヒマラヤに棲む珍しいユキヒョウや、ロッキー山脈に棲む野生馬の映像を見ていると、時間がたつのも忘れてしまう。特に私が夢中になるのは『マン・ヴァーサス・ワイルド（人間対野生）』だ。ベア（熊）・グリルという、この番組に似つかわしい名を持つ男が、世界中の過酷な環境に身を置き、母なる大自然に知恵で立ち向かう。私はベアが毒グモを食べたり、自分の尿を飲んだりするところを見てわくわくし、私自身そんなことをする必要がないことに感謝する。

そうした映像は現実からかけ離れた代用品であるのはわかっている。私たちの野生は小さくなっているだけでなく、それを楽しむ時間すら短くなっているのだ。しかし私のような都会人でも、自然との原始的なつながりを求め、テレビでそうした疑似体験をして気持ちを高ぶらせる。しかし荒々しい自然から得る心理的恩恵を、テレビのようなテクノロジーの道具を通して受けることはできるのだろうか？　それとも実際に雪のかたまりをさわったり、松葉の匂いをかいだりする必要があるのだろうか？　そして実際に大きな自然の中に出ていったとき、それは私たちに何を与えてくれるのだろうか？

ピーター・カーンはこうした問題を、体系的に研究し始めた少数の環境心理学者の一人だ。彼とワシントン大学の同僚たちは、高性能の技術によって再現された自然から人間がどんな恩恵を得るのか調べるために、いくつもの実験を行なった。人はどの程度まで、高性能な人造の野生と、本物の区別をつけられるのだろうか？　そして特に〝純朴《ナイーブ》な生物観《バイオロジー》〟は、生き物のどんな性質を見ているのだろうか？

研究の多くは子供たちを対象としたものだ。それは子供たちが、最も単純な人間だからだ。彼らはナチュラリスト・ヒューリスティックが働いているときの、〝純粋〟なものの見方を教えてくれる。カーンは子供と、ソニー製のイヌ型ロボット〝アイボ〟との関係を調べる、いくつもの実験を行なった。アイボは現在、市場で手に入る中では最も進んだペット・ロボットである。体は金属製だがイヌの形をしていて、肢や首も動き、距離、加速、振動、音、圧力などを察知するセンサーもついている。そして、お手をするといった、人間と交わるような行動がプログラムされている。さらに簡単な〝学習〟をする能力まである。アイボを撫でるとある行動が強化され、叩くとそうした行動をしなくなる。その結果、同じアイボでも性格が違ってくる。

しかし、やはりアイボはイヌではない。機械であるのは、少なくとも大人には一目瞭然だ。柔らかくないので、抱きしめると安心するといった、ぬいぐるみの美点は欠けている。カーンらの実験の目的は、アイボにできるだけイヌらしい行動をさせて、子供がどのように反応するか見ることだった。実験ではさらに、アイボの性格について子供たちに聞き取り調査を行なった。また彼らがアイボにどう関わるかを観察し、アイボやほかの動物や人工物を、子供たちがどう理解しているかをテストした。

特に子供たちがアイボを、ふつうのぬいぐるみの動物とは別のものとして見ているのか、アイボとの遊びは一般のごっこ遊びと違っているかを調べようとした。

ここでシャンティという、ぬいぐるみのイヌが登場する。どの実験でも、子供たちはアイボと遊んだあと、比較のためにシャンティとも遊ぶよう指示される。カーンは三歳から六歳の子供を被験者として、彼らを二つの〝ペット〟で合計四五分間、遊ばせた。そのあと子供たちにこんな質問をする。「アイボは生きていますか？　どうすると喜びますか？　どうしてわかりますか？　アイボはビスケットを食べますか？　アイボはうれしいと感じますか？　アイボはあなたの友人になれますか？　アイボを一週間、放っておけますか？　アイボは死ぬでしょうか？」

大量のデータから、いくつかはっきりした答えが出てきた。子供たちの四人に一人が、アイボは生きているものとして、行動したり話をしたりした。そして少なくとも半分の子供が、アイボは生物としての性質をもっていると考えていた。そしてアイボはものを考えたり、他者に共感したり、道徳的な判断をできると考える子供はもっと増え、全体の三分の二にも達した。しかし（ここが重要）子供たちは、シャンティについても、だいたい同じことを言う。つまりアイボと子供たちの関係は、ごくふつうの子供の想像力の範疇だと思われる。

ところが子供たちの行動を見ると、やや話は変わってくる。何より目立ったのは、子供たちはシャンティよりアイボをはるかに怖がり、近づいてくるとびくびくする。つまり子供たちは、ふつうのおもちゃにはない性質を、たしかに感じ取ってはいるのだ。さらにぬいぐるみのイヌはわりと平気でいじめるが、アイボをいじめることはめったになかった。逆に心配してやることはあった。やはり子供たちは根本的なところで、シャンティとアイボを区別しているのだ。これはごく幼いころにも見られる、ナチュラリスト・ヒューリスティックが働いている証拠である。

この結果はさらに、簡単なカード分類作業で裏付けられている。アイボをほかの物体や本物のイヌなどとともに、カテゴリー分けするよう子供たちに頼んだところ、子供たちはアイボを、生物と物体のあいだに位置するものととらえているらしいことがわかった。子供たちはそのイヌ型ロボットを、デスクトップ・コンピュータよりは、ロボットやぬいぐるみ、あるいは本物のイヌに近いとみなしていた。おもしろいことに、ほとんどの子供が、アイボには倫理的に接しようとしていた。アイボを叩いたり、一週間も放っておいたり、ゴミ箱に捨ててはいけないと答えたのだ。

つまりアイボは子供たちの道徳心を刺激するのだろうか？　これもまた、人間の生活に対して、自然が果たしている役割のひとつなのだろうか？　それも考えられるが、カーンはロボットのペットとの道徳的な関係は、いずれいろいろな形でだめになると信じている。はっきり生物ではないとわかっているものと、道徳的な関係を築くとは、どういうことなのだろうか？　ずっと乗ってきた古いビュイック（訳注：ゼネラルモーターズの乗用車のブランド）に対する愛情とは違うのだろうか？　彼はロボットと人間の関係は、技術が進み、どんどん本物の動物に近づくにつれて、さらに複雑になるだろうと考えている。しかし現在の研究による証拠からすると、その関係に道徳的側面が生じることはないことも示唆している。

芸術家・動物VSアンドロイド・ビジネスマン

私たちは自然を過剰にロマンチックにとらえないよう気をつけなければならない。やはり人間と野生、そして野生動物との関係には、常に畏れと恐怖が含まれている。それは私たちが使う言語にも表れている。今、〞ビッチン〞という言葉は「かっこいい（クール）」と同じ意味で使われているが、はるか以前はビッチ（メスイヌ）といえば、女性に対して投げかける最大級の侮辱語だった。人間の親友である〞イヌ〞も、他人を侮辱するのに使われるわけだ。これはイヌに限ったことではない。ブタ、ネズミ、ウシ、ロバ、サル――敵を攻撃するための侮蔑語は動物界にあふれている。この本を書いているとき、『ニューヨークポスト』紙のマンガに、オバマ大統領を射殺されたサルのトラヴィスにたとえたという話が、ニュースで大々的にとりあげられていた。

これはなぜだろう？　誰かに対して人間以下だと言いたいとき、なぜ動物の名を借りるのだろう？　敵を機械にたとえてもいいようなものだが、「消えろ！　このロボット！」とか「アンドロイド野郎！」などという言い回しはついぞ聞かない。心理学者によれば、動物の名前で人を罵るのは、動物への強い愛情と、動物と協調したいという切望の裏返しだという。オーストラリアの心理学者二人が、この仮説を実験で検証した。メルボルン大学のスティーヴン・ローナンとニック・ハスラムはあからさまな侮辱語を調べ、私たちが他人を中傷するときの方法に、より〞自然〞なものがあるのかたしかめようとした。

彼らは動物と機械はどちらも人間以下ではあるが、その性質は大きく違っているという仮説を立てた。どういうことかというと、イヌやサルは人間特有の性質――高い知能や道徳的な感性――が欠けている一方、アンドロイドやロボットには〝人間性《ヒューマン・ネイチャー》〟の土台をなす性質——ぬくもり、柔軟性、生気——などが欠けている。つまり私たちは、違いがあるにもかかわらず、知的にも感情的にも、機械よりも動物と深く関わりあっているということだ。それがナチュラリスト・ヒューリスティックである。

彼らはこの仮説を検証するのに、言語連想テストを被験者に受けさせた。さまざまな性質を、違うタイプの人や物体に、どれだけすばやく結びつけるかを調べるものだ。被験者に次々と言葉を見せていく。たとえば〝ブリーフケース〟〝遊び好き〟〝冷酷〟〝カモノハシ〟〝ソフトウェア〟〝アンドロイド〟などだ。

被験者はそれが、〝人間らしい〟〝人間特有〟〝芸術家〟〝ビジネスマン〟〝動物〟〝機械〟という、六つのカテゴリーのうち、どのカテゴリーと結びつくかをすばやく判断する。ブリーフケースやスーツは〝ビジネスマン〟の象徴、ビジネスマンは合理的で、動物よりも機械に結びつくのではないだろうか。どんな実験かだいたい飲み込めただろうか。すぐに答えるというのが重要なところで、それはできるだけヒューリスティックな、反射的かつ無意識な答えを求めているからだ。どのような結果が出たかというと、予想どおり、商業やそれを象徴する現代的なものは機械のイメージと強く結びつけられた。言い換えれば、私たちはそうした新しい文化的な発展と、大昔のようなつながりは持っていないということだ。ビジネスは脳の計算や分析を扱う領域で処理されているのだ。

一方、動物や動物的なイメージは、芸術家や芸術性と強く結びつけられた。これは私たちと、より深い感情的なつながりのあることを示唆している。さらにアンドロイドやビジネスマンは、合理的なられた。これは経験を処理する脳の部位で扱われる要素だ。

思考や高度な知識と結びつけられるが、動物や芸術家はフィーリングや活発さなどと、強く結びつけられた。これは経験を処理する脳の部位で扱われる要素だ。

私たちの〝生物学的バイアス〟を示す最強の証拠は、視覚――私たちが自然をどう見ているかという研究――にある。私たちの心の目は、自然にあるものすべてと、特別かつ親密なつながりを持っている。こんな風景を見たと想像してみてほしい。

あなたはバスで、初めて来る観光スポットに到着した。バスを降りて周囲をみまわす。何が目につくだろうか？　まず目の前の大きな湖を見落とすことはない。そこに水上スキーヤーが何人かいるだろう。遠くには頂上に雪をかぶった山が見える。そしてすぐ左にはアメリカツガの林がある。今日の宿は右の先にあるあの山小屋に違いない。張り出したサンルームが自分を待ってくれているようだし、天気も申し分ない。

次に、あなたは逃走中の犯罪者だと考えてみよう。あなたはバスを降りる。そのとき何が見えるだろう？　たいていは、広々とした何もない空間が見えるだろう。小さな木立以外、隠れる場所はほとんどない。あなたは危険のなかに放り出されたように心細く感じる。湖はあの山の向こうにあるはずの自由を阻む障害にしか見えない。山への道はあるのだろうか？　あなたは建造物があるのに気づく。人間の気配は、あなたにとって脅威だ。少なくとも寒くないのは幸運だった。

これは同じ風景を、二つのまったく違った視点で見たときの例だ。そしてこれは解釈や判断の問題ではない。まさに一瞬なので、解釈や判断を行えるほどの時間はない。これは休暇で来ている人と、犯罪者が実際に見ているものなのだ。視覚のような基本的な機能でさえ、恐怖と大昔の生存戦略と深く結びついている。私たちの脳はあらゆるところに脅威がある時代に進化したため、最初の一瞬で一番重要な意味を持つ情報を引き出すよう、精巧に調整されている。長時間、じっと見つめていたらそこで命を落としかねない。逃走中の犯人は（大昔の祖先のように）、ツガノキやサンルームなどの細かい部分、湖や山でさえも見ている余裕はない。安全を確保したいという欲求が、ほかのすべてに勝り、その他の細かな部分まで目が届かなくなるのだ。

私たちのニューロンには、逃走中の犯罪者と同じような警戒心が多少なりとも根付いている。少なくとも、理論ではそうだ。それをMITの二人の科学者が実験でたしかめようとした。ミッチェル・グリーンとオード・オリヴァという心理学者が、人は自然の風景を初めて見たその瞬間、何を見ているのかさぐってみたいと考えた。一瞬で処理されなければならないほど、人間にとって不可欠で特別な情報とは何なのだろうか？

グリーンとオリヴァは被験者に、さまざまな自然の風景を写した何百枚ものカラー写真を見せ、すばやくそれを分類させた。分類方法としては、海、森、野原、川といった、共通の物理的性質を持つものごとに分けたり、道のわかりやすさ、見晴らし、自然現象、温度など、生き残るために知っておかなければならない性質ごとに分けたりする。そしてそれぞれの写真を分類するのに、どのくらい時間がかかるかを、一〇〇〇分の一秒（ミリ秒）まで計測する。

見る必要があるものを、脳が〝見る〟速さには、目をみはるものがある。一番速く認識されたのは、生き残るために知っておく必要がある情報で、その長さは一九ミリ秒と、指を鳴らす時間より短い。

共通の地理的特徴による分類も、かなり速く処理されたが、見晴らしのよさや逃走ルートを認識する速さに比べれば、あと出しのようなものだ。これは筋が通っている。〝山〟や〝湖〟といったカテゴリーは、かなりあとになって、時間をかけて考えたり分析したりできるように、脳が進化してから認識されるようになったものだからだ。それらは言語を獲得するまで進化したあとで、人間の脳に入ってきたものだ。

しかし何よりおもしろいのはここからだ。脳が一番速く働くのは、風景を自然のものとして、つまり人がつくったものではないというカテゴリーで分類するときだ。何千万年にもわたる進化が、脳と自然の世界をかたく結びつけたらしい。しかし文明世界とはまだそこまで強く結びついておらず、理解するにはより時間をかけて分析する必要があるようだ。そう考えると、私たちはある風景が自然かどうか、山や野原や滝などを〝見る〟前に、わかっているという可能性が出てくる。

本物の自然、人工の自然

現代の世界で、私たちはどのようにして、自然とのつながりを保っているのだろうか？ カーンらは人間と山、海、森（あるいは少なくともそれらに似たもの）の関わりについての研究を続けている。たとえばある実験では、プラズマテレビの〝窓〟を、ほかに窓のない労働者のオフィスに一六週間置いて、さまざまな心理学の調査を行なった。するとテレビで公園や山脈などの〝風景〟を見ていた人たちのほうが、満足度が高く、思考が明確で、自然とつながっているという感覚を持っていた。

どういうことかといえば、高性能テレビは何もない壁よりもましだということだ。では本物と比べたらどうなるかを調べるため、カーンはもうひとつ別の実験を行ない、一部の労働者のオフィスに窓をつけ――古典的なガラス窓である――本当の外の風景が見られるようにした。プラズマテレビの窓のグループ、何もない壁のグループ、そして本当の窓のグループと、三つに分けたのだ。そしてすべての被験者にストレスを与えた。低いレベルのストレスだが、心拍が上がるくらいの強度はあった。そして落ち着いて心拍がもとに戻るまでの時間を計測した。

　結果は議論の余地がないほど明白だった。気持ちを落ち着かせる効果があったのは、本当の外の風景だけだ。プラズマテレビも癒し効果はただの壁と変わらない。つまり技術で再現した自然は、たとえ高品位テレビの質をもってしても、ニューロンをだますことはできなかったのだ。

　しかしそのようにして自然と直接、触れ合うときに、正確には何が回復するのだろうか？　言い方を換えると、自然と触れ合う経験をしないと、何を失うのだろうか？　もうひとつ別の実験が、この問題を解く役に立つ。ミシガン大学の心理学者マーク・バーマンは、自然には私たちの脳の処理モードを切り替える働きがあるという。刺激の多い都市の通りを歩いているとき、私たちは焦点を絞って、それが何かを分析しながら、ものごとに注意を向けなければならない。ラッシュアワーの道路やパトカーのサイレン、都市の騒音は、そうやって処理している。試験勉強、金銭に関する決定、仕事の打ち合わせ――日常生活の仕事――をするときも、そのような注意力が必要だ。一部の科学者はこの種の注意力を〝認知制御《エグゼクティブ・コントロール》〟と名づけた。

　しかしこうした注意力は減っていくことがある。自然と関わると、脳はリラックスして受け身モードになり、分析する力が自然に回復するのを待つ。その理論をバーマンらは巧みな実験で検証した。

彼らは被験者グループに、学校や職場で必要なタイプの集中力を測る、とても難しい認知テストを受けさせた。その後さらに、ふつうの集中力を消耗させる作業を行なわせた。実験室の中で、仕事が山積みで大忙しの職場の一日を再現したのだ。そしてすべての被験者に三マイル（四・八キロ）歩かせた。しかし被験者のうち半分は、アナーバー市のはずれにある植物園を散策しながらゆっくりと歩き、もう半分はアナーバー中心街のにぎやかな大通り、ヒューロン通りを歩いた。被験者が研究室に戻ると、再び注意力と集中力を測定する。自然の中を歩いてきた被験者のほうが、街の大通りを注意して歩かなければならなかった被験者より、目に見えて注意力が高かった。自然と関わるには、種類の違う、労力をそれほど必要としない注意力が求められるらしく、一時的にモードをそちらに切り替えると、日常生活に必要な集中力がよみがえるのだ。森を歩いたり街の喧騒を離れたりすると、知的な作業が求められる毎日の生活の課題にうまく取り組めるようになるというのは事実なのだ。

それなら文明に囲まれた現代の生活は、人間心理に永続的かつ深刻な影響を与えるのではないだろうか。その可能性はあるし、すでに影響は出ていると考える科学者もいる。カーンはさらに、空き地、動物の命、森林、植物、水に対する子供たちの価値観と、それらすべての減少や消滅について、文化横断的な研究を行なった。彼は世界各地を訪れ、自然に対する感覚や姿勢がどのくらい普遍的なものかを調べ、ブラジルのアマゾン熱帯雨林からリスボンの都心、そしてアメリカのヒューストンまで、子供たちに聞き取り調査を行なった。

この調査結果をひとつ例としてあげてみよう。カーンがヒューストン中心地のスラム街で、アフリカ系アメリカ人の子供に大気汚染について尋ねたところ、ほとんどの子供は大気汚染がどういうことか理解しているようだったし、それがいいことではないとわかっていた。しかしさらに調査を進めると、子供たちは自分が吸っている大気については、まったく心配していないことがわかった。子供たちはヒューストンの大気が汚染されているとは思っていなかったのだ。当時、アメリカでも特に大気汚染のひどい都市だった（それは今も変わらない）にもかかわらずだ。

聞き取り調査を行なった子供たちは七歳から一一歳だった。彼らは環境悪化を理論として知っていた。学校の授業や本で学んだ概念は、分析を担当する脳の部位に保存されている。しかし彼らはそれを自分のこととして考えていなかった。自分たちが吸っている空気は、祖父母が吸っていたころのものとはまったく違うとは思っていないのだ。

カーンはこれを危惧すべきこととしてとらえている。世代を経るごとに、子供たちは自然の世界についての経験的知識や、自然とのふつうの関わりとは何かという期待を失い、ある種の世代的記憶喪失とも言うべき現象が生まれる。自然が本当に、消耗した精神や感情を回復させるものなら、そう遠くない将来、これは深刻な心理学的問題になるかもしれない。

ドクター・スースは一九七一年に、このような記憶喪失を描いている。子供向けの絵本『ザ・ロラックス』がそうだ。この物語では、ある男の子がワンスラーをさがしに人里はなれた土地に足を踏み入れる。ワンスラーは環境を破壊する悪者であると同時に、社会の制度的な記憶だ。ただしワンスラーが思い出すのは、その場所が色鮮やかなトラフーラの木に囲まれているときだけだが、彼は自らの欲のために、それを破壊してしまった。この本には、あからさまではないが希望が描かれている。登場する子供はカーンが指摘したような、ある種の世代的記憶喪失におちいっているが、内なるナチュラリストはニューロンの奥深くで生き続けている。

環境心理学者が心配しているのは、自然界の変化や喪失に人間が適応できないということではない。むしろ適応できることが心配なのだ。私たちは悠久の昔から、あらゆる環境の変化に適応してきた。今現在、私たちの脳の配線が変わりつつあり、原始的な自然とのつながりが断たれ、文明とつながりつつあってもおかしくはない。問題は、自然と親しくすることを求める奥深いヒューリスティックのおかげで、未知なる心理的代償を払うのではないかということだ。アイボやプラズマテレビの窓は、失われたものをある程度は埋め合わせてくれるかもしれないが、本物の自然のように、元気を完全に回復させてくれるだろうか？

ナチュラリストのE・O・ウィルソンの造語である〝生命愛《バイオフィリア》〟という言葉は、自然の園に帰りたいという強い憧れをうまくとらえている。これは聖書のエデンの園ではなく、人間の脳が形成された大昔の環境のことだ。私たちのニューロンは大昔のサバンナ・イメージを持っていて、それがいまだ私たちの美意識を形成しているというのが、ウィルソンの信条である。ナチュラリスト・ヒューリスティックには精神的、道徳的な側面がある。しかし私たちの道徳心をつくるものはほかにもある。その中でも大きいのは、〝道徳ヒューリスティック〟だ。これは道徳的ジレンマを分解し、善悪を判断し、非難すべきことを指摘し、罰を与える。私たちは理屈でなく、道徳的な思考をするようにできている。その結果、どのようなことが起きるか、次の法則で検討してみよう。

法則18 道徳ヒューリスティック

道徳心が低いと感じると、逆に利他的になる

ダブルチェックする脳

私は大のミステリーファンで、レックス・スタウト（訳注：名探偵ネロ・ウルフの生みの親。アメリカではシャーロック・ホームズに次ぐほどの人気がある）からアーサー・コナン・ドイルまで、何でも読みあさる。特に好きなのはドロシー・L・セイヤーズの『ナイン・テイラーズ』だ。これは一九三四年に書かれ、欲、裏切り、殺人、報復がイングランドの荒野で渦巻く傑作だ。プロットは巧みに組み立てられ、登場人物も生き生きと描かれている。そしてそれだけでなく、読者の心を落ち着かなくさせる。ヒーローである探偵、ピーター・ウィムジー卿が、難事件を最後には解決するが、読者は道徳的に判断が難しい問題をいくつも突きつけられる。殺人犯には人を殺す意思はなかった。そして被害者が死んだとき、現場にいなかったのだ。さらに犯人自身も思わぬ事故で死んでしまったため、罪を免れる。

このあいまいさはすべてのルールを破っている。文学のルールだけではなく、心理的、道徳的ルールにも反している。私たちのニューロンの中には、ハードボイルド探偵が住んでいる。その探偵が求

めるのは、動機、実際の（できれば血なまぐさい）悪事、そしてその犯罪に見合う罰だ。そのような心理的欲求が根本的かつ普遍的なものだからこそ、何百、何千ものミステリーがそれを尊重しているのだ。セイヤーズの小説を読むときは、道徳心のバランスを保つため、精神と感情をおおいに働かせなければならない。

悪事をあばき、罰を与えるという作業には、どこか原始的なものがある。犯人を突き止めるのは、単なる娯楽ではない。私たちは知る必要がある――脳がそう主張するのだ。少なくともそれが、倫理的直感や判断について、何年にもわたって行なわれた研究結果から浮かび上がってきた事実である。そしてそれは心理的に満足する物語をつくるよりも重要なことだ。私たちはこれらのルールにそって、児童虐待から投資詐欺、環境破壊まで、あらゆる罪に対し、自らの行動を決め、他人についての判断を行なう。実際に陪審員席に座っているとき、あるいは募金トレイの小銭を誰かが盗んでいるのを見ているとき、私たちは凶悪であいまいな犯罪について、他人を裁こうとしているのだ。

幸いなことに、本当に殺人事件に巻き込まれる人はあまりいない。しかし人を殺すのは極限状況であり、道徳的反応が極端な形で出るので、研究には向いているのだ。そこには道徳的なジレンマがあり、多くの心理学者がそれを利用した実験を、何年も前から行なっている。あなたがトロッコの運転手だと考えてみよう。ある日、ブレーキが壊れて止まらなくなり、車はどんどん加速して線路上を走り始めた。少し先に学校帰りの生徒が五人、線路を歩いて横切っている。あなたには車を止めるすべもなく、生徒たちに危険を知らせることもできない。五人を救う唯一の方法はスイッチを切り替えて、進路を変えることだ。しかしそうすると、五人のグループから離れて歩いている、別の生徒一人を轢いてしまう。あなたはどうするだろうか?

これは〝トロッコ・ジレンマ〟と呼ばれるもののひとつで、人が道徳的に判断しづらい問題をどう合理的に考えて対処するかを調べるのによく使われる。この仮説では、人が本能的にどう反応するかが明らかになる。現在の心理学の考え方では、人には二つの違った反応が起こることになっている。まずジレンマに対してすぐに起こる、反射的でヒューリスティックな反応。もっと脳が慎重になり、反射的に起こった衝動をじっくり考えるようになるのは、そのあとのことだ。あとになって私たちは、自分の行動を正当化する、体系的な道徳律に合致する理屈をひねりだす。ここでは脳のデュアル・プロセッサが働いている。理論的な脳が、すばやく反応するヒューリスティックな脳を〝説明〟しているのだ。

トロッコ問題は道徳的意思決定入門のような問題だ。かなり単純なので、たいていの人はすぐに答えを出す。ほんの数秒(分単位ではなく)で、たとえ罪もない人を一人死なせることになっても、スイッチを切り替えると答えるのだ。しかしこれについて少し考えてみてほしい。他の五人を救うためとはいえ、これはやはり殺人なのである。それなのにほとんどの人は、まったく悩まない。脳の中には、このような場合は人を殺してもかまわないと思わせる、何か大きな力があるに違いない。

こうした正当化を哲学者は〝功利(益)主義〟と呼ぶ。大義のためなら一人の命を奪ってもかまわないという考え方だ。それは実際的で、道徳的にも弁護できる。しかしその結論に至るまでに、脳は計算をしなければならない。運転手であるあなたが何もしなければ、何の罪もない人が五人死ぬ。行動を起こせば死ぬのは一人だ。基本的な算数問題とはいえ、そこには脳の複雑な計算が働いている。

私たちは自分に対して、それが道徳にかなった行為なのだと〝証明〟しなければならないのだ。直感的な脳が出した反射的な結論を、合理的な脳がダブルチェックして「はい、よろしい。これは筋が通っている」と承認する。

しかし正当化の理由はどうあれ、人の命を奪うことに対して、本能が「だめだ、だめだ！」と叫ばないのだろうか？　この功利主義的な理由づけをくつがえすほど強力な、道徳的ルールはないようだ。なぜそうなるのだろう？　ここでもうひとつ、やはり心理学の実験でよく使われる、別のジレンマを考えてみよう。それは〝歩道橋ジレンマ〟と呼ばれるもので、トロッコ・ジレンマよりも状況が複雑になっている。暴走するトロッコが五人の罪もない人たちに向かっているのは同じだが、あなたは運転手ではない。あなたは線路を見下ろす歩道橋の上にいて、となりに太った男が一人いる。五人の生徒を救う唯一の方法は、太った男を線路の上に落としてトロッコを止めることだと気付いた。あなたは太った男を押し出すだろうか？　そんなことはしないだろうか？

たいていの人は、このジレンマは前の問題より難しいと感じる。なぜそれがわかるかといえば、実験でもほとんどの人の反応時間が長くなるからだ。結論を出すのに、ほんのわずかだがためらうのだ。このときも〝大義のために〟という理屈があてはまると思えるが、道徳的な直感が尻込みさせる。それはなぜだろう？　ジレンマは基本的に同じだ。どちらも一人を犠牲にすれば五人が助かる。しかしこの二つの状況では、まったく違った反応が起こる。人は反射的にトロッコ・ジレンマの理屈を理解し、ほとんどの人が功利主義的解決を選ぶ。しかし歩道橋ジレンマになると、太った男を押して落とすという行為に、ほとんどの人が道徳的な嫌悪を感じる。そんなことはしたくない。この一見、矛盾した反応に、哲学者や心理学者はかなり前から興味を持っていた。

ハーバード大学の心理学者、ファイアリー・クッシュマンはトロッコ・ジレンマと歩道橋ジレンマ（そしてそのさまざまなバリエーション）を使って、ジレンマの根底にある道徳ヒューリスティックを整理しようとした。人間の脳はなぜ、これら二つのジレンマに対して違う反応をするのだろうか？実際的な思考や道徳的な理由づけが、歩道橋ジレンマのときはなぜしぼんでしまうのだろうか？その答えをさぐるために、クッシュマンは道徳観テストというウェブサイトを開設した（訳注：http://wjh1.wjh.harvard.edu/~moral/）。

このハーバード大学を拠点とするウェブサイトで、被験者はさまざまな種類の道徳的ジレンマについてじっくり考えて答える。たとえばエヴァン（架空の男性）が直面するこんな道徳的ジレンマを考えてみよう。エヴァンも五人を救える立場にいるが、そのためには落とし戸を開くレバーを引いて、太った男をトロッコの前に落とさなければならない。これは歩道橋ジレンマとよく似ているが、ここで重要なのはレバーである。エヴァンは太った男性に触れる必要はない。ただ機械的な道具を操作するだけだ。

なぜそれが重要なのだろうか？　倫理的な面では大した違いはないのではないか。彼はやはりあわれな男性を殺すことになるのではないか。ここではそのわずかな違いが意味を持つ。少なくとも私たちの原始的な脳にとっては意味があるのだ。クッシュマンが中年の被験者たちにこのジレンマを提示したとき、結果はまったく同じなのに、太った男性を押すよりは、レバーを引くほうがはるかに抵抗が少ないことを発見した。私たちは他人の体に触れて押すという、実際の身体的接触に、本能的な嫌悪感を持つらしい。事実、クッシュマンが被験者にその行動の説明を求めると、彼らははっきり二つを区別した。レバーを動かすのは人間ではなく機械に対する行動だと感じるため、楽に選択できるのだ。

このウェブサイトから、もうひとつ別のバージョンを考えてみよう。今度はジェフのジレンマだ。彼は何もせずに五人を救える。太った男はジェフが何もしなくても、線路に落ちていくのだ。しかしジェフがレバーを引けば、太った男は下に落ちなくてすみ、救われる。ただしその場合、当然、線路を横切っている五人の生徒は死んでしまう。何もせずにいることは許されるだろうか？

これに対しては、ほとんどの人がイエスと答える。このシナリオで、問題は体を動かさないということだ。エヴァンとジェフにあるのは、レバーを引くという選択肢だけだ。人を押す必要もなければ、格闘することもない、冷や汗をかくこともないだろう。しかしジェフのケースは、五人の生徒を救うために、指一本動かすこともないのだ。その違いは頭の中ではたいへん重要だ。不作為の罪は作為の罪よりも、道徳的に非難されにくいと感じる。たとえそれが機械のスイッチを押すことだけだとしても。

つまり私たちの道徳的な本能は、身体的な接触や自ら行動を起こすことには難色を示す。ほかに何かあるだろうか？　もうひとつクッシュマンの実験で使われたジレンマがある。今度はデニスの場合だ。これはやや込み入っているが、少し我慢していただきたい。他のケースと同じで、デニスには線路を横切っている五人の生徒を救う力がある。しかしそのためには、線路の分岐を切り替えるレバーを引いて、トロッコの進路を変えなければならない。ここまでは最初のトロッコ・ジレンマと同じに思えるが、ここにひとつ問題がある。レバーを引くと落とし戸も開いて、太った男が進路の変わったトロッコの前に落ちて命を落とす。そのときあなたはレバーを引くだろうか？

あなたがこの実験に参加した被験者と同じように考えるなら、レバーを引くだろう。クッシュマンが被験者に、なぜレバーを引いてかまわないのか尋ねると、彼らの理屈には必ずといっていいほど、意図という言葉が出てきた。つまり太った男が死ぬのは、善意による行為、おまけに実際に人の命を救う行為の、副次的な結果に過ぎない。男が死んだのは悪いときに悪い場所にいたという、運のなさのせいなのだ。

行為の正当化だと指摘されるまでもなく、これは正当化である。しかしそれは、基本的なルールに駆り立てられたとてつもなく強力な衝動の正当化である。こうした考えの多くは、バージニア大学の心理学者ジョナサン・ハイトの理論から派生したものだ。彼はすばやい反射的な道徳的直感——道徳ヒューリスティック——が、最初に起きると主張している。直感の意味を考えるのは、そのあとだ。そして私たちの直感は、道徳的ジレンマを判断するとき、次の三つに重きを置いているらしい。意図、行動、そして身体接触である。これらが三つともなければ、他人にうしろ指をさされるようなことはなく、面倒な状況に関わらずにすむだろう。しかし三つのうち、はっきりしないことがひとつでもあれば、その行動が道徳的に正しいかどうかもはっきりしなくなる。たとえ人の命を救ったとしてもだ。

『ナイン・テイラーズ』を読むと心理的に落ち着かなくなるのも、そこに理由がある。被害者は長時間にわたって鐘を鳴らす大晦日の夜、ずっと鐘楼に閉じ込められ、あまりに大きな鐘の音に耐えきれず死んでしまった。不幸な事故だった。凶器も使われていない。〝殺人者〟は故意に被害者を鐘楼にしばりつけ、しばらく閉じ込めておいた。ところが殺人者はひどい流感にかかり、計画どおり被害者を解放できなかった。このへんはクッシュマンが少し改変を加えたトロッコ・ジレンマに似ている。状況をさらに複雑にするため、被害者自身も犯罪者で、道徳心のない人間だということがわかったとしよう。彼が死んだことをそれで正当化できるだろうか？　犯人は殺人犯として法の裁きを受けるべきなのだろうか？　彼は被害者を殺す意図はなかった。彼が手を下したわけでもなく、被害者が死んだとき、現場にすらいなかった。意図、行動、身体的接触、どれもない。それでも簡単に判断は下せない。

道徳的行き詰まり

公正と罰の問題もまた、道徳ヒューリスティックから生じる。クッシュマンは次のような例をあげる。友人同士の二人が地元のバーで午後のあいだずっと酒を飲み、それぞれ車で家に帰ろうとした。一人は運転中眠ってしまい、隣人の家の前庭に突っ込み、生け垣を壊してしまった。もう一人も居眠りをして隣人の庭に車で突っ込んでしまった。ところが、たまたまそこでその家の五歳の娘が遊んでいた。彼はそれをよけきれず、女の子を死なせてしまった。二人の友人がとった行動はまったく同じだと、たいていの人は思うだろう。しかし罰も同じにするべきなのだろうか？

法律的にはそうはいかない。たとえばクッシュマンの住むマサチューセッツ州の州法では、前者は飲酒運転の罰金として二五〇ドルが科せられる。ちょっと手を叩かれた程度のダメージしかない。しかし後者は過失致死の罪で二年半から一五年の禁固刑となる。これは公平だろうか？　やったことはまったく同じではないか。

その問いに対する答えはイエスでもありノーでもある。善悪を判断するときは、トロッコ・ジレンマで示されたように、その行為の意図が問題になる。しかし罰を与えるときには、結果が重視される。クッシュマンは実験でこの架空の状況を被験者に判断させた。すると酒を飲んで運転した二人は、どちらも同じくらい悪いという意見に、ほとんどの人が同意した。しかし生け垣を壊しただけで、長い期間、刑務所に入れる必要はないと考える一方、子供を殺した運転手が罰を免れるべきではないと考える。これに異を唱える人はほとんどいないだろう――結果が違えば、罰も違ってしかるべきだと。

私たちのニューロンの中には、罪や共犯関係について判断を下す探偵だけでなく、弁護士もいるらしい。しかしその二人がお互いゆっくりと話し合っているようすはない。探偵が知りたいのは、本当に犯罪が起こったのか、そして犯人は誰かということだが、弁護士はその罪にふさわしい罰を考える。この点をはっきりさせるために、前のエピソードで、その日の午後、バーでもう一人の友人が一緒に飲んでいたと考えてみよう。その男は頭のおかしい本当の悪人だった。彼はバーを出たとき、車で女の子を轢き殺そうというはっきりした意図を持っていた。しかし酔っていたために居眠りして、生け垣に突っ込んだだけで終わってしまった。誰も傷つけなかった以上、罰も与えないということになるだろうか？　ほとんどの人が、この男は生け垣に突っ込んだもう一人の男性より、はるかに悪質だと答えるが、起こったことはまったく同じだ。この男はたまたま人を轢き殺してしまった男よりも非難されるべきかもしれない。しかし法律ではそうはならない。

それは法律が、脳の慎重で思慮深い合理的な思考をつかさどる部位でつくられたものだからだ。法律とは文明社会（合理的な脳の集まり）で明文化され、道徳の論拠の総体として体系化されたものだ。しかしそれは私たちの道徳的な直感、汚い犯罪や悪質な意図に対する本能的な反応を、そのままとらえているわけではない。何かを悪いと判断するのは道徳的直感であり、ヒューリスティックによって動かされているルールだ。他人への害やそれをどう埋め合わせるかを考えるのは、もっと時間をかけて慎重に行なう行動だ。

先に起こる道徳ヒューリスティックが、また別の難しい判断につながることもある。二〇〇一年九月一一日の、アルカイダによる世界貿易センタービルへのテロ攻撃を考えてみよう。犯人たちは前述の悪質運転手と同じだ。ただし居眠りをして計画を台無しにしたりはしなかった。彼らは邪悪な意図を持ってそれをうまく実行に移し、その結果、三〇〇〇人以上の罪もない人が殺された。彼らの罪ははっきりしていて、人々の怒りは正当なものと誰もが認めたため、内なる探偵はすることがほとんどなかった。

しかし一九九三年のアルカイダによる世界貿易センターへの攻撃はどうだっただろうか？　計画は失敗して目的は果たされなかったが、彼らの意図が悪質だったのは変わらない。テロリストは六人を殺したが、建物を破壊することには失敗した。これは酔って生け垣に突っ込んだ悪質ドライバーと同じで、事実、そのように扱われた。イスラム教徒に対する激しい反発も報復戦争もなく、暴動もほとんどなかった。失敗した犯罪に怒りは向けにくい。たとえその意図が、同じグループが九・一一に起こした事件と同じように、何千人もの人間を殺すことだったとしても。

また悪意あるいは自発的な行動がないケースにも、怒りを向けるのは難しい。これはクッシュマンがトロッコ・ジレンマの実験で実証したとおりだ。より死者の少ないテロ攻撃（たとえば二〇〇八年に、ムンバイの高級ホテル街などで約二〇〇人が殺された事件）が、それよりはるかに多くの人の命を奪う津波や、コレラなどの伝染病よりも、市民の怒りをかきたてるのも、そこに理由がある。私たちは自然災害には大きな恐怖やあわれみを感じても、道徳的な怒りはあまり感じない。

道徳的な葛藤は、当然、殺人や死をめぐることばかりではない。文化的なタブーについても、人間の道徳的な本能と合理的な理論が対立することがある。バージニア大学のハイトはそのような葛藤状態を〝道徳的行き詰まり〟と呼んだ。これは何かが間違っていると強く感じるのに、なぜそう感じるのか説明できないときに起きる。ハイトは次のような例をあげている。ジュリーとマークは兄妹だ。彼らは大学の夏休みを利用してフランスに旅行に来ている。ある晩、海辺のロッジで、二人でセックスしたらおもしろいのではないかということになった。ジュリーはすでに避妊ピルを飲んでいたが、マークは用心を重ねてコンドームを使った。二人とも行為を楽しんだが、今後はしないと決めた。その晩のことは二人だけの秘密となり、それで二人の距離はさらに縮まった。話はそこで終わりだ。

これは許されることだろうか？　たいていの人はすぐに、彼らの行為は道徳的に許されないと非難するが、その理由は説明できず、行き詰まってしまう。二人とも避妊をしているので、近親姦によって子供ができるという問題はない。どちらかが心理的に傷ついたわけでもない。むしろセックスすることで、心理的により近づいた。ハイトが説明するよう求めると、「わかりません。説明できないんです」といった答えが返ってくる。間違っているのはわかるのだ。これは意識下のモラリストが語る（語ろうとする）声だ。しかしあまりにも本能に根差した感情的なものなので、それをうまく言葉にできない。保守派がゲイの結婚を非難するのが難しいのも、それが理由だ。ゲイの結婚に反対する理由は合理的なものではなく、直感的なものだからだ。この議論の根底にあるのは、同性愛は〝正しくない〟と感じる人がいるということだ。世間で論争を巻き起こす問題の多くは、道徳的に行き詰まる可能性がある。これを風刺作家のスティーヴン・コルバートは〝真実と思いたいこと《トゥルーシネス》〟と呼んだ。つまり人が本能的に、〝証拠、理論、知的な検証、事実とは関係なく〟知っていることという意味だ。ハイトはそのような誤った道徳的直感は、元をたどれば原始的な感情に行きつくと考える。それはたとえば、嫌悪のような感覚だ。彼はある実験で、被験者に次のような状況があったらどう感じるか尋ねた。ある家族は貧しくて、みんながお腹をすかせている。そんなとき飼っているイヌのハーマンがハイウェーで轢かれて死んだ。その家族はハーマンを料理して夕食に食べた。あなたはそれをどう感じますか？

　この場合も多くの人が行き詰まってしまう。間違っている――胸が悪くなるという人もいるだろう――と思うのだが、はっきりとした理由を示すことができない。気持ちが悪いという嫌悪の情はおそらく、大昔の人間が野菜食から雑食に変わったときに進化した感情だ。肉（路上の死体も含む）を食べることで生じるリスクがあったため、腐った肉を食べるのを思いとどまらせるよう、気持ち悪いという感覚が進化したのだろう。今ではこうした恐怖が肉を食べない理由になることはないが、その原則は脳に刻み込まれ、私たちの行動や倫理観を決定している。私が知っているほとんどの人は（私も含めて）車にはねられて路上に横たわる動物は、絶対に食べないはずだ。ましてやハーマンという名前までつけたペットのイヌを食べようとは思わない。

道徳には収支バランスがある

最近では、私たちの生活に影響する犯罪や乱行の多くは、強欲、詐欺、嘘など、ホワイトカラーの犯罪として片づけられる、不道徳な行為である。ニューヨークの投資家バーニー・マドフは、史上最大級の投資詐欺で一一項目の訴因で有罪判決を受けて刑務所に送られた。悲しいことに、これは最近多く見られる、産業界と金融界の大物による他人の金を悪用する犯罪のひとつにすぎない。こうした話があまりに多いので、ごくふつうの納税者たちが、実はもう誰もルールに従ってプレーなどしていないのではないかと思ってもしかたがない。そしてすでに大金を持っている人が不正をせずに（あるいは大金を集めずに）いられないのなら、やりくりが厳しいとき、ふつうの人々が税金の申告やタイムカードでずるをしたくなる気持ちをどう抑えているというのだろうか。

なぜ不正をする人としない人がいるのだろうか？　古典的な説明によれば、不正をするかどうかは合理的かどうかの選択であり、コストと利益の冷静な計算で決まるという。「うまくやりおおせるだろうか？　つかまるリスクはどのくらいで、儲けられるのはいくらくらいだろうか？」と考えているというのだ。しかしこうした皮肉っぽい見方に疑問を持ち、不正をするかどうかはそんな単純な計算ではなく、もっと複雑な過程で決まるとする研究者もいる。

最近、三人の心理学者がこうした難解な倫理的な問題を、実験によって研究しようとした。ノースカロライナ大学のフランチェスカ・ジノ、デューク大学のシャハール・アヤルとダン・アリエリーは、人にずるをさせられるかどうかを調べるのに、手の込んだ偽の状況をつくりあげ、不正なことをしているとき、どのような心理的な力が働いているのか明らかにしようとした。

ここで簡単に、その実験方法を説明しよう。彼らはおおぜいの大学生を集め、複雑な数学の問題をごく短時間で解くよう指示する。しかし現実的に考えて、時間内にすべての問題を解くのは無理なようにつくられている。そして解いた問題に対して報酬が支払われる。この数学のテストは、本当の実験の隠れ蓑だ。テストが始まってしばらくすると、一人の学生（実はアルバイトの役者）が大きな声で言う。「全部解けました。どうすればいいですか？」。全部解けないのはそこにいる全員がわかっているので、その学生はあからさまに嘘をついているわけだ。そして全問正解したからと、用意された報酬をすべて取る。さらに――ここが重要なのだが――何事もなかったように出ていく。

この実験で見たかったのは、何人の学生が彼に続いて嘘をつくかということだ。あからさまに嘘をついている人間が現われると、不正直な人間が全体的に増えるだろうか？　結論を言えば、実際に増えた。しかも大幅に。しかしそこで実験者は、ちょっとしたひねりを加えた。場合によって、嘘つき学生役の役者にライバル大学のTシャツを着せる場合と、着せない場合に分けたのだ。嘘をつく学生の立場――同じ大学かよその大学か――によって、あとに続く学生の数が変わるかどうかをたしかめるためだ。ライバル大学の学生が嘘をついたときは、同じ大学の学生が嘘をついたときより、まねる率が高くなるだろうか？

さて結果はどうなっただろうか？　同じ大学の学生のほうが、はるかに大きな影響力を持っていた。事実、ライバル大学の学生が嘘をつくのを見ると、嘘をつく学生の数は全体的にやや少なくなった。この結果は、ずるをするかどうかは〝冷静な計算による〟説と矛盾する。学生たちが、うまくやりおおせるかどうかだけを重視するなら、嘘をついたのが同じ大学の学生であろうと、違う大学の学生であろうと、同じように影響を受けたはずだ。しかしそうはならなかった。

三人の心理学者は、もうひとつ小さな実験をして再確認しようとした。実験方法は基本的に同じだが、今度のシナリオでは役者は何もしない。ただ大きな声で試験監督にこう尋ねる。「ずるをしていいですか?」。ばかげた質問なのは承知している。本当にそんなことを聞く人はいないだろう。しかしここでの目的は、不正をしたり嘘をついたりする問題を前面に持ち出して、学生たちの内なるモラリストを刺激することだ。そうすると実際に、学生たちが嘘をつくことは目に見えて減った。ここではよきにつけ悪しきにつけ、ロールモデルがいない。ただ倫理にもとる行動をプライミングするだけで、学生たちは嘘をつかなくなるのだ。

つまり私たちの内なるモラリストは、不正したくないと思っているようだ。不正は根本的なヒューリスティックなレベルで間違っているのだ。しかし不正行為が行なわれるのを見ると、それが伝染するという面もあるらしい。こうした発見から、倫理にもとる行為が伝染するのを防ぐ方法も示唆される。不正をする人間を非難することで不正行為が減るとすれば、彼らをならず者として扱うことで、事態はよくなるはずだ。そういう意味で、バーニー・マドフをはじめ、ウォールストリートのペテン師とみなされた連中は、すでに私たちの教訓となっている。

道徳を守るというヒューリスティックがそれほど強力なら、なぜ世間に不道徳な行為が蔓延しているのだろう? 投資詐欺や大統領補佐官による税金のがれ、産業界による環境破壊。いったいどうなっているのだろう？　社会的責任の腐敗が広がっているのだろうか？　ただ不正する人間が悪人というだけだろうか？　教育や宗教の制度が崩壊しつつあるのだろうか？　正直で善良であるだけでは、どす黒い衝動を抑えるには足りないのだろうか？　それとも私たちは状況によって、罪人にも聖人にもなれるのだろうか？

こうした問題を以前から研究している心理学者がいる。彼らが特に興味を持っているのは、私たちは常に正義と不道徳のあいだを行ったり来たりしているという考え方だ。たとえば体重を減らすときのように、道徳心についても目標を定めることはできるのだろうか？　ノースウェスタン大学の三人の心理学者が、最近この問題について研究を行ない、おもしろい結果を得た。

ソーニャ・サクディヴァ、ルーメン・イリエフ、ダグラス・メディンは、自分が道徳的な人間かどうかの感覚がある種のサーモスタットとなって、あるときは道徳的に厳しく、またあるときは寛大になりながら、全体としては安定した状態に保っている可能性があると考えていた。彼らはこれをたしかめるべく、自分は道徳をそなえているという感覚——あるいは罪悪感——をプライミングして、何が起こるか観察した。

たとえばある実験では、被験者に自分の人間像を書いてもらった。ただし一部の被験者には〝寛大、公正、親切〟といった言葉を使うよう指示し、別の被験者には〝よくばり、意地悪、自分勝手〟などの言葉を使うよう指示した。これは無意識のプライミングで、公正や悔恨といった感情を刺激する方法としてよく知られている。このあと被験者は、好きな慈善団体に〇～一〇ドルまでの寄付をする機会を与えられる。彼らはその寄付金の額が実験の尺度として使われていることは知らない。この結果は驚くべきものだった。道徳心が低いとプライミングされた被験者の寄付金額の平均は五ドル三〇セント、何のプライミングもされない対照群の二倍以上だった。その一方、道徳心の高さをプライミングされた被験者の平均額はたった一ドル七セントだった。

これらの結果から、道徳心が低いと感じる人は、利他的な行動をして自己像を〝浄化〟しようとすると考えられる。しかし少し自分のイメージがよくなると、よいことをしようという気持ちは減ってしまう。よき人間であることの報酬として、多少、勝手なことをしても許容されるような気がするのだ。それはたとえば、ホームレスの人たちへの炊き出しに参加したから、税金をちょっとごまかしてもいいだろうと思うようなものだ。

三人の心理学者は環境に対する道徳的責任について同様の実験を行なった。道徳心が高い、あるいは低いという感覚が、私欲と地球環境のあいだの取引材料になるかどうかを調べようとするものだ。まず被験者に前述の実験と同じプライミングを行ない、製造工場のマネジャーだと考えてもらう。マネジャーとして、煙突フィルターを作動させるため、いくら支払うかを決めなくてはならない。業界の基準に従ってもいいし、それより高くすることも、安くすることもできる。つまり社会的な責任を果たすことを選ぶか、公共の財産をだまし取ることを選ぶかだ。

このとき、道徳心が低いと感じている人のほうが公共の利益を重視し、空をきれいにするために多くの額を使った。道徳心が高いと思っている人は出し惜しみをして、さらにマネジャーは環境問題より利益を優先するべきだという立場を取った。彼らはそれを倫理上の選択ではなく、ビジネス上の決定とみなしたのだ。私たちの内なるモラリストはある種、道徳の〝通貨〟で取引しているらしい。よい行ないによって小切手を集め、道徳上の罪を犯すと負債を負う。そして集めた小切手で負債を埋め合わせるのだ。そうやって道徳の収支バランスを取るのである。

私の本棚には『道路で轢かれた動物を料理する方法』という本がある。ウェスト・バージニア育ちの友人が贈ってくれたものだ。このお土産は田舎者を明るくからかう内容のものだが、その田舎者というのも、ヒューリスティックで誇張されたカリカチュアである。そこには黴菌ヒューリスティックと、道徳ヒューリスティックも働いている。公正であろうとする感覚は基本的なものだが込み入っている。そこには原始的な嫌悪だけでなく、善悪についての高次の直感が含まれる。私たちは轢かれた動物や近親相姦や殺人など、気持ち悪いものにはがまんできない。それで反射的に自分の手を汚すまいとする。それは体が清潔で、倫理、道徳的に公正な状態のことだ。何度も見てきたように、ヒューリスティックな脳に働いている力の多くは、脅威や恐怖によって突き動かされている。今ではより抽象的で現代風の形に変わってはいるが。私たち誰もがいずれ直面する究極の恐怖は、死であり消滅である。それは人間の状態としてごく当たり前のことなので、古くからそれを克服するメカニズムがある。それが〝死神ヒューリスティック〟だ。

法則19 死神ヒューリスティック

異なる思想・世界観は、死の脅威となる

歳を取るほど、脳はより前向きな情報を求める

一九七五年に制作されたロシア文学のパロディー映画『ウディ・アレンの愛と死』で、アレンはソーニャ役のダイアン・キートンを相手に、気の弱い兵士ボリスを演じた。ロシアにナポレオン軍が侵攻してきた重要な場面で、ボリスは恋人のソーニャに尋ねる。「君は死ぬのが怖いかい?」。するとソーニャはしばらく考えて言う。「怖いというのは違うわ」そして最後にこう付け加える。「私は死を恐れているの」

ウディ・アレンは死や死ぬことをネタに、多くの笑いを生み出している。怖がろうが恐れようが、私たちは誰もが同じ運命にある。私たちは本能的に死にたくないと思うが、いずれ死ななくてはならないことを知っている。私たちは地球で唯一、自分の死を考えることのできる動物だが、死を避けるためにあらゆる手を尽くそうとする。アレンのように、言葉遊びを始めるのもそのひとつだ。死という事実はそれほど恐ろしい。

哲学者や科学者は、死が不可避であることを、人間の頭がどう処理しているのか、以前から関心を持っていた。たとえば、人間はいずれ死ぬという事実を突きつけられると（愛する人の突然の死などで）、未知への恐怖で何もできない無能な状態になると考えるかもしれない。しかしそれは違う。涙を流したり嘆き悲しんだりするのは当然だが、ほかに何もできなくなってしまうようなことはない。やがて死ぬことがそれほど不可解なものなら、いずれ消滅するという恐怖に常におびえている状態におちいらないのは、なぜだろうか？

心理学では人がどのように実存的恐怖を克服しているかについて、いくつかの説がある。最近の〝恐怖管理《テラー・マネジメント》〟理論と呼ばれる考え方では、脳が恐怖でフリーズしない機能が備わっているという。この理論によると、ヒューリスティックな脳は、死ぬことを考えたり、生き方を変えたりするのは許しても、じっと動かなくなるのは許さない。反射的で無意識な脳の部位が、意識的な思考を守っているのだ。

しかしそれはどう働いているのだろう？　実存的思考を実験でたしかめるのは、そう簡単でない。しかしある心理学者のグループが、巧みに計画された実験で、それをやってのけた。彼らは心理学的テクニックを用いて、被験者の頭を死のことでいっぱいにした。具体的には、死ぬとき体にどんなことが起こるかを考えさせ、死ぬとはどのような感じなのか想像させたのだ。ニューロンは発火せず、心臓が最後の鼓動を打ち、体が土の下で腐敗していくさまを思い浮かべる。ひどい方法だと思うかもしれないが、このテクニックは広く検証され、とても効果的であることがわかっている。愛する人を失ったとき、人は死について思いめぐらすが、それを実験室で再現したものと考えればよい。

死と死に向かうことをじっくり考えたあと、被験者は言語のテストを受ける。これは無意識の感情を引き出すためにつくられている。たとえば、jo○の最後に文字を入れて単語を完成させるよう指示される。〝job〟や〝jog〟のような中立的な単語もつくれるが、〝joy〟のように感情を示す言葉が多くなるかもしれない。また別の実験では、〝puppy（子犬）〟という単語が、画面に一瞬映し出されるのを見る。その直後、beetle（カブトムシ）とparade（パレード）のどちらが、その単語に合うかを答える。意味では〝beetle〟のほうが〝puppy〟に近いが、感情的な受け取り方としては〝parade〟のほうが〝puppy〟に近く思える。被験者はすぐに答えるよう求められるため、意識的に選択できるわけではない。彼らの答えは、無意識でヒューリスティックな脳の働きを表している。

ケンタッキー大学の心理学者のネイサン・ディウォールとフロリダ州立大学のロイ・バウマイスターが、このようなタイプの実験を三つ行なったところ、興味深い結果がはっきりと出た。死について考えていた被験者は、感情的な脳を刺激されても、不機嫌になることはまったくなかった。むしろ逆で、彼らは対照群の被験者に比べ、中立的、あるいは否定的になるより、明るく前向きな連想をする傾向があった。ここで示唆されるのは、脳は知らず知らずのうちに記憶の山の中から楽しくて前向きな情報をさがして掘り起こし、わけのわからない恐怖を克服するよう努めているということだ。

これはよいニュースだ。それだけではない。この結果は、老化に関するまったく別の研究結果とも一致する。歳をとって死に近づいていくとき、脳はなぜかギアを変えて、より明るい情報をさがし求める。私たちは悲惨な交通事故現場の写真から目をそむけ、スプラッタ映画への興味を失っていく。

これは考えたうえでそのような選択をしているわけではない。いつのまにかニューロンがそのように再調整しているようなのだ。心理学者はそれが、老化にともない死を強く意識する現象と深く関わっていると信じている。

そのような感情的な判断は、目から始まっている。私たちはでたらめにあちこち見ているように感じるかもしれないが、実際の目の動きは、自分で思っているほどでたらめではない。高性能の機械を使えば、目が動いたり止まったりする様子を追跡し、何かに視線を〝固定化〟する瞬間を見きわめることができる。固定化というのは、ここでは一〇〇〇分の一秒単位のことだが、その一瞬の動きで視線を留めている、あるいは避けていることがわかる。

ブランダイス大学で行なわれた実験で、デレク・イサコウィッツは、視線、気分、動機の結びつきを検証した。彼は標準的な性格テストを使って楽観的な人と悲観的な人に分け、両方のグループの被験者に、何枚かの写真を見せた。写真は特に表情のない顔のものと、皮膚がんのものだった。皮膚がんの写真はかなり細かいところまで写っていて愉快なものではない。楽観的な人は悲観的な人より、がんの写真に視線を固定する時間が短かった。これは彼らが、視線を暗い気分にならないためのツールとして使っていることを示唆している。家族ががんになったため、がんについてよく知っている被験者でも、そのような傾向があてはまる。

そこまでは驚くことではない。イサコウィッツがそこで実験をやめていれば、楽観的な人もいればそうでない人もいるということを確認しただけで終わってしまっただろう。しかし彼はさらに、視線と気分と年齢の関係をもっと細かく調べることにした。たとえばもうひとつの実験で、彼は老人と若者（成人）に「楽しい顔」「悲しい顔」「怒った顔」「怖がっている顔」の写真を見せて、どのくらい長くそれを見ているか計測した。老人の被験者は明らかに楽しげな表情を好み、怒った顔を見るのを避けた。若い被験者は怖がっている顔の写真からなかなか目を離さなかった。高齢者が否定的な表情の写真をあまり見ない根底には、感情をコントロールして、いい気分でいたいという動機がある――それがイサコウィッツの推測である。人は年齢を重ねると、借り物の時間を生きているように感じ、感情的に意味深い、気持ちが高揚する経験を求めるようになるのかもしれない。車が大破するのを見ている時間はないのだ。

イサコウィッツはこの結果が、高齢化による認知機能全体の低下によるものではないことをたしかめたいと思った。そこでまた別の実験を行なった。このときはやはり二つの被験者グループを使った。大学の新入生と最上級生である。どちらも年齢は若いが、物の見方はだいぶ違うはずだ。卒業が迫っている最上級生のほうが、将来が狭まったと感じ、老人に近い反応をするのではないかと考えたのだ。そして事実、一年生に比べて否定的な写真を見ている時間が短かった。

心理学では、人間をやる気にさせるのは、世界をコントロールしたい欲望だという理論がある。人は歳を重ねると実現できそうな目標を達成することに集中し、失敗や不幸につながりかねない非現実な目標は持たなくなる。イワコウィッツの最後の実験は、子供がいないという条件は同じでも、四〇歳を超えた女性と四〇歳未満の女性を比較するものだった。例外はもちろんあるが、一般的に女性は四〇歳で出産可能年齢を過ぎると考えられている。イワコウィッツは視線と気分が、年齢と生活設計と関わっているかどうか突き止めようとした。彼はどちらのグループの女性にも赤ん坊の写真を見せ、（かわいいという気持ちを統制するために）子犬と子猫の写真も見せた。出産可能年齢を過ぎた女性は、まだ過ぎていない女性に比べ、赤ん坊の写真からすぐに目をそらした。感情のリソースをもっと現実的な人生設計の選択に使おうとしていることが示唆される（彼女たちは全員、子犬と子猫の写真に視線を留めた）。

幸せな人は楽しい気分でいつづけるために、楽しい写真を見つめると結論づけるのは、あまりにも単純だ。しかし赤ん坊を見ているとたいていの人は楽しい気分になるので、そこから目をそらすことは、その一瞬の楽しみをあきらめることだ。視線というのは、それよりはるかに複雑かつ強力なもので、歳をとったとき、感情をコントロールするためのツールそのものなのだ。

痛みを和らげる〝ノスタルジア〟

私自身、同じような自己防衛を経験している。数年前、私は友人の一人に、イラストレーター、ノーマン・ロックウェルの大規模な回顧展に引っぱっていかれた。そこで私は、宿題をやっている子供たち、休日にディナーでテーブルを囲む家族、町のスポーツイベントに参加する住人たちの絵に釘付けになってしまった。こうした光景は、ポストモダンの私たちの感覚には感傷的すぎるという人もいるだろう。しかし私はこれらの絵に、今よりシンプルだった過去の思い出を掻き立てられた。私の中の何かが、ロックウェルの理想の世界に描かれた人間同士の結びつきに反応したのだ。

それはノスタルジアと呼ばれ、必ずしも悪いものではないことが明らかにされている。こうした甘い光景に対する私の反応も、ある目的のために脳の灰白質に刻み込まれているのだ。人間特有のこの感情に興味を持つ心理学者が増えている。特に孤独、社会的孤立、感情の回復との関係が注目されている。事実、ノスタルジアは心の健康をはぐくむための強力な心理学的ツールであり、孤独という実存的恐怖から自分を守るための対処法だと信じる研究者もいる。

常に孤独を抱えている人は、自分が他者、特に家族や友人から切り離されていると感じている。社会支援を与えてくれるはずのすべてのものから、隔離されているように感じるのだ。孤独な人は、そうでない人よりもノスタルジックなのだろうか？　過去を懐かしむ感傷的な感情であるノスタルジアには、孤独を癒し、隔絶されたという感覚を弱める効果があるのだろうか？

中国中山大学の心理学者、周欣悦教授は、このアイデアを実験でたしかめようとした。周らは孤独に立ち向かうとき、ノスタルジーが持つ価値について、さまざまな地位の人を対象に調査を行なった。ノスタルジックな空想は、他人との象徴的な結びつき――孤独の痛みを癒すほどに強力なつながり――を築くことができるのだろうか。

ひとつ例をあげてみよう。周らは二、三年前に田舎から大都市に引っ越してきた何百人もの子供たちを集めた。子供たちの平均年齢は一一歳。大きな環境の変化によって感情が混乱し、彼らにとって新しい世界がどれほど遠く感じられるか、容易に想像がつく。彼女らは子供たちにいくつか心理テストを受けさせて、しばらく大都市で過ごしてどのくらい孤独を感じているか、どのくらい過去を懐かしんでいるか、そしてまわりの人がどのくらい支えになってくれていると感じているかを測定した。

結果は逆説的だった。特に孤独を感じている子供たちは、世間は冷たくて周囲の人は支えになってくれないと感じていた。しかし同時に、その子供たちの多くが過去を懐かしんでいた。どうやらノスタルジアは他者と切り離されていることの痛みを緩和する効果があるようだ。つまり社会的に孤立すると、ノスタルジックな記憶を呼び起こし、孤独の痛みをやわらげる。ノスタルジアは視線と同じように、自分を守る働きがあるのだ。

周らは同様の実験を、大学生、工場労働者を対象に、さまざまな方法で行なった。実際に孤独感やノスタルジアといった感情を引き出して、その理屈に合わない結果をたしかめた。その結果も、基本的にはすべて同じだった。年齢や環境とは関係なく、人が孤独を感じると、脳は美化された過去の記憶を集めて、心の痛みから自分を守ろうとするらしい。

けれども問題は、それをどうやって行なっているのかということだ。ノスタルジックな記憶を集めて孤独を和らげようとする人がいる一方で、そうでない人もいるのはなぜなのだろう？ それはその人の基本的な性格によると、周は考えている。ダメージから立ち直る力を意味する回復力《レジリエンス》と呼ばれる性質が、人によって違っていることは、心理学の世界では以前から知られていた。回復力は侮辱を跳ねかえし、非難や攻撃をかわす能力といえる。その回復力を備えた人ほど、困難への対処法としてノスタルジアを用いているのではないかと、周らは考えた。そしてまた別の実験によって、このことがたしかめられた。工場労働者に他のテストに先立って性格診断テストを受けてもらったところ、回復力が特に高い人ほど、ノスタルジックな記憶を自衛のために使っているのがわかった。

この結果は、臨床的にも意味がある。病的な域に達した孤独感は、世界から切り離されているという、実存的な恐怖にほかならない。そのような恐怖が高じると、不安やうつにおちいって何もできなくなってしまうことがある。ノスタルジアがそのような恐怖をやわらげてくれるなら、感傷的な記憶を集めることが治療のツールとなり、人間同士がつながっているという健全な感覚を生み出すことができるというのが、周の主張である。

これらすべてが脳の中でどう展開しているのかはまだはっきりしないが、ノスタルジアは人とつながりあっていた瞬間を思い出させるため、元気を回復させる経験をしやすくなるという考え方がある。脳が実際の視覚イメージを呼び起こし、脳の中にあるアルバムをめくって過去を思い出させるのかもしれない。ノーマン・ロックウェルの回顧展をゆっくり見て回るのと似たところがある。

脳は死と死を戦わせる

ヒューリスティックな脳には、実存的恐怖から身を守るための心理的ツールが蓄積されている。しかし人間の奥深くに刻まれた自己保存本能に、マイナスの面はないのだろうか？　私たちは奥深くにある不安から身を守るため、自分の信念により強くしがみつくと考える人もいる。死が迫ると、私たちは自分の強い価値観を守り、悪いことに、他人の価値観をばかにすることでエゴを支える。たとえば資本主義社会では、感情的な自己保存本能は、過剰な物質主義への邁進、本質的価値よりも、金や物質的所有物を重視しすぎるといった形をとることがある。

心理学者のティム・カッサーとケノン・シェルドンは、この刺激的なアイデアを検証してみることにした。資本主義文化は多額のお金を稼いで、たくさん消費するのが意義のある生活だというメッセージを発していると、彼らは考えた。そこで自分たちは死すべき運命にあるということをプライミングすれば、その信念が強化されるはずだ。彼らは二つの実験を行ない、たくさんのお金を稼ぎたいという望みと、貴重な財源を使ってしまいたいという望みを、それぞれ別に調べた。

第一の実験では、ひとつの被験者グループに死を考えさせる。実験でよく使われる、実存的恐怖のプライミングだ。そして彼らにこれから一五年後のことを考えてもらう。どんな生活を送っているだろう？　給料はどのくらい？　配偶者の給料は？　家、車、衣服など、いくらくらいのものを持っているだろうか？　旅行やレジャーにいくらくらい使っているだろうか？　これは被験者の未来の経済的価値の目安を知るための質問だ。

予想どおり、死を考えた人は全体的に自らの価値を高く評価し、高価なものを買って贅沢を楽しむことを考える。これは一見、直感に反するように思える。死に直面した人は人生の価値を見直し、本当に大切なこと、たとえば家族や友人を重視するのではないだろうか。たしかに、金銭はあの世まで持って行けるものではない。しかしヒューリスティックな脳は、そうは考えない。少なくとも資本主義文化では、私たちの生活の支えと教えられてきたものの価値を再確認することに、大きな意味を見いだすようだ。

カッサーとシェルドンの二つ目の実験は、自分たちが死すべき運命だと自覚することが、地球上の希少な資源を消費する態度にどんな影響を与えるかをさぐるものだった。彼らはとても巧妙な実験を考案した。それは被験者に森林管理ゲームを行なわせるというものだ。あなたは製材会社を所有していて、国有林の伐採の業務に、他の三社を相手に入札しなければならない。森林の減少は、特に伐採の権利をめぐって大がかりな入札を行なう製材会社が原因であることもわかっている。そのときあなたは、他社の利益をどのくらい上回りたいと思うだろうか？　一〇〇エーカーずつに分けられた国立公園の土地のうち、今年はどのくらい伐採しようとしているのだろうか。あなたは競争相手に何を求めるだろうか？

この実験の目的は、死が差し迫っていると感じた人が、どのくらい欲深くなるか調べることだ。結果は、死を身近に感じた人は、そうでない人よりも欲深かった。彼らは競争相手を負かし、多くの木を切って、お金を稼ごうとする。自らの不安や恐怖があまりにも強く、生態系の危機について心配している余裕はないようだ。

これはあまりうれしくない結論だ。しかし話はさらに悪くなる。人間は思想的な理由で、同胞を計画的に殺す唯一の生物であることを考えてみてほしい。二〇世紀には五〇〇〇万人以上が大量殺人の犠牲者となった。これは人類史上最悪の数字だ。一部をあげれば、オスマン帝国のアルメニア人虐殺で一五〇万人、ナチスのユダヤ人根絶計画で六〇〇万人、毛沢東支配下の中国で三〇〇〇万人、カンボジア、ポル・ポト派の大量殺戮で一七〇万人。これでもまだごく一部だ。

土地や水などを争ったケースもあるが、ほとんどは思想をめぐる争いだ。なぜそのようなことが起こるのだろうか？

思想は文字どおりの意味ならば、どう解釈しようと脅威ではない。思想があなたを傷つけたり死なせたりすることはできない。たとえその思想があなたの見解と大きく違ったとしてもだ。科学者はこのパラドックスに興味をそそられている。なぜ思想――あるいは世界観、イデオロギー――が、これほど大きな脅威となるのだろう？　逆に考えれば、大量殺人や大量虐殺には、どのような認知、感情的な土台があるのだろうか？

最近、持ち上がっている理論では、大量虐殺は少なくともある感情レベルでは、道理にかなっていると示唆されている。それは恐怖で何もできなくなるのを避けるために起こる、無意識の自己防衛の一種なのだ。私たちが恐怖を制御しようとするとき、そこに意味を構築しようとするが、そのために意義のある世界を頭の中でつくりあげるのだ。それが哲学――あるいは宗教そのほか――の名で呼ばれる。デザイン・ヒューリスティックで見たように、人間は根底では意味を求める生き物なのである。

その入念に組み立てられた哲学が脅かされたとき、問題が起こる。そしてある思想体系にとって最大の脅威は、別の思想体系である。簡単に言ってしまうとこうなる。他人が信じているよくわからない世界観を知ると、自分が死すべき存在であることを強く意識する。そのため注意深く組み立てた意義や意味が脅かされる。そんな他人の死を願っていけないことがあるだろうか。哲学とは個人的なものだ。

人間が死すべき運命であるという意識と、違う文化の間で生じる憎しみの込み入った関係について、実験で検証し、興味深い結果を得た科学者がいる。カナダ、アルバータ大学の心理学者ジョゼフ・ヘイズとその同僚たちだ。彼らは思想上の脅威が本当に死を思い出させ、さらに実際に思想上の〝敵〟を全滅させることで、その恐怖を抑えられるのか調べようとした。そのために敬虔なキリスト教徒を集め、イスラエルの都市ナザレでイスラム教徒が増加しているという実際のニュース記事を読ませた。その記事によれば、イエス・キリストが長年過ごしたとされるナザレは、ほとんどイスラム教徒の町と化し、多数派のイスラム教徒が、残っているキリスト教徒を無視していると解説していた。

キリスト教徒にとって重要な場所に関する、このうれしくないニュースは、キリスト教徒の世界観を、ひいては自らの安全を脅かすはずだ。実験をしてみると、たしかに被験者であるキリスト教徒たちは、脅威を感じたようだ。記事を読んだあと、被験者全員が、どのくらい死と死ぬことについて考えているかを測る心理テストを受けた。するとはっきりとした結果が出た。記事を読んだ被験者のほうが死について考えた。また記事を読んでいない被験者よりも、イスラム教徒に対する敵愾心を募らせた。

これ自体も不安になるような結果だが、実は本当に興味深くなるのはここからなのだ。ヘイズらは被験者の半分に、もうひとつ別のニュースを伝えた。ただし今度は架空のニュースである。ナザレ行きの飛行機が墜落して、一一七人の熱心なイスラム教徒が死んだという内容である。そのデータを分析したところ、イスラム教徒が壊滅したことを〝目撃〟した被験者は、死について考えることが減り、イスラム教徒に対する敵愾心も減った。つまりイスラム教徒が非業の死を遂げたのを知り、キリスト教徒の思想や幸福に対する脅威がなくなり、自分たちの生活に意義と安心が戻ってきたのだ。

しかし飛行機墜落のニュースを聞いて、キリスト教徒である被験者が、少なくとも一時的に被害者のイスラム教徒に同情したため、そのような結果が出たという可能性はないのだろうか？　ヘイズらはその可能性についても考慮したが、結局は否定した。その根拠となったのは、ある驚くべき発見だった。ナザレのイスラム化についての記事を読んだキリスト教徒は、だんだんイスラム教徒ばかりでなく、仏教徒、ヒンズー教徒、無神論者についても否定的になった。

つまりキリスト教の絶対的な正当性に疑問を突き付ける世界観すべてを敵視するようになったのだ。さらに飛行機墜落の架空のニュース記事を読んだ被験者は、すべての思想に対して敵意が減った。仏教徒やヒンズー教徒や無神論者が、その墜落事故で死んだという話はなかったので、キリスト教徒の被験者が彼らに対して同情を感じる必然性はない。この実験はキリスト教徒とイスラム教徒、あるいは仏教徒を入れ替えても、おそらく同じ結果が出るだろう。思想というのは人を守るものでもあり、注意して見守らなければならないものでもある。

そのため私たちの脳は、死と死を戦わせるのだ。敵が死ぬとすれば、それは相手の思想が邪悪だったり弱かったり、間違っているに違いなく、自分の優れた思想にとって本当の脅威とはならない。私たちの命や体にとってもだ。これは強力な心理防衛法である。こうした発想は、当然、実際の生活では危険を高める要因となる。報復が報復を呼び、新しい世紀に入ってからもすでに大量殺戮の犠牲者が出始めている。

死神ヒューリスティックのおかげで、私たちは最も奥深いところにある恐怖から離れていられる。それは究極のジレンマと関わっていて、本書の前半で扱った体に関わる基本的なヒューリスティックと共通点はほとんどないように思える。しかし私たちの恐怖を高めるものとは何だろう。体が物理的に分解するのを想像することだ。この本ではヒューリスティックを身体的なものから知的なものへ、数値的なものから精神的なものへと順番に扱ってきたが、それはわかりやすくするためにすぎない。本書で扱ったどのヒューリスティックも他の多くのヒューリスティックと絡み合っている。それらはすべて、最も基本的なヒューリスティックにつながっている。それが〝既定値《デフォルト》ヒューリスティック〟だ。これは超ヒューリスティックと言うべきもので、強力な認識能力であり、ほかのすべてのオン・オフ・スイッチを切り替え、最終的に私たちの選択、判断、行動を左右する。

法則20 既定値ヒューリスティック

決めないことも、ひとつの決定だ

〝従来のまま〟効果

一九六〇年代後半、大学生だった私は、疑うことを知らない新入生にこまごましたものを売って小遣い稼ぎをしていた。秋に新学期が始まった最初の数週間、気のよい親戚からのお祝い金が底をつく前に、私は注文を取るために寮を回った。ビールジョッキ、ブラックライト、特に注文が多かったのはポスターだった。それは新入生にとって、自分の個性を安く、かつ手っ取り早く示すための方法だったのだ。私はそれを何百枚と売った。群を抜いて人気があったのは、映画『恐竜一〇〇万年』のプロモーションで、毛皮のビキニを着たラクエル・ウェルチのセクシーな写真だった。しかし次のような文字だけが書かれたポスターも、かなりの数を売ったのだ。「うまくいくか、うまくいかないか。わかるわけないだろう？　どうすればいい？」。そしてとりわけ太い字で、こう書かれていた。「決めないこともひとつの決定だ」

そのときの私は商売に忙しく、その言葉について深く考えることはなかった。しかしほどなく、それがリベラル派のキリスト教神学者ハーヴィ・コックスの言葉だと知った。既成宗教を批判した多くの著作のひとつ『世俗化時代の人間』で、コックスはこう書いている。「どこか奥深いところで、私たちは最後にはものごとを決めることを知っている。そしてどんなに臆病に見えても、誰かに決めてもらうという決心も決心には違いない」。コックスはキリスト教徒の道義的責任のことを言っていたのだが、なぜか不安を抱えた当時の若者がこの言葉に飛びつき、政治的スローガン、行動を呼びかける叫び、消極性を非難する標語となった。

一九六〇年代の社会活動家は、直感的に人間を理解する心理学者だったようだ。認知心理学と呼ばれる分野は、六〇年代に生まれたばかりだったが、現在、この単純なスローガンは、よきにつけ悪しきにつけ、人間の頭の働きについての基本的な真実であると考えられている。誰かに決めてもらうという決心も決心であり、私たちは実際、自分が思っている以上に、そうやってものごとを決めているのだ。

心理学者はこのような決定方式を、〝既定値《デフォルト》ヒューリスティック〟と名づけた。決めるか決めないかの選択肢があるとき、決めることのほうがはるかに難しく、労力を必要とする。選択肢を検討してどれにするかを決めるのは、認知能力を消耗する。そこは重量挙げと似ているのだ。そのためほとんどの場合、何も決めずにあいまいにしておき、現状を維持して、規範に従い、習慣を変えずにいるほうが、はるかに効率的である。

従来のままにしておく既定化は、私たちが自由に使える単純な認知ツールのひとつだ。しかし、だからといってその効果が弱いというわけではない。実際の例で考えてみよう。アメリカで臓器提供に同意しているのは、市民全体の二八パーセントだ。つまりその二八パーセントのうちの誰かが悲劇的な死にかたをすれば、彼らの腎臓、肝臓などの臓器は、移植を待つおおぜいの患者の一人に提供される。フランスでは九九・九パーセントの市民がドナー候補だ。なぜそうなるのだろうか？　フランス人は人に与えるのを好む、特殊な性質を持っているのだろうか？　あるいは幼いころから、道徳心について教育を受けるのだろうか？　フランス人には他人を思いやる遺伝子が受け継がれているのだろうか？

実はどれも違う。答えはもっとシンプルだ。アメリカのほとんどの州では、臓器移植について意思表示がなければ、移植をしないというのが基本だ。つまり移植に同意するという書面に署名をして、自分からドナーになることを選ぶ必要がある。決心するという努力をしなくてはならないのだ。しかしフランスではそれが逆だ。ドナーにはならないという意思表示をしない限り、臓器を提供する意思ありとみなされる。脳にとっては現状維持のほうが楽なので、そのような選択についてじっくり考えたり、制度に疑問を差し挟んだりしない。その結果、腎臓病を治療するならワシントンDCよりパリのほうが有利ということになる。

既定値ヒューリスティックは、基本的に何もしないということなので、自分で選択や決意をしていることすらわかっていない。しかし私たちは、一日に何度も選択をしているのだ。臓器移植の例は、数年前に高名な科学誌『サイエンス』に掲載された。その論文と同じ著者がほかの制度についても、実質的に私たちの決意を見えなくするものとして意見を書いている。たとえばあなたがニュージャージー州の住人で、車を運転しているとする。同州では通常の自動車保険に、軽度のけがについて訴訟を起こす権利は含まれていない。別に保険料を払ってその権利を買う必要がある。そのためにはいくつかの行動を自らの意思で起こさなければならない。第一に、保険のオプションを知る努力がいる。第二に書類上の手続きを行なわなければならない（そしてさらに出費をする）。ニュージャージーで実際にそうしているのは、ドライバーの五人に一人だ。

ところがデラウェア川を越えたペンシルベニア州では、既定値ヒューリスティックがまったく別の結果につながっている。同州では訴訟を起こす権利が通常保険に含まれている。ただしその分、保険料は高い。フランスでの臓器移植のドナーのように、それを希望しないなら、書類による手続きを余分にしなければならない。ペンシルベニア州でその権利を取り消しているのは四人に一人なので、ほとんどのドライバーが訴訟を起こす権利を与えられ、その代わりに高い保険料を払っているわけだ。

ではどちらがよいのだろうか？　それは本当にあなたの考え方しだいだ。この論文の著者たちによれば、ペンシルベニア州の住人は、自動車保険がニュージャージー型だった場合に比べて、二億ドルも余分に保険料を払っていることになるという。一方、ペンシルベニア州の有料高速道路を走っていて、不注意なドライバーにけがを負わせられたとき、そのけがに対して賠償金が支払われる可能性ははるかに高くなる。

これはあくまで、状況に合うか合わないかの問題で、公平かどうかの問題ではない。あなたの脳は（臓器移植や無責任なドライバーについて）道徳的判断を行なっているわけではない。いつもしていることをしているだけだ。つまり何もしない――既定化である。自動的に決まった反応を起こす脳の部位は、ある制度を別の制度と比較検討したりしない。決めないという選択をするだけだ。それがよいときもあれば悪いときもあるだろう。政策などについては、誰があなたに代わって道徳的判断をしているかによる。

仕事の八〇パーセントは姿を見せること

問題はそうした政策やルールが、常に筋が通っているとは限らないことだ。マサチューセッツ工科大学（ＭＩＴ）の心理学者、シェーン・フレデリックは、全米フットボール連盟（ＮＦＬ）の即時再生《リプレイ》ルールを例にして、それをはっきりと実証している。ＮＦＬでは審判の判定が間違っていると思えば、コーチがその判定に抗議できる。たとえば選手がパスを落としたのをコーチは見たが、審判が見落としていたとしよう。ビデオ再生スタッフはフィールドにいる審判より、多くの情報を入手できる。カメラはいくつかのアングルから撮っているし、スローモーション再生も可能だ。しかしＮＦＬのルールでは、審判が間違っているという〝明白な視覚的証拠〟がない限り、フィールドの審判の判断にゆだねている。もともとの判定（すばやく行われた不完全な情報）を、多くの情報に基づく慎重な分析より優先するのは筋が通らないが、ＮＦＬのルールではそうなっているのだ。

この即時再生ルールをひとつの比喩として考えてみよう。毎日の生活では、自動的に行なわれている決定を見直し、より慎重な判断を行なうチャンスが常にある。しかも自分の考えをくつがえすのに、絶対的な証拠は必要ない。生活の中で行なっている多くの選択は、日曜午後のフットボールの結果よりはるかに重要だが、そこには同じ心理学的原則が働いている。将来のために貯金することについて考えてみよう。それは簡単なことではない。やりくりが厳しいときは特にそうだ。それだけの金があれば、今すぐできることはたくさんある。将来、貯金しておいてよかったと思えるときのことを想像するのは、心理学的に見てもひどく難しいことなのだ。

それは一部には、将来を考えるときに生じる強力なバイアスのせいだ。しかしその心理的困難を乗り越えるための方策を提案している心理学者や経済学者がいる。たとえばシカゴ大学の経済学者リチャード・セイラーと法律学者のキャス・サンスティーンは企業に対して、新入社員が給与天引き退職金積み立て制度（四〇一k）への加入を勧めるための新たなアプローチを提案している。それは給料を使いたいというヒューリスティックな衝動を抑え、従業員が貯蓄するよう〝そっと背中を押してやる〟ことだ。入社してすぐに、給料から一定額を天引き貯蓄するかどうか決めさせるのではなく（入社して初給料をもらったばかりのときには難しい選択だ）、一年後から天引き（そして加入）を始めるという項目をつくり、そこにチェックを入れさせればいい。ほとんどの新入社員にとって、このほうがはるかに簡単だ。手取り額が減るという痛みが、ばくぜんとした将来に移るのだから。それでも一年後には自動的に企業の四〇一kに加入することになる。おそらくそのことに気づきもしないだろう。

このような方策に効果があることは証明されている。新入社員がしたことといえば、既定値の設定を変更しただけだ。そのためヒューリスティックに支配された脳が〝決定しない〟ことを選んだとき、すでに決定がなされるのだ。これは多くの意思決定でも行なえるし、多くの場合、自分自身で行なえる。政治家や企業のCEOに任せる必要はない。

たとえばエクササイズについて考えてみてほしい。私はしばらく前から、毎日エクササイズを続けている。しかし習慣にするのは簡単ではなかった。多くの善良な人々と同じく、私も新年の目標としてジムに行くことをあげるのだが、数週間しか続いたためしはなかった。しかしあるとき、ウディ・アレンの話を聞いた。

ウディ・アレンの有名な言葉で、仕事の八〇パーセントは姿を見せることだ、というのがある。これはさりげない言葉だが、心理学的に鋭い洞察が含まれているし、既定値思考の核心を突いている。運動を続けようとするものの何度も挫折したあとで、私はジムに毎日行くという誓いを立てた。それはただ〝姿を見せる〟ためで、それ以上のことは目指さなかった。そのとき気づいたのだが、ジムはなかなか便利なところで、嫌な場所ではなかった。そこで毎朝スエットを身に付けて顔を出していたのだ。エクササイズができればなおいい。しかし、できなくてもかまわない。少なくとも、行くだけは行ったのだから。

すると何が起こったか？　私はジムに行けば必ず何か運動をしていた。踏み台昇降運動を二〇分ということもあったが、たいていはもっとエクササイズをしていた。それができたのは、私がそこにいたからだ。私はあのとき自分でも気づかないうちに、脳の既定値設定を変更していたのだ。私は自身で方針を示すことで、オートマティックな脳に取って代わらないように、熟慮する脳をとどまらせることができたのだ。

ゴールキーパーがPK戦で、左右に動かずにいられないわけ

私たちは最初の方針や社会的ルールや習慣（公私を問わず）に従って、成り行きに任せてしまうことが多い。しかし私たちはあえて止めるよう自分に言い聞かせない限り、頭の中で働いているあらゆ

るヒューリスティックに従ってしまう。「はじめに」で説明した、雪の中で運転するコツについて思い出してほしい。車がスリップしたときは、滑っている方向にハンドルを切るということだ。ふつうは滑っているのとは逆にハンドルを切ろうとするのが自然な反応だ。これは反射的なもので、抵抗するのは難しい。そのためその衝動を抑えるには、多大な努力と自制心が必要になる。しかし私たちには、最初の衝動にノーと言う能力も備わっている。

それを示す例をもうひとつあげてみよう。これは思いがけないところから生まれたものだ。行動経済学者のオファー・アザールが、サッカーの一流ゴールキーパーを対象に行なった研究である。アザールはイスラエルのネゲブ・ベン・グリオン大学の講師で、ペナルティキックの研究を行なった。ペナルティキックは反則行為に対して与えられるが、優勝決定戦などで延長戦でも引き分けたとき、PK戦で勝負をつけることも多い。ボールを蹴る選手はゴールから三六フィート（約一一メートル）のところに立つ。ゴールの横幅は二四フィート（七・三メートル）である。ゴールとの間に立っているのは相手チームのゴールキーパーだけなので得点が入る可能性はとても高い。事実、時速九〇キロを超えるペナルティキックに対して、ゴールキーパーは一瞬のうちに反応しなくてはならない。

このような身体的にぎりぎりの状況に直面したとき、プロのゴールキーパーは相手が蹴る前にどうするか決めなくてはならない。右に跳ぶか、左に跳ぶか、そのまま立っているか。そこでアザールは実際に彼らがどうしているのか、そしてボールを止めるためにはどうするべきなのかを調べた。彼は世界トップクラスの現役ゴールキーパーについて、三〇〇件を超えるデータを集め、明確なパターンを発見した。ゴールキーパーがゴールの真ん中でじっとしているときが、シュートを止める確率が一番高いのだ。右にも左にも動かず、真ん中にいたとき、シュートを止める確率は三三・三パーセントだ。それほどいい数字ではないが、他の場合に比べればはるかにいい。ボールが来る方向を予想して左に跳んだ場合は一四・二パーセント、右に跳んだ場合は一二・六パーセントだった。八本に一本を止めるということだが、逆に言えば八本のうち七本は通過して得点になってしまう。いい気分ではないはずだ。

事実、キーパーたちは情けないと感じていた。アザールはキーパーたちに、自分の決定についてどう感じているか聞き取り調査を行なった。するとゴールを守る戦略には、感情が大きな役割を果たしていることがわかった。真ん中でじっとしているほうが統計的には有利なのに、実際にそうするのは、キーパーのわずか六パーセントだった。それはなぜだろうか？　じっと立っていてゴールを決められたら、どちらかに跳んだときよりも、気分が悪く感じるからだ。言い換えると、何らかの行動をとっていれば、失敗が目に見えているとしても、何もしないよりいいと感じる。何もしないで失敗するのは、感情的に受け入れられない。動くことを感情で選択してしまうのは、脳のヒューリスティックのなせるわざだ。そして雪の中での運転と同じく、その衝動を変えるには多大な労力がいる。

アザールはサッカーのことはあまり気にしていなかった。彼はこの調査結果を『ジャーナル・オブ・エコノミック・サイコロジー』という雑誌に発表している。彼の本当の興味は、人はなぜ、どのようにして、ビジネスや家計に関し不合理な選択をするのかということにあった。私たちのほとんどが、世界レベルのゴールキーパーと同じ、不合理なバイアスを持っているのははっきりしている。私たちはたとえあまり意味がなくても、〝何かしなければならない〟という強い衝動を持っている。これは間違いなく、行動で脅威から逃れてきたという、大昔の強力なメッセージから生じるものだろう。

二〇〇八年の株式市場崩壊のことを思い出してみてほしい。あれは近来まれにみる経済的打撃だったかもしれない。経済学者たちはいまだその問題について頭を悩ませている。しかし二〇〇八年夏、人々は現実的に金銭に関わる多くの決定をしなければならなかった。そうした選択には大金がかかっていた。それは四〇一kをどうすべきか考えていたファンドマネジャーや個人投資家も同じだ。動くべきか、動かざるべきか。

一般的に投資は長期的視野に立って行なうべきだとされている。株価の急落がすべて、何かひどいことが起こる前兆と深読みするべきではない。耐えていれば市場は自然に修正する。しかし原始的な脳は、何かをしろと言い続ける。今度ばかりはこれまでと違い、多くの経済学者が泣き叫ぶような、空前の事態が起こるかもしれない。何もしなかったことを、あとで悔やむのではないか？「愚か者は大事に安逸をむさぼる」という格言もある。だから何か行動をしろ。売るなり買うなり、なんでもいい。そしてあなたもゴールキーパーのようにジャンプするが、それはジャンプすること自体が目的になっている。

これは本書のテーマを再確認するものだ。反射的なヒューリスティックな思考は善でも悪でもない。状況に合うか合わないかの問題なのだ。私たちは一日に何百回も選択を迫られる。そのいくつかは人生を変えるほど大きなものかもしれない。私たちはじっくり考えて決めることができるし、そうするべきだ。スティーヴ・カラザスが雪崩に巻き込まれた話を思い出してほしい。カラザスと仲間のスキーヤーたちは、自分たちを説得して、危険な既定値状況を変えるチャンスがあったはずだが、それには多大な労力をかけて自問自答を繰り返さなければならなかっただろう。「一見、安全に思えるが、それはここが私のよく知っているなじみの場所だからではないか？　コースを変えないのは、計画どおりに動きたいからだけではないか？　計画を変更するのが残念だからではないか？　本心を言おうとしないのは、ほかの仲間がいて、自分だけの問題ではないからではないのか？　めったにない純白の柔らかな雪の誘惑の前に、判断力が鈍っているのではないか？」。カラザス（そしてほかの誰か一人でも、あるいは全員）が、ゴブラーズ・ノブで斜面を見下ろしながら、こうした人間性に対する問いかけをして、正直に答えるべきだった。反射的に脳がどう動くかを察知して、その衝動を肯定するか、押さえ込むか選ぶことができる。重要なのは、私たちが毎日、何かをするか、何もしないかの選択に向き合っているということだ。行動を起こすか既定値を変えずにいるか。選択の多くはささいなものだ。父親がずっと使っていたのと同じメーカーのガソリンを、その理由だけで使い続けるか。私が未成年だったころ、ガソリンは常にエッソだった。町を車で走り回って、テキサコのスタンドでガソリンを入れることは考えられなかった。大人になり自分の車を持ってようやく、その認知バイアスから離れることができた。しかしそれはいまだ、私のニューロンに残っている。

社会規範や伝統は既定値ヒューリスティックによって決まる。しかしそうしたささやかな選択が積み重なった上に、あなたという人間があるのだ。コーヒーはマクスウェルハウスかスターバックスか。肉食派か菜食派か。山か海か。ささいな選択もあれば、そうでないものもあるだろう。共和党支持の家庭で育ったあなたは、これからもずっと共和党に投票するべきなのだろうか？　あなたの属する教会を改革すべきだろうか、このままにしておくべきだろうか？　六〇年代に私が売っていたポスターのあの言葉どおり、決めないこともひとつの決定なのだ。

謝辞

すべてのサイエンス・ライターは、巨人の肩に乗った小人だと言われる。もちろん私も例外ではない。人間の性質についての研究に身をささげた数多くの心理系科学者たちによる、綿密で信頼性の高い研究がなければ、この本は存在しなかっただろう。ヒューリスティックな脳の意味を理解しようとする私を助けるために、貴重な時間を割いてくれたすべての心理学者に感謝している。全員の名をあげることは到底できないと思いつつ、特に私を励ましてくれた研究者の名を、順不同にあげていきたい。彼らは人間心理の科学を大衆に解説することは価値があると信じている。カーネギー・メロン大学のボビー・クラツキー、ミシガン大学のノーバート・シュワルツ、コーネル大学ヴァレリー・レイナ、NYUのアダム・アルター、ウィスコンシン大学モートン・ガーンズバック、コロンビア大学ウォルター・ミッセル、UCバークレー校ボブ・レベンソン、ワシントン大学ロディ・ローディガー、シカゴ大学ジョン・カシオッポ、カリフォルニア州立ポリテクニック大学のローラ・フリバーグ、エモリー大学スコット・リリエンフェルド、ノースカロライナ大学のバーバラ・フレドリクソン、ハーバード大学のエレン・ランガー。科学的な間違いがあれば、それは当然、私の責任である。

科学的心理学会会長アラン・クラウトと副会長のサラ・ブルックハートには、特に大きな恩義を感じている。彼らは心理学に関する調査・執筆のさい、私独自のやり方で進める自由を認めてくれた。

そしてとにかく多くのことを書かせてくれた。本書の大半は科学的心理学会のために行なった調査・研究を発展させたものだ。アランとサラの支援と励ましがなかったら、私はこのプロジェクトをやり遂げることはできなかった。また同僚にして代理人であるキャサリン・アレン-ウエストにも感謝をささげたい。彼女が細部を入念にチェックしてくれたおかげで、じっくり資料を読んで考える時間ができた。『ニューズウィーク』誌の編集者、デイヴィッド・ヌーナンとスザンナ・シュロブスドルフにも感謝したい。彼らは私の文章を推敲し、この本の前身であるいくつかの評論を『マインド・マターズ』のコラムとして発表してくれた。そして私のブログによる定期コラム『ウィ・アー・オンリー・ヒューマン』から選り抜いた評論集を発表してくれた、『サイエンティフィック・アメリカン・マインド』誌の編集者、マリエット・ディクリスティーナとカレン・シュロックにも感謝する。

この本について、多少の説明をしておこう。数年前、突然、ルシンダ・バートレーという女性から、自尊心をくすぐられるメールをもらった。彼女は出版社クラウン・パブリッシャーズの編集者だと自己紹介した。私はずっと心理学についての短い評論を書いていた。『ニューズウィーク』や『サイエンティフィック・アメリカン・マインド』といった雑誌に掲載されることもあったが、ほとんどは自分のブログ『ウィ・アー・オンリー・ヒューマン』で発表していた。ルシンダはそのブログを見つけて、本を書く気はないかと打診してきたのだ。そのころ私はかなり忙しかったし、自分に本が書けるかどうかもわからなかった。しかし私はルシンダのメールを、昔からの友人である著作権代理人のゲイル・ロスに見せた。ゲイルは何年も前から私に本を書くよう勧めてくれていたが、自分で扱う企画についいてはうるさかった。私が最初に出したいくつかの案はあまり気に入らなかったようだが、彼女の同僚のハワード・ユンに紹介してくれた。彼はまとまっていない考えを、明解な本のアイデアにするエキスパートだ。その後、数か月間、私はハワードと連絡を取り合い、そこで交わされた会話から、彼が本書の元になるアイデアを抽出して企画書にまとめてくれた。二〇〇八年夏にゲイルがそのアイデアの売り込みを始め、うれしいことにそれは落ち着くべきところに落ち着いた。つまりクラウン・パブリッシャーズのルシンダの手に委ねられたのだ。本はルシンダの元で進化を続けた。彼女の鋭い目と手際のよさに、そしてゲイルとハワードの変わらぬ支援に感謝する。計画に参加し、原稿を最後まで完成させてくれた、クラウン・パブリッシャーズのジュリアン・パヴィア、そして市場に本を出す手助けをしてくれたゲイル・ロス出版エージェントのアナ・スプルールにも感謝したい。

時間を割いて、さまざまな段階の原稿すべて、あるいは一部に目を通し、批評してくれた人もいる。以前の同僚で親友のサラ・スクラロフは、編集上の助言によって私を支えてくれた。私の妹のマギー・ゴス、そして近所に住む心理学者リアリタ・スコットについても同じだ。またバーニー・ヒーリー、マリアンヌ・セゲディ・マスザク、ジョーニー・フィッシャー、トム・ヘイデンからも、貴重な支援を受けた。

私は家族にも心からの感謝をささげたい。息子のイアン、ブレンダン、そしてモーガンは、私にとってはいつも喜びとインスピレーションの源であり、困難なときでも彼らは無条件に私を愛してくれる。イアンは編集者としての鋭い目で、本書のすべての頁を読んで批評してくれた。私の血のつながらない子供たち、ベン・ミオシとミーガン・ミオシとは遅れて出会ったが、彼らの存在にも大いに励まされている。

そして最後にいちばん大事な人を。この本はスージー・ハーバートなくしては生まれなかった。彼女は私が早朝も週末もなく仕事をしていたとき、私のかたわらの目立たないところに立ち、決して不満をもらさずいつも励ましてくれた。彼女は本書の最初の読者で、最も厳しい批評家、最も熱い応援団、配偶者であり最高の友人である。

参考文献

◉はじめに：思い違いの罠にはまらないために

McCammon, Ian. "Heuristic Traps in Recreational Avalanche Accidents: Evidence and Implications." *Avalanche News* 68 (2004): 1–10.

McCammon, Ian. "Evidence of Heuristic Traps in Recreational Avalanche Accidents." Paper presented at the International Snow Science Workshop, Penticton, British Columbia, September 30–October 4, 2002.

◉法則１：生理的ヒューリスティック

Huang, Julie Y., and John A Bargh. "Peak of Desire: Activating the Mating Goal Changes Life-Stage Preferences Across Living Kinds." *Psychological Science* 19 (2008): 573–578.

Williams, Lawrence E., Julie Y. Huang, and John A. Bargh. "The Scaffolded Mind: Higher Mental Processes Are Grounded in Early Experience of the Physical World." *European Journal of Social Psychology* 39 (2009):1257–1267.

Zhong, Chen-Bo, and Geoffrey Leonardelli. "Cold and Lonely: Does Social Exclusion Literally Feel Cold?" *Psychological Science* 19 (2008): 838–842.

Zhong, Chen-Bo, and Katie Liljenquist. "Washing Away Your Sins: Threatened Morality and Physical Cleansing." *Science 313* (2006): 1451–1452.

Schnall, Simone, Jennifer Benton, and Sophie Harvey. "With a Clean Conscience: Cleanliness Reduces the Severity of Moral Judgments." *Psychological Science* 19 (2008): 1219–1222.

◉法則２：幻視ヒューリスティック

Stefanucci, Jeanine K., and Justin Storbeck. "Don't Look Down: Emotional Arousal Elevates Height Perception." *Journal of Experimental Psychology* 138 (2009): 131–145.

Proffitt, D. R. "Embodied Perception and the Economy of Action." *Perspectives on Psychological Science* 1 (2006): 110–122.

Schnall, Simone, Kent D. Harber, Jeanine K. Stefanucci, and Dennis R. Proffitt. "Social Support and the Perception of Geographical Slant." *Journal of Experimental Psychology* 44 (2008): 1246–1255.

Riskind, John H., Nathan L. Williams, Theodore L. Gessner, Linda D. Chrosniak, and Jose M. Cortina. "The Looming Maladaptive Style: Anxiety, Danger and Schematic Processing." *Journal of Personality and Social Psychology* 79 (2000): 837–852.

Teachman, Bethany A., Jeanine K. Stefanucci, Elise M. Clerkin, Meghan W. Cody, and Dennis R. Proffitt. "A New Mode of Fear Expression: Perceptual Bias in Height Fear." *Emotion* 8 (2008): 296–301.

◉法則３：運動・勢いヒューリスティック

Roese, Neal J., Florian Fessel, Amy Summerville, Justin Kruger, and Michael

A. Dilch. "The Propensity Effect: When Foresight Trumps Hindsight." *Psychological Science* 17 (2006): 305–310.
Markham, Keith D., and Corey L. Guenther. "Psychological Momentum: Intuitive Physics and Naïve Beliefs." *Personality and Social Psychology Bulletin* 33 (2007): 800–812.
Roese, Neal J., and Sameep D. Maniar. "Perceptions of Purple: Counterfactual and Hindsight Judgments at Northwestern Wildcats Football Games." *Personality and Social Psychology Bulletin* 23 (1997): 1245–1253.
Roese, Neal J., and Amy Summerville. "What We Regret Most... and Why." *Personality and Social Psychology Bulletin* 31 (2005): 1273–1285.
Roese, Neal J. "Counterfactual Thinking." *Psychological Bulletin* 121 (1997): 133–148.
Roese, Neal J. "Twisted Pair: Counterfactual Thinking and the Hindsight Bias." In *Blackwell Handbook of Judgment and Decision Making*, edited by D. Koehler and N. Harvey, 258–273. Oxford: Blackwell, 2004.

◉法則4：流暢さヒューリスティック

Song, Hyunjin, and Norbert Schwarz. "Fluency and the Detection of Misleading Questions: Low Processing Fluency Attenuates the Moses Illusion." *Social Cognition* 26 (2008): 791–799.
Song, Hyunjin, and Norbert Schwarz. "If It's Hard to Read, It's Hard to Do: Processing Fluency Affects Effort Prediction and Motivation." *Psychological Science* 19 (2008): 986–988.
Song, Hyunjin, and Norbert Schwarz. "If It's Difficult to Pronounce, It Must be Risky: Fluency, Familiarity and Risk Perception." *Psychological Science* 20 (2009): 135–138.
Alter, Adam L., and Daniel M. Oppenheimer. "Uniting the Tribes of Fluency to Form a Metacognitive Nation." *Personality and Social Psychology Review* 13 (2009): 219–235.
Alter, Adam L., and Daniel M. Oppenheimer. "Easy on the Mind, Easy on the Wallet: Effects of Fluency on Valuation Judgments." *Psychonomic Bulletin and Review* (in press).
Alter, Adam L., and Daniel M. Oppenheimer. "Effects of Fluency on Psychological Distance and Mental Construal (or Why New York Is a Large City but New York Is a Civilized Jungle." *Psychological Science* 19 (2008): 161–167.
Alter, Adam L., and Daniel M. Oppenheimer. "Predicting Short-Term Stock Fluctuations by Using Processing Fluency." *Proceedings of the National Academy of Sciences* 103 (2006): 9369–9372.

◉法則5：ものまねヒューリスティック

Reed, Kyle, Michael Peshkin, Mitra J. Hartmann, Marcia Grabowecky, James Patton, and Peter M. Vishton. "Haptically Linked Dyads: Are Two Motor-Control Systems Better than One?" *Psychological Science* 17 (2006): 365–366.
Knoblich, Günther, and Natalie Sebanz. "The Social Nature of Perception." *Current Directions in Psychological Science* 15 (2006): 99–104.

Lakin, Jessica L., Tanya L. Chartrand, and Robert M. Arkin. "I Am Too Just Like You: Nonconscious Mimicry as an Automatic Behavioral Response to Social Exclusion." *Psychological Science* 19 (2008): 816–822.

Ackerman, Joshua M., Noah J. Goldstein, Jenessa R. Shapiro, and John A. Bargh. "You Wear Me Out: The Vicarious Depletion of Self-Control." *Psychological Science* 20 (2009): 326–332.

Wiltermuth, Scott S., and Chip Heath. "Synchrony and Cooperation." *Psychological Science* 20 (2009): 1–5.

Gallese, Vittorio. "The Roots of Empathy: The Shared Manifold Hypothesis and the Neural Basis of Intersubjectivity." *Psychopathology* 36 (2003):171–180.

●法則6：マップメーカー・ヒューリスティック

Williams, Lawrence E., and John A. Bargh. "Keeping One's Distance: The Influence of Spatial Distance Cues on Affect and Evaluation." *Psychological Science* 18 (2008): 302–308.

Fujita, Kentaro, Marlone D. Henderson, Juliana Eng, Yaacov Trope, and Nira Liberman. "Spatial Distance and Mental Construal of Social Events." *Psychological Science* 17 (2006): 278–282.

Fujita, Kentaro, Tal Eyal, Shelly Chaiken, Yaacov Trope, and Nira Liberman. "Influencing Attitudes Toward Near and Distant Objects." *Journal of Experimental Social Psychology* 44 (2008): 562–572.

Henderson, Marlone D., Kentaro Fujita, Yaacov Trope, and Nira Liberman. "Transcending the 'Here': The Effect of Spatial Distance on Social Judgement." *Journal of Personality and Social Psychology* 91 (2006):845–856.

Fujita, Kentaro, Yaacov Trope, Nira Liberman, and Maya Levin-Sagi. "Construal Levels and Self-Control." *Journal of Personality and Social Psychology* 90 (2006): 351–367.

McCrea, Sean M., Nira Liberman, Yaacov Trope, and Steven J. Sherman. "Construal Level and Procrastination." *Psychological Science* 19 (2008):1308–1314.

●法則7：計算ヒューリスティック

Peters, Ellen, Daniel Vastfjall, Paul Slovic, C. K. Mertz, Ketti Mazzocco, and Stephen Dickert. "Numeracy and Decision Making." *Psychological Science* 17 (2006): 407–413.

Reyna, Valerie F. "How People Make Decisions That Involve Risk." *Current Directions in Psychological Science* 13 (2004): 60–66.

Pham, Michel Tuan. "The Logic of Feeling." *Journal of Consumer Psychology* 14 (2004): 360–369.

Slovic, P., M. Finucane, E. Peters, and D. MacGregor. "Rational Actors or Rational Fools: Implications of the Affect Heuristic for Behavioral Economics." *Journal of Socio-Economics* 31 (2002): 329–342.

Slovic, Paul. "Why Nations Fail to Act." Paper presented at a seminar on the prevention of genocide hosted by the Auschwitz Institute for Peace and Reconciliation, Auschwitz, Poland, May 18, 2008.

Slovic, Paul. "If I Look at the Mass I Will Never Act: Psychic Numbing and Genocide." *Judgment and Decision Making* 2 (2007): 79–95.

Stephen, Andrew T., and Michel Tuan Pham. "On Feelings as a Heuristic for Making Offers in Ultimatum Negotiations." *Psychological Science* 19 (2008): 1051–1058.

Magen, Eran, Carol S. Dweck, and James J. Gross. "The Hidden-Zero Effect: Representing a Single Choice as an Extended Sequence Reduces Impulsive Choice." *Psychological Science* 19 (2008): 648–649.

Burson, Katherine A., Richard P. Larrick, and John G. Lynch, Jr. "Six of One, Half Dozen of the Other: Expanding and Contracting Numerical Dimensions Produces Preferential Reversals." *Psychological Science* 20 (2009): 1074–1078.

Reyna, Valerie F., Wendy L. Nelson, Paul K. Han, and Nathan F. Dieckmann. "How Numeracy Influences Risk Comprehension and Medical Decision Making." *Psychological Bulletin* 135 (2009): 943–973.

◉法則８：希少ヒューリスティック

Dai, Xianchi, Klaus Wertenbroch, and C. Miguel Brendl. "The Value Heuristic in Judgments of Relative Frequency." *Psychological Science* 19 (2008): 18–19.

Dai, Xianchi, C. Miguel Brendl, and Klaus Wertenbroch. "Value, Scarcity, and Preference Polarization." Unpublished paper.

Jemmott, John B., III, Peter H. Ditto, and Robert T. Croyle. "Judging Health Status: Effects of Perceived Prevalence and Personal Relevance." *Journal of Personality and Social Psychology* 50 (1986): 899–905.

Lynn, Michael. "Scarcity's Enhancement of Desirability: The Role of Naïve Economic Theories." *Basic and Applied Psychology* 13 (1992): 67–78.

Myrseth, Kristian Ove R., Ayelet Fishbach, and Yaacov Trope. "Counteractive Self-Control: When Making Temptation Available Makes Temptation Less Tempting." *Psychological Science* 20 (2009): 159–163.

◉法則９：係留ヒューリスティック

Epley, Nicholas, and Thomas Gilovich. "Putting Adjustment Back in the Anchoring and Adjustment Heuristic: Differential Processing of Self-Generated and Experimenter-Provided Anchors." *Psychological Science* 12 (2001): 391–396.

Epley, Nicholas, and Thomas Gilovich. "The Anchoring-and-Adjustment Heuristic: Why the Adjustments Are Insufficient." *Psychological Science* 17 (2006): 311–318.

Janiszewski, Chris, and Dan Uy. "Anchor Precision Influences the Amount of Adjustment." *Psychological Science* 19 (2009): 121–127.

Klatzky, Roberta L., David M. Messick, and Judith Loftus. "Heuristics for Determining the Optimal Interval Between Checkups." *Psychological Science* 3 (1992): 279–284.

Epley, Nicholas, Boaz Keysar, Leaf Van Boven, and Thomas Gilovich. "Perspective Taking as Egocentric Anchoring and Adjustment." *Journal of Personality and Social Psychology* 87 (2004): 327–339.

Bodenhausen, Galen V., Shira Gabriel, and Megan Lineberger. "Sadness and Susceptibility to Judgmental Bias: The Case of Anchoring." *Psychological Science* 11 (2000): 320–323.

◉法則 10：カロリー・ヒューリスティック
Briers, Barbara, Mario Pandelaere, Sigfried Dewitte, and Luk Warlop. "Hungry for Money: The Desire for Caloric Resources Increases the Desire for Financial Resources and Vice Versa." *Psychological Science* 17 (2006): 939–943.
Bruner, Jerome S., and Cecile C. Goodman. "Value and Need as Organizing Factors in Perception." *Journal of Abnormal and Social Psychology* 42 (1947): 33–44.
Nelson, Leif, D. , and Evan L. Morrison. "The Symptoms of Resource Scarcity: Judgments of Food and Finances Influence Preferences for Potential Partners." *Psychological Science* 16 (2005): 167–173.
Geier, Andrew B., Paul Rozin, and Gheorghe Doros. "Unit Bias: A New Heuristic That Helps Explain the Effect of Portion Size on Food Intake." *Psychological Science* 17 (2006): 521–525.
Tabibnia, Golnaz, Ajay B. Satpute, and Matthew D. Lieberman. "The Sunny Side of Fairness: Preference for Fairness Activates Reward Circuitry (and Disregarding Unfairness Activates Self-Control Circuitry)." *Psychological Science* 19 (2008): 339–347.

◉法則 11：おとりヒューリスティック
Huber, Joel, and Christopher Puto. "Market Boundaries and Product Choice: Illustrating Attraction and Substitution Effects." *Journal of Consumer Research* 10 (1983): 31–44.
Hedgcock, William, and Akshay R. Rao. "Trade-Off Aversion as an Explanation for the Attraction Effect: A Functional Magnetic Resonance Imaging Study." *Journal of Marketing Research* XLVI (2009): 1–13.
Sedikides, Constantine, Dan Ariely, and Nils Olsen. "Contextual and Procedural Determinants of Partner Selection: Of Asymmetric Dominance and Prominence." *Social Cognition* 17 (1999): 118–139.
Kim, Sunghan, and Lynn Hasher. "The Attraction Effect in Decision Making: Superior Performance by Older Adults." *Journal of Experimental Psychology* 58 (2005): 120–133.
Masicampo, E. J., and Roy F. Baumeister. "Toward a Physiology of Dual-Process Reasoning and Judgment: Lemonade, Willpower and Expensive Rule-Based Analysis." *Psychological Science* 19 (2008): 255–260.
Herbert, Ian. "This Is Your Brain on Politics." *Observer* 21 (2008): 18–22.

◉法則 12：将来ヒューリスティック
Gilbert, Daniel. Stumbling on Happiness. New York: Knopf, 2006, 304. ダニエル・ギルバート『幸せはいつもちょっと先にある：期待と妄想の心理学』（熊谷淳子訳、早川書房）
Caruso, Eugene M., Daniel T. Gilbert, and Timothy D. Wilson. "A Wrinkle in Time: Asymmetric Valuation of Past and Future Events." *Psychological Science* 19 (2008): 796–801.
Wilson, Timothy D., Thalia Wheatley, Jonathan M. Meyers, Daniel T. Gilbert, and Danny Axsom. "Focalism: A Source of Durability Bias in Affective Forecasting." *Journal of Personality and Social Psychology* 78 (2000): 821–836.

Gilbert, Daniel T., Elizabeth C. Pinel, Timothy D. Wilson, Stephen J. Blumberg, and Thalia P. Wheatley. "Immune Neglect: A Source of Durability Bias in Affective Forecasting." *Journal of Personality and Social Psychology* 75 (1998): 617–638.

Koo, Minkyung, Sara B. Algoe, Timothy D. Wilson, and Daniel T. Gilbert. "It's a Wonderful Life: Mentally Subtracting Positive Events Improves People's Affective States, Contrary to Their Affective Forecasts." *Journal of Personality and Social Psychology* 95 (2008): 1217–1224.

◉法則 13：デザイン・ヒューリスティック

Greif, Marissa L., Deborah G. Kemler Nelson, Frank C. Keil, and Franky Gutierrez. "What Do Children Want to Know About Animals and Artifacts: Domain-Specific Requests for Information." *Psychological Science* 17 (2006): 455–459.

Goldberg, Robert F., and Sharon L. Thompson-Schill. "Developmental 'Roots' in Mature Biological Knowledge." *Psychological Science* 20 (2009): 480–487.

Lombrozo, Tania, Andrew Shtulman, and Michael Weisberg. "The Intelligent Design Controversy: Lessons from Psychology and Education." *Trends in Cognitive Science* 10 (2006): 56–57.

Lombrozo, Tania, Deborah Kelemen, and Deborah Zaitchik. "Inferring Design: Evidence of a Preference for Teleological Explanations in Patients With Alzheimer's Disease." *Psychological Science* 18 (2007): 999–1006.

Lombrozo, Tania. "Simplicity and Probability in Causal Explanation." *Cognitive Psychology* 55 (2007): 232–257.

Loughnan, Stephen, and Nick Haslam. "Animals and Androids: Implicit Associations Between Social Categories and Nonhumans." *Psychological Science* 18 (2007): 116–121.

Jost, John T., Brian A. Nosek, and Samuel D. Gosling. "Ideology: Its Resurgence in Social, Personality, and Political Psychology." *Perspectives on Psychological Science* 3 (2008): 126–136.

◉法則 14：採集ヒューリスティック

Silvia, Paul J. "Interest—the Curious Emotion." *Current Directions in Psychological Science* 17 (2008): 57–60.

Hills, Thomas T., Peter M. Todd, and Robert L. Goldstone. "Search in External and Internal Spaces: Evidence for Generalized Cognitive Search Processes." *Psychological Science* 19 (2008): 802–808.

Goldstone, Robert L., Michael E. Roberts, and Todd M. Gureckis. "Emergent Processes in Group Behavior." *Current Directions in Psychological Science* 17 (2008): 10–15.

Fredrickson, Barbara. *Positivity*. New York: Crown, 2009. バーバラ・フレドリクソン『ポジティブな人だけがうまくいく 3:1 の法則』（高橋由紀子訳、日本実業出版社）

◉法則 15：カリカチュア・ヒューリスティック

Bodenhausen, Galen V. "The Role of Stereotypes in Decision-Making Processes." *Medical Decision Making* 25 (2005): 112–118.

Bodenhausen, Galen V. "Stereotypes as Judgmental Heuristics: Evidence of

Circadian Variations in Discrimination." *Psychological Science* 1 (1990): 319–322.

Macrae, C. Neil, Alan B. Milne, and Galen V. Bodenhausen. "Stereotypes as Energy-Saving Devices: A Peek Inside the Cognitive Toolbox." *Journal of Personality and Social Psychology* 66 (1994): 37–47.

De Neys, Wim, Oshin Vartanian, and Vinod Goel. "Smarter than We Think: When Our Brains Detect That We Are Biased." *Psychological Science* 19 (2008): 483–489.

Djikic, Maja, Ellen J. Langer, and Sarah Fulton Stapleton. "Reducing Stereotyping Through Mindfulness: Effects on Automatic Stereotype-Activated Behaviors." *Journal of Adult Development* 15 (2008): 106–111.

Levy, Becca R., Alan B. Zonderman, Martin D. Slade, and Luigi Ferruci. "Age Stereotypes Held Earlier in Life Predict Cardiovascular Events in Later Life." *Psychological Science* 20 (2009): 296–298.

Langer, Ellen J. *Counterclockwise: Mindful Health and the Power of Possibility*. New York: Ballantine, 2009. エレン・ランガー『ハーバード大学教授が語る「老い」に負けない生き方』(桜田直美訳、アスペクト)

●法則 16：黴菌ヒューリスティック

Rozin, Paul. "The Meaning of 'Natural': Process More Important than Content." *Psychological Science* 16 (2005): 652–658.

Rozin, Paul, Maureen Markwith, and Clark McCauley. "Sensitivity to Indirect Contacts with Other Persons: AIDS Aversion as a Composite of Aversion to Strangers, Infection, Moral Taint, and Misfortune." *Journal of Abnormal Psychology* 103 (1994): 495–504.

Rozin, Paul, and Sharon Wolf. "Attachment to Land: The Case of the Land of Israel for American and Israeli Jews and the Role of Contagion." *Judgment and Decision Making* 3 (2008): 325–334.

Nemeroff, Carol, and Paul Rozin. "The Contagion Concept in Adult Thinking in the United States: Transmission of Germs and Interpersonal Influence." *Ethos* 22 (1994): 158–186.

Rozin, Paul, and Edward B. Royzman. "Negativity Bias, Negativity Dominance, and Contagion." *Personality and Social Psychology Review* 5 (2001): 296–320.

●法則 17：ナチュラリスト・ヒューリスティック

Berman, Marc G., John Jonides, and Stephen Kaplan. "The Cognitive Benefits of Interacting with Nature." *Psychological Science* 19 (2008): 1207–1212.

Kahn, Peter H., Jr., Rachel L. Severson, and Jolina H. Ruckert. "The Human Relation with Nature and Technological Nature." *Current Directions in Psychological Science* 18 (2009): 37–42.

Kahn, Peter H., Jr., Batya Friedman, Deanne R. Perez-Granados, and Nathan G. Freier. "Robotic Pets in the Lives of Preschool Children." *Interaction Studies* 7 (2006): 405–436.

Friedman, Batya, Nathan G. Frier, Peter H. Kahn, Jr., Peyina Lin, and Robin Sodeman. "Office Window of the Future? Field-Based Analyses of a New Use of a Large Display." *International Journal of Human-Computer Studies* 66

(2008): 452–465.
Kahn, Peter H., Jr., Batya Friedman, Brian Gill, Jennifer Hagman, Rachel L. Severson, Nathan G. Frier, Erika N. Feldman, Sybil Carrere, and Anna Stolyar. “A Plasma Display Window? The Shifting Baseline Problem in a Technologically-Mediated Natural World.” *Journal of Environmental Psychology* 28 (2008): 192–199.
Greene, Michelle R., and Aude Oliva. “The Briefest of Glances: The Time Course of Natural Scene Understanding.” *Psychological Science* 20 (2009): 464–472.

◉法則 18：道徳ヒューリスティック

Haidt, Jonathan. “The New Synthesis in Moral Psychology.” *Science* 316 (2007): 998–1002.
Cushman, Fiery, Liane Young, and Marc Hauser. “The Role of Conscious Reasoning and Intuition in Moral Judgment: Testing Three Principles of Harm.” *Psychological Science* 17 (2006): 1082–1089.
Cushman, Fiery. “Crime and Punishment: Distinguishing the Roles of Causal and Intentional Analyses in Moral Judgment.” *Cognition* 108 (2008): 353–380.
Gino, Francesca, Shahar Ayal, and Dan Ariely. “Contagion and Differentiation in Unethical Behavior.” *Psychological Science* 20 (2009): 393–398.
Sachdeva, Sonya, Rumen Iliev, and Douglas L. Medin. “Sinning Saints and Saintly Sinners.” *Psychological Science* 20 (2009): 523–528.
Sunstein, Cass R. “Moral Heuristics.” *Behavioral and Brain Sciences* 28 (2005): 531–542.

◉法則 19：死神ヒューリスティック

Zhou, Xinyue, Constantine Sedikides, Tim Wildschut, and Ding-Guo Gao. “Counteracting Loneliness: On the Restorative Function of Nostalgia.” *Psychological Science* 19 (2008): 1023–1029.
Routledge, Clay, Jamie Arndt, Constantine Sedikides, and Tim Wil. “A Blast From the Past: The Terror Management Function of Nostalgia.” *Journal of Experimental Social Psychology* 44 (2008): 132–140.
Arndt, Jamie, Sheldon Solomon, Tim Kasser, and Kennon M. Sheldon. “The Urge to Splurge: A Terror Management Account of Materialism and Consumer Behavior.” *Journal of Consumer Psychology* 14 (2004):198–212.
Isaacowitz, Derek M., Kaitlin Toner, Deborah Goren, and Hugh R. Wilson. “Looking While Unhappy: Mood Congruent Gaze in Young Adults, Positive Gaze in Older Adults.” *Psychological Science* 19 (2008): 848–853.
Pyszczynski, Tom, Zachary Rothschild, and Abdolhossein Abdollahi. “Terrorism, Violence, and Hope for Peace: A Terror Management Perspective.”*Current Directions in Psychological Science* 17 (2008): 318–322.
Pyszczynski, Tom, J. Greenberg, and S. Solomon. “A Dual Process Model of Defense Against Conscious and Unconscious Death-Related Thought: An Extension of Terror Management Theory.” *Psychological Review* 106 (1999): 835–845.
McCoy, S., Tom Pyszczynski, S. Solomon, and J. Greenberg. “Transcending the Self: A Terror Management Perspective on Successful Aging.” In *The*

Problem of Death Among Older Adults, edited by A. Tomer, 37–61. New York: Taylor and Francis, 2000.
DeWall, C. Nathan, and Roy F. Baumeister. “From Terror to Joy: Automatic Tuning to Positive Affective Information Following Mortality Salience.” *Psychological Science* 18 (2007): 984–990.
Hayes, Joseph, Jeff Schimel, and Todd J. Williams. “Fighting Death with Death: The Buffering Effects of Learning That Worldview Violators Have Died.” *Psychological Science* 19 (2008): 501–507.

●法則 20：既定値ヒューリスティック

McKenzie, Craig R. M., Michael J. Liersch, and Stacey R. Finkelstein “Recommendations Implicit in Policy Defaults.” *Psychological Science* 17 (2006): 414–420.
Johnson, Eric J., and Daniel Goldstein. “Do Defaults Save Lives?” *Science* 302 (2003): 1338–1339.
Baron, Jonathan, Max H. Bazerman, and Katherine Shonk. “Enlarging the Societal Pie Through Wise Legislation: A Psychological Perspective.” *Perspectives on Psychological Science* 1 (2006): 123–132.
Frederick, Shane. “Automated Choice Heuristics.” *In Heuristics and Biases: The Psychology of Intuitive Judgment*, edited by Thomas Gilovich, Dale Griffin, and Daniel Kahneman, 548–558. New York: Cambridge University Press, 2002.
Thaler, Richard H., and Cass R. Sunstein. *Nudge: Improving Decisions About Health, Wealth, and Happiness*. New Haven: Yale University Press, 2008. リチャード・セイラー、キャス・サンスティーン『実践行動経済学：健康、富、幸福への聡明な選択』（遠藤真美訳、日経 BP 社）
Benartzi, Schlomo, and Richard H. Thaler. “Save More Tomorrow: Using Behavioral Economics to Increase Employee Saving.” *Journal of Political Economy* 112 (2004): S164–S187.
Lilienfeld, Scott O., Rachel Ammirati, and Kristen Landfield. “Giving Debiasing Away: Can Psychological Research on Correcting Cognitive Errors Promote Human Welfare?” *Perspectives on Psychological Science* 4 (2009): 390–398.
Bar-Eli, Michael, Ofer H. Azar, Ilana Ritov, Yael Keidar-Levin, and Galit Schein. “Action Bias Among Elite Soccer Goalkeepers: The Case of Penalty Kicks.” *Journal of Economic Psychology* 28 (2007): 606–621.

解説

本書の著者レイ・ハーバートは、心理学と人間行動学を専門とする米国の科学ジャーナリストである。心理学雑誌『サイコロジー・トゥデイ』の編集長などを経て、『ニューズウィーク』誌、『サイエンティフィック・アメリカン・マインド』誌などのレギュラー・コラムニストとして活躍。心理学系の人気ブロガーでもある。

私たちは、つい思い違いをしてしまうが、本書によれば、その原因は脳の二重の仕組み（デュアルプロセッサ・ブレイン）にある。つまり「すばやく直感的な判断」と「スピードは遅いが論理的な判断」の二つだ。「すばやく直感的な判断」は、〝ヒューリスティック（経験則）〟と呼ばれ、多くは生まれながらに身に付けている。たとえば、未熟な果物より熟したほうを好んだり、他人をついステレオタイプで見てしまう……といった性向のように。

こうした直感的な判断（＝ヒューリスティック）は、私たち人間が、遙かな原始時代から受け継いできたもので、無意識のうちに染みついている。もちろん文明化した現代でも、それでうまくいく場合が多いのだが、さまざまな思い違いを巻き起こす要因《バイアス》ともなるわけだ。

「ヒューリスティック」の語源は、もともとギリシャ語で〝探し出したり、発見するのに役立つ〟という意味だ。コンピュータのバグやウィルスを検知・探索する際にも、精度より迅速さを優先するヒューリスティックが用いられる（複雑なプログラムを完全に検証するのは難しく、時間もかかり過ぎてしまうからだ）。また、経済学の分野でも、感情やヒューリスティックなどを考慮した行動経済学が注目されている。同時に、認知心理学・脳神経科学の進展は、人間の非合理性を次々と明るみに出している。いわば従来の科学や社会制度の前提となってきた合理的・意識的な人間像が崩れ、非合理的・無意識的なほうこそ本質とする人間像への大転換がもたらされつつあるわけだ。

ヒューリスティックの研究も世界中で盛んになっており、膨大な成果が蓄積されている。本書の面白さはこうした成果のエッセンスを凝縮するとともに、著者のたくみな交通整理によって、単独の研究ではうかがえない奥行きをもたらしていることにある。たとえば、さまざまなヒューリスティックのつながり・変換などもその一例だろう。興味深い例としては――

・少ないものは価値がある（希少ヒューリスティック）⇅価値あるものは少ない（価値ヒューリスティック）。この二つが循環しながら、さらに思い違いを深めてしまう。

・若いころの老人に対する偏見が↓自身の身体に影響し（イメージから身体へ）↓早期の老化を招く（カリカチュア・ヒューリスティック）。読みやすい文字で書かれているだけで↓身軽に実際の行動を起こせるようになる（思考から行動へ）（流暢さヒューリスティック）。

・〝遠い将来（時間的な距離）〟を思うことが↓心理的な距離へ↓さらに観念的・抽象的な思考へと置

き換わり↓〝体の忍耐力〟まで高める（マップメーカー・ヒューリスティック）。
・食べ物による満足感・欠乏感が⇅経済的な安心感・不安感と変換される（カロリー・ヒューリスティック）。

一方、〝視覚〟についても、本書のさまざまなところで刺激的な指摘がなされている。

・自信・失敗への恐怖といった感情を↓視覚に結びつけてしまう。だから調子のいいときは野球ボールが大きく見えたり、疲れていると坂が急勾配に見えたりする（幻視ヒューリスティック）。
・視力検査表をひっくり返して、小さな文字から大きな文字へと（だんだん読みやすくなるように期待させると）↓視力が実際に向上する（カリカチュア・ヒューリスティック）。
・視線は歳をとったとき、感情をコントロールする無意識的ツールになる（死神ヒューリスティック）。

ここで注意すべきは、私たちの視線そのものが無意識的なツールであり、恐怖の基本的な表現形でもある、という点だろう。いまこの瞬間、私たちが世界を見ていることじたいが、すでに〝思い違いメガネ〟をかけている状態というわけだ。なんとも情けない気分にさせられるかもしれないが、一方で本書が強調するのは、このような思い違いは自覚し、監視することによって調整できる、ということだ。

とはいえ、その気づきは私たちの常識的な発想をくつがえすことにもなる。たとえば、「ダイエットは甘い物をそばに置いておいたほうが上手くいく」「逆境のときにはネガティブな思考をしたほうがよい」「道徳心の高さが非道徳な行動の誘因となる」「協調性の高い集団は一人のメンバーの疲れが全体に広がるなどマイナスになる場合がある」……。こうして思い違いの研究は、私たちの世界観・社会性や日常生活までを揺るがす起爆力をひめているのだ。

本書に興味を持たれた方には、同テーマのシャンカール・ヴェダンタム『隠れた脳』と、直感の優れた効能を説くゲルト・ギーゲレンツァー『なぜ直感のほうが上手くいくのか？』を薦めたい。またデザイン&黴菌ヒューリスティックなどに関わるポール・ブルーム『喜びはどれほど深い？』、ブルース・M・フード『スーパーセンス』も本書の理解を深めてくれる。さらに本書でも話題になっている自制心、意思の力については、全米ベストセラーのロイ・バウマイスター、ジョン・ティアニー『意思力の科学（仮）』（インターシフト近刊）も要注目である。なお、認知科学で近年、見逃せない動向に、“感覚運動《センソリモーター》”アプローチがある。この説によれば、「視覚などの知覚は、脳内で処理されていない。知覚や意識は頭の中にはない。さまざまな錯覚もそれで説明できる」。私たちの知覚は、能動的な運動行為とともに身体性として、かたちづくられるというのだ（詳しくはアルヴァ・ノエ『知覚のなかの行為』［春秋社］、ルイーズ・バレット『脳から体へ、体から脳へ（仮）』［インターシフト近刊］、ケヴィン・オレーガン『*Why Red Doesn't Sound Like a Bell*』［Oxford University Press］などを参照）。

最後になったが、緻密なリサーチと軽妙な語り口とがたくみにブレンドされている本書の魅力を、的確な訳で伝えていただいた翻訳者の渡会圭子さんに多大の感謝を！

本書出版プロデューサー　真柴隆弘

著者
レイ・ハーバート　Wray Herbert
心理学と人間行動学を専門とする科学ジャーナリスト。『サイコロジー・トゥデイ』誌の編集長を経て、『ニューズウィーク』誌、『サイエンティフィック・アメリカン・マインド』誌などのレギュラーコラムニストとして活躍。人気ブロガーでもある。米国・ワシントン市在住。

著者ブログ
・We're Only Human
www.psychologicalscience.org/index.php/news/were-only-human
・Full Frontal Psychology
http://trueslant.com/wrayherbert/

訳者
渡会 圭子（わたらい けいこ）
翻訳家。主な訳書にシャンカール・ヴェダンタム『隠れた脳』（インターシフト）、コリン・エラード『イマココ』（早川書房）、コーデリア・ファイン『脳は意外とおバカである』（草思社）など。

思い違いの法則
じぶんの脳にだまされない20の法則

2012年4月20日　第1刷発行

著　者　　レイ・ハーバート
訳　者　　渡会 圭子
発行者　　宮野尾 充晴
発　行　　株式会社 インターシフト
〒156-0042　東京都世田谷区羽根木1-19-6
電話 03-3325-8637　FAX 03-3325-8307
www.intershift.jp/
発　売　　合同出版 株式会社
〒101-0051　東京都千代田区神田神保町1-28
電話 03-3294-3506　FAX 03-3294-3509
www.godo-shuppan.co.jp/
印刷・製本　シナノ印刷

装丁　織沢 綾

ISBN 978-4-7726-9528-2　C0011　NDC141 188x130

◉インターシフトの本

友達の数は何人？　ダンバー数とつながりの進化心理学
ロビン・ダンバー　藤井留美訳　一六〇〇円＋税
つながりは〈脳x進化〉で見えてくる。なぜ、上手くいく仲間の数は一五〇人までなのか？
「今年の科学読み物ナンバーワンだろう」——成毛眞『ＨＯＮＺ』
「進化人類学の視点から眺めると、人間の行動がいちいち納得できる！」——竹内薫『日経新聞』

隠れた脳　好み、道徳、市場、集団を操る無意識の科学
シャンカール・ヴェダンタム　渡会圭子訳　一六〇〇円＋税
無意識の小さな思い込みが、暮らしや社会に与える大きな影響について明かした超話題作！
「全米で最も優れた科学ジャーナリストのひとりが、いかに私たちの無意識が、犯罪裁判から慈悲深い寄付、自爆するテロ行為にまで影響を与えるかを明らかにする」——ダニエル・ギルバート

喜びはどれほど深い？　心の根源にあるもの

ポール・ブルーム　小松淳子訳　二二〇〇円＋税

食・愛・セックス・芸術・スポーツ・想像・科学・宗教――人間ならではの喜びはなぜ生まれるのか？数々の賞を受賞した心理学の旗手が、「本質主義」によって心の根源に迫る。

「ブルームは、今日、心の科学において最も深く、最も明晰な思索家である」――S・ピンカー

「本書には、〝なぜ芸術が喜ばしいのか〟というテーマについて、私がこれまで読んだ最良の論考がある」――ダニエル・レヴィティン『音楽好きな脳』の著者

スーパーセンス　ヒトは生まれつき超科学的な心を持っている

ブルース・M・フード　小松淳子訳　二二〇〇円＋税

私たちは合理的・科学的ではないことをなぜ信じてしまうのか？「本質主義」によって解き明かす。

「スーパーセンスという錯覚があるが故に、我々は他者に心があることを疑わず、人生に意味を見いだす。社会が共有する倫理や道徳の起源もここにあるようだ。この問題はかなり深い。是非一読をおすすめする」――森山和道『日経サイエンス』

「魅惑的なサイエンス本……本書を読んで、ヒトはなんと可愛らしく、愛すべき生き物なのだろうと、優しい気持ちになった」――池谷裕二『読売新聞』

人間らしさとはなにか？　人間のユニークさを明かす科学の最前線

マイケル・S・ガザニガ　柴田裕之訳　三六〇〇円＋税

脳神経科学のスーパースター、ガザニガが人間の謎に、諸分野の最新成果を展望しつつ挑む。

「奇跡の特異点たるヒトの深厚な意味を知れば、誰でもしばし呆然とするだろう。そして、ヒトに生まれたことを心から感謝するはずだ」——池谷裕二『日経新聞』

「脳と心の謎を追うベテランの科学者が、自分自身の専門にとらわれず、さまざまな新知見を全編にちりばめた」——尾関章『朝日新聞』

なぜ直感のほうが上手くいくのか？　無意識の知性が決めている

ゲルト・ギーゲレンツァー　小松淳子訳　一八〇〇円＋税

情報は少ないほうが上手くいく！　年間ベストブックW受賞！　世界二〇か国でベストセラー!!

「直感に関して、私が脳研究者として分析的に感じていることを、ずばりそのまま、いや、それを遙かに外挿した高次なレベルでわかりやすく代弁してくれる。さすがは巨匠ギーゲレンツァーだ」——池谷裕二『週刊現代』

「本書は、直感的思考と意思決定の仕組みを科学的に分析した入門書と言えるが、読み物としても面白い」——友野典男『徳島新聞』ほか地方紙各紙

脳の中の身体地図

ボディ・マップのおかげで、たいていのことがうまくいくわけ

サンドラ&マシュー・ブレイクスリー　小松淳子訳　二二〇〇円＋税

『脳のなかの幽霊』の共著者による超話題作。ワシントンポスト紙による「ベスト科学・医学書」！

「驚嘆すべき本。ボディ・イメージと脳の可塑性に関する最近の画期的な発見についての素晴らしい展望とともに、多くの洞察にあふれている」――V・S・ラマチャンドラン

プルーストとイカ

読書は脳をどのように変えるのか？

メアリアン・ウルフ　小松淳子訳　二四〇〇円＋税

脳と文字の関係を、古代からネットエイジまで、読字障害から読書の達人までを巡り、明かす。

「読み終わるまでに、感動のあまり三度涙した……名著である」――佐倉統『文藝春秋』

「非常に面白い……文章を読んでその意味を取るという行為は、全脳をフルに使う驚くべく複雑な知的作業である。そのプロセスがミリ秒単位で明かされていく」――立花隆『週刊文春』

「大プッシュ……これはすごい本」――山形浩生『ビジネス スタンダード ニュース』

「言葉に関心を持つ人には必読の書である」――養老孟司『日経ビジネス』

他、池谷裕二、竹内薫、瀬名秀明、鏡明、森健、高野明彦、粉川哲夫、山本貴光など各氏が絶賛！

間違いだらけの子育て　子育ての常識を変える10の最新ルール

ポー・ブロンソン&アシュリー・メリーマン　小松淳子訳　一九〇〇円+税

子育て法の多くは逆効果！　もう迷わない子育てのルールを明かす。全米・超ベストセラー！

「子育て中の親は必読！」——竹内薫『日経新聞』

「衝撃的な内容」——斎藤環『朝日新聞』

「知的な面白さに溢れている上、凡百の実用書よりはるかに実際の子育てに役に立つ」——土屋敦『週刊朝日』

ソウルフルな経済学　格闘する最新経済学が一冊でわかる

ダイアン・コイル　室田泰弘・矢野裕子・伊藤恵子訳　二三〇〇円+税

最優秀経済ジャーナリストとしてウィンコット賞を受賞した著者が、混迷の時代に、経済学の可能性を問う。週刊『ダイヤモンド』による「ベスト経済書二〇〇九年」に選出！

「最新の経済学の変容を生き生きと人間臭く示している」——西岡幸一『日経新聞』

「日本に彼女のようなジャーナリストがいたならば、日本の経済政策のレベルはもっと高くなっていたのではないだろうか」——大竹文雄（ブログより）

「問題意識も骨太。経済を論ずる者には必読の書だろう」——『エコノミスト』誌

血塗られた慈悲、笞打つ帝国。 江戸から明治へ、刑罰はいかに権力を変えたのか

ダニエル・V・ボツマン　小林朋則訳　三〇〇〇円＋税

ついに明かされた、江戸・明治の権力構造の深層。田中優子・小熊英二・佐藤優氏も絶賛！

「刑罰を通して日本の権力構造の歴史を、きわめて鮮明に指摘した、驚くべき本だ。裁判員制度の始まった今こそ必要な歴史観が、ここにある」——田中優子

「〝人類が築く社会が、歴史の虜であり続ける必要も義務もないこと〟を実証するのが歴史研究の意義だと著者はいう。本書で、著者はその志を達成したと思う」——小熊英二

動物たちの喜びの王国

ジョナサン・バルコム　土屋晶子訳　二三〇〇円＋税

いたずらやスリルが大好きで、味わいやセックス（同性愛も多し）、酔いを楽しみ、ユーモアや美意識までそなえている動物たち。そして、魚や昆虫にまで、感性や個性のあることがわかってきた。従来の動物観をくつがえす画期的著作！

「動物たちも人間と同じように生活をエンジョイしていることを、沢山の具体例を挙げながら論じた好著である」——池田清彦『東京新聞』『中日新聞』

「動物の快楽に関してこれ以上行き届いた情報源はいまのところ他にないだろう」——伊勢田哲治『学灯』原著の書評

奇妙でセクシーな海の生きものたち

ユージン・カプラン　土屋晶子訳　二二〇〇円＋税

出産するオス・数珠つなぎのSEX・メスの体内で養われるジゴロ・肛門のなかで暮らす魚……広大な海で繰り広げられる、摩訶不思議な性の饗宴。著者はハーマン・メルビル賞の海洋生物学者。

「内容の面白いことは保証つきと言っていい。科学の解説書としても確かだ。暇なとき寝転んで、31章のどれからでも読む。章ごとによく考えられた挿絵がはさまれているのは、親切である」

――海部宣男（放送大学教授、国立天文台名誉教授）『毎日新聞』

フィールド　響き合う生命・意識・宇宙

リン・マクタガート　野中浩一訳　三二〇〇円＋税

量子力学の〈ゼロ・ポイント・フィールド〉を軸に、生命―意識―身体―宇宙を結ぶ新たなパラダイムを示す。天外伺朗さん（作家、ソニー・アイボの開発者）が朝日新聞で激賞、武田鉄矢さん（俳優）も絶賛！　ダン・ブラウン『ロスト・シンボル』にも著者が登場する世界的ベストセラー！

「いやはや驚くべき本が出版された。もしこれが本当なら、物理学も、生物学も、脳科学も、軒並み枕を並べて討ち死にだ」――天外伺朗『朝日新聞』

「重要で、広く読まれるべき本。私たちが宇宙について理解する新たな革命の突端へと導いてくれる」――アーサー・C・クラーク